陕南休闲康养农业的探索与实践

李侃侃　主编

西北农林科技大学出版社
·杨凌·

图书在版编目(CIP)数据

陕南休闲康养农业的探索与实践 / 李侃侃主编. --
杨凌 : 西北农林科技大学出版社, 2022.11
ISBN 978-7-5683-1171-7

Ⅰ. ①陕… Ⅱ. ①李… Ⅲ. ①观光农业-农业发展-
研究-陕南地区 Ⅳ. ①F327.41

中国国家版本馆 CIP 数据核字(2022)第 213299 号

陕南休闲康养农业的探索与实践

李侃侃 **主编**

出版发行	西北农林科技大学出版社		
地　　址	陕西杨凌杨武路 3 号	**邮　编**	712100
电　　话	总编室:029-87093105	发行部:029-87093302	
电子邮箱	press0809@163.com		
印　　刷	西安日报社印务中心		
版　　次	2022 年 11 月第 1 版		
印　　次	2022 年 11 月第 1 次印刷		
开　　本	787 mm×1092 mm　1/16		
印　　张	15.25		
字　　数	291 千字		

ISBN 978-7-5683-1171-7

定价:56.00 元

《陕南休闲康养农业的探索与实践》
编写人员名单

主　编： 李侃侃

副主编： 唐　英　田永刚　曹　宁

参　编： 伍珊珊　王永平　徐志曼
宋　启　刘天艺　刘晓涵
苏玉彤　李子仪　温琪瑶
陈思捷　张名慧

前 言

FOREWORD

近年来，农业不再仅仅是食品生产的场所，而是被重新赋予了更多的功能与意义。人们的关注焦点从单纯的食品安全逐渐转向了农业景观的保护与利用。农业景观除了可以提供生产活动之外，也能够提供生态文化服务，并且能给身处其中的人们带来诸如视觉审美享受、休闲娱乐、灵感激发和文化传承等无形的益处，进而恢复人类身心平衡。

休闲康养农业是在保持休闲农业的体验、观光、度假等基本功能的前提下，融入复愈性环境的构建原则，塑造具备远离感、丰富性高、吸引力强、兼容度高的休闲农业景观，是一种以农业为基础，旅游为载体，文化为内涵，景观为前提的农业与旅游业相结合的，将观光、游玩、娱乐、体验等融为一体的现代新型生态旅游农业形态，也是一种将多产业相融合的农业经济发展的模式，这种模式既可以保护环境、又可以促进人与自然和谐相处，实现环境效应、经济效益和社会效益。

陕南地区，由西向东依次是汉中、安康、商洛三市，北靠秦岭、南倚巴山，汉江自西向东川流而过。陕南是陕西省重要的生态旅游区域，同时该地区休闲农业起步早，发展良好，因此具有发展康养农业的巨大潜力和优势。自 2013 年 3 月开始，陕南三市发展纳入国家战略层面，其中《关中 - 天水经济区发展规划》《陕甘宁革命老区振兴规划》及《秦巴山片区区域发展和扶贫攻坚规划》等国家发展规划中都有覆盖。在国务院颁发的《秦巴山片区区域发展和扶贫攻坚规划》中指出，按照整体保护、集聚发展的原则，秦巴山片区划分为重点发展区、农业生态区和生态保护区。而陕南地区便位于其中的“农业生态区”。在《陕西省“一带一路”建设 2018 年行动计划》中提到，支持汉中等地开展国家全域旅游示范区创建工作……建成具有国际范、中国风、陕西味的国际旅游目的地。陕南三市拥有得天独厚的自然康养条件优势，近年来，三市的休闲农业蓬勃发展，也纷纷打出了

“康养小镇”“康养谷”“秦岭南麓康养吧”等口号，带动了当地的产业发展和经济增长。在保护陕南三地良好的生态环境前提下，找到其“陕南特色”进一步提升农业用地的附加值，更好地利用每个地区的地域资源优势，将当地的休闲农业项目进行有效的品质提升，促进我省休闲农业及乡村旅游形成良性发展格局，打造为城乡居民提供高品质休闲旅游体验项目，推动农村一、二、三产业融合发展，培育壮大农村新产业新业态，加快该地区乡村振兴的步伐，是目前亟待解决的问题。

本书以休闲康养农业为中心，分为7章，系统地探讨了康养农业在陕南地区的发展现状、资源优势以及应用与探索。首先，详细分析了健康中国、乡村振兴和生态文明建设三大战略对康养农业发展的影响和推动作用。明确了休闲康养农业的概念和内涵，探讨了相关概念、理论基础以及该领域的起源与发展。在第3章国内外休闲康养农业模式借鉴中，通过对国内外休闲康养农业案例进行研究，探索成功案例对我国休闲康养农业发展的启示和借鉴意义，为陕南地区康养农业发展提供了宝贵的经验参考。在第4章至第6章，通过在陕南地区的康养农业实证，研究证明了其康养功能。在第7章，以陕南地区具体案例为例，深入探讨了特色产业、特色农业文化、自然资源保护与利用以及针对不同人群的康养景观探索等方面的内容。通过案例分析，读者可以了解陕南地区休闲康养农业的具体实践和探索成果，从而为类似地区的康养农业发展提供参考和借鉴。

本书为陕西省社科著作出版资助项目（项目编号2024SKZZ046）、陕西省社会科学联合会研究项目“绿色发展理念下的陕南休闲农业精品化路径研究”（项目编号:2019Z151）和陕西省重点研发计划项目“健康中国视角下的陕南休闲康养农业关键技术研究及应用示范”（项目编号:2020NY－105）的研究成果。

在本书的书写过程中，我们得到了西北农林科技大学风景园林艺术学院刘建军教授、曹宁副教授、王旭辉博士，硕士研究生宋启、徐志曼、王晓戈、陈思捷、张名慧、段炼、张淑君、雷云霆、孙金涛，18级本科生石宇婧，17级本科生刘天艺、苏玉彤、温琪瑶，16级本科毕业生刘晓涵，15级本科生李子仪的帮助，在此向你们表示感谢！由于个人认识有限，书中定有局限之处，也请读者多多批评指正！

李侃侃

2022年4月1日

目 CONTENTS 录

参考文献

附　录

第1章　康养农业发展背景

1.1　健康中国与康养农业

随着城市化的迅速发展,人们日益关注生态环境问题以及生活方式对身心健康的影响。全球范围内,快节奏的生活方式和高压的工作环境导致了人们生理和心理出现了亚健康状态,这一现象在世界卫生组织(WHO)的调查中得到了确认。在这种背景下,联合国可持续发展目标明确将"良好健康与福祉"作为2030年的重要目标,各国也相继出台了相应的健康计划以应对这一挑战。中共中央政治局于2016年8月26日召开会议,审议通过"健康中国2030"规划纲要。会议认为,健康是促进人类全面发展的必然要求,是经济社会发展的基础条件,是民族昌盛和国家富强的重要标志,也是广大人民群众的共同追求。党的十八届五中全会明确提出推进健康中国建设,从"五位一体"总体布局和"四个全面"战略布局出发,对当前和今后更好保障人民健康作出了制度性安排。编制和实施"健康中国2030"规划纲要是贯彻落实党的十八届五中全会精神、保障人民健康的重大举措,对全面建成小康社会、加快推进社会主义现代化建设具有重大意义。同时,这也是我国积极参与全球健康治理、履行我国对联合国"2030可持续发展议程"承诺的重要举措。"健康中国2030"规划纲要是今后15年推进健康中国建设的行动纲领。要坚持以人民为中心的发展思想,牢固树立和贯彻落实创新、协调、绿色、开放、共享的新发展理念,坚持正确的卫生与健康工作方针,坚持健康优先、改革创新、科学发展、公平公正的原则,以提高人民健康水平为核心,以体制机制改革创新为动力,从广泛的健康影响因素入手,以普及健康生活、优化健康服务、完善健康保障、建设健康环境、发展健康产业为重点,把健康融入所有政策,全方位、全周期保障人民健康,大幅提高健康水平,显著改善健康公平。

2017年,中华人民共和国农业农村部就贯彻落实《国家发展改革委财政部、国土资源部、人民银行、税务总局关于促进农业产业化联合体发展的指导意见》,促进农业产业化联合体发展,提出相关意见。其中,第六条明确提出:提升产业链价值。围绕主导产业，引导农业产业化联合体，进行种养结合、粮经结合、种养加一体化布局，积极发展绿色农业、循环农业和有机农业。推动科技、人文等要素融入农业，鼓励农业产业化联合体发展体验农业、康养农业、创意农业等新业态。鼓励龙头企业在研发设计、生产加工、流通消费等环节，积极利用移动互联网、云计算、大数据、物联网等新一代信息技术，提高全产业链智能化和网络化水平。

另一方面，康养旅游得到越来越多的重视。2013 年国务院发布《关于促进健康服务业发展的若干意见》支持发展健康文化和旅游等多样化健康服务，培育健康服务业相关支撑产业；2016 年国务院印发并实施《健康中国 2030 规划纲要》提到积极促进健康与养老、旅游、互联网、健身休闲、食品融合，催生健康新产业、新业态、新模式，大力发展中医药健康旅游，打造一批知名品牌和良性循环的健康服务产业集群；2016 年国家旅游局发布《国家康养旅游示范基地标准》将康养旅游定义为：通过养颜健体、营养膳食、修心养性、关爱环境等各种手段，使人在身体、心智和精神上都达到自然和谐的优良状态的各种旅游活动的总和。

1.2 乡村振兴与康养农业

面对日益发展的社会经济和市场需求，农业自身的意义也跟随社会需求的转变而扩大与延展，农业已不局限于种植农作物，而是与社会文化、生态、旅游业建立了日益密切的联系，力求在原有种植业的基础上加以创新，融入更多的发展理念，规范设计和运营策略。休闲农业显示出较强的生命力和良好的发展态势：依据农业农村部乡村产业发展司发布的 2018 年休闲农业旅游业指数得知，全国休闲农业和乡村旅游接待人次从 2012 年的 8 亿人次增至 30 亿人次，年均增长 30%，营业收入从 2012 年的 2 400 亿元增至 2018 年的 8 000 亿元，年均增长 27%。休闲农业成了大众旅游消费产业，总体呈蓬勃发展态势。

休闲农业是利用田野环境、自然资源、生态景观，结合当地的农、林、牧、副、渔产业，农民文化生活及农村生产活动，为游客提供独特的乡村休闲度假场所和氛围，增强客户体验感受的新型产业。主要分为以下五种类型：特色产业型、文化挖掘型、综合开发型、农业贸易型、农家乐型。特色产业型：依托乡村优势产业，利用本土化的栽培方式与运营技术，探索乡村景观的旅游观赏价值，辅之采摘、耕种、品尝、修剪等体验项目，为游客提供游憩、观赏、农事活动、采购等旅游体验场所。文化挖掘型：以乡村独特的文化资源为品牌，挖掘农业环境的情怀，兼具文化宣传与科普、科技示范、教育等功能，向游客展示传统农业的风采，为人们提供农业观光、文化体验、农业科教、采摘与购物等体验。综合开发型：以优美的田园风光、宜人的气候条件为依托，在农业产业区和生态绿色空间的基础上，开发综合性娱乐基地、高端酒店、生态农庄、科技示范田等旅游设施，品质高端，功能齐全，满足顾客回归乡野，享受田园生活的需求。农业贸易型：充分利用地域环境优势，建立农副产品集散中心，为旅客展示农业设施与技术，对先进农艺科技进行示范与推广，提供观光体验与高技术农副产品购买等服务的销售型农业园。农家乐型：相比上述 4 类，其规模最小，以农村家庭为基本接待单位，为客户提供新鲜的农家饭和农家宿舍，以淳朴的乡土人情与乡村村落、建筑、风景、农产品等为品牌，使游客感受淳厚的农家风情。

2017 年中央一号文件指出"将乡村建设为田园综合体，并且集成了创意农业与循环农业以及农事体验。"2018 年政府工作报告指出要振兴乡村，希望将乡村建设实施的基础改为城乡差距的逐渐缩减，同时提出了"田园综合体"这一概念。随着这一概念的不断发展，现在它已经逐渐成为乡村振兴的重要支点、重要引擎。此举对促进陕南乡村的发展也有着巨大的推动作用。陕南位于秦岭和巴山之间，地形带来阻碍的同时也赋予了当地富饶的物产资源。所以对于陕南的乡村振兴发展来说，仍有许多的关键点可以去发展和攻破。

2021 年 4 月 29 日第十三届全国人民代表大会常务委员会第二十八次会议通过的《中华人民共和国乡村振兴促进法》指出："科学有序统筹安排生态、农业、城镇等功能空间，逐步健全城乡一体的基本公共服务体系。"所以乡村建设越来越成为国家发展战略中重要的一环。在乡村建设的发展中要统筹安排各要素之间的协调关系，从而建设一个合理有序、复合型的乡村模式。

然而目前我国休闲农业的建设仍处于探索阶段，我国休闲农业面临着经营理念落后、创新创意难度大、产业要素不健全、从业人员专业性不足、消费产品升级困难等诸多问题，中国农业需要在完善经营体系，提高农业生产规模，完善农民合作，发展生物农业的基础上，更加重视与其他产业的联系，努力寻求更加因地制宜的创新理念和运营模式。

随着时代的发展，健康问题越来越受人们的关注，而由健康需求产生的康养农业也应运而生。康养农业就是把健康的理念和发展农业结合起来考虑，相对于有机农业和绿色农业，康养农业是相对比较新的农业发展态势。康养农业是传统农业的升级版，是健康农业与养生农业的结合，目前的模式多为"现代农业＋康养"。康养农业的发展，对于推动乡村振兴、促进农民增加收入都有可观的效果。

1.3 生态文明与康养农业

改革开放后，中国城市化取得了瞩目的发展，在40余年的时间里，中国城市化率提高了41%，平均每年增长超过1%。在2050年之前，中国城市化率要提高至70个百分点以上，这个过程必然面临着诸多问题与挑战，如生态环境整体恶化，自然地理环境的不良影响，城市就业困难，房价激增，市场竞争激烈等问题，不仅耗费了难以估量的国家经济，还在一定程度上损害了城市居民的身心健康。因此，城市居民对于田野生活日益渴望，更多的人选择节假日赴乡下地区游玩，休闲农业应运而生并蓬勃发展。目前，人均可支配收入的增加使得人们越来越多地追求精神文化生活，度假、养生、休闲成为热潮，这使得休闲农业不断进步，力求满足市民新型旅游需求，从而带动了休闲农业向养生康复的方向开拓和发展。

2016年，农业农村部发布《关于大力发展休闲农业的指导意见》，指出发展休闲农业的意义：有利于推动农业和旅游供给侧结构性改革，促进农村一、二、三产业融合发展，是带动农民就业增收和产业脱贫的重要渠道，是推进全域化旅游和促进城乡一体化发展的重要载体；2018年中央一号文件提出《关于实施乡村振兴战略的意见》倡导大力发展乡村休闲旅游产业。充分发挥乡村各类物质与非物质资源富集的独特优势，利用"旅游+""生态+"等模式，推进农业、林业与旅游、教育、文化、康养等产业深度融合，强调要构建农村一、二、三产业融合发展体系，大力开发农业多种功能——实施休闲农业和乡村旅游精品工程。鼓励创建一批特色生态旅游示范村镇和精品线路，打造绿色生态环保的乡村生态旅游产业链。

休闲农业和乡村旅游已从零星走向集群，从郊区景区周边向更多适宜区域拓展。从小打小闹的农家乐、渔家乐，到渐成气候的农业嘉年华、农业主题公园，在以农民为主体、社会资本广泛参与的前提下，休闲农业已是融合一、二、三产业和生产生活生态一体的大产业。

由以上可以看出，健康中国战略的推动为人们对健康生活方式的需求提供了良好契机，休闲康养农业通过提供绿色有机食品和自然环境，满足人们对健康饮食和身心健康的追求；乡村振兴战略的实施使得农村发展面临新的机遇；休闲康养农业能够为农民提供增收途径，促进农村经济的多元化发展，并带动农村旅游和相关产业的兴起；生态文明建设倡导绿色可持续发展，休闲康养农业与之相契合。通过合理规划和管理，发展休闲康养农业可以保护土地、水资源和生态环境，提升农村景观和生态品质，实现可持续发展。因此，陕南地区发展休闲康养农业不仅符合国家战略，也能够满足人们对健康、宜居和美丽乡村的向往，具有巨大的潜力和广阔的发展前景。

第 2 章　休闲康养农业概论

2.1　休闲康养农业的概念

随着中国经济的快速发展和我国居民收入的不断增多,人们开始不断追求生活的品位和质量,日益享受生活带来的乐趣,缓解城市生活的压力,走向自然和谐的乡村,这种情况也为中国观光农业迅速发展带来了新的契机。

休闲康养农业是在保持休闲农业的体验、观光、度假等基本功能的前提下,融入复愈性环境的构建原则,塑造具备远离感、丰富性高、吸引力强、兼容度高的休闲农业景观,是一种以农业为基础,旅游为载体,文化为内涵,景观为前提的农业与旅游业相结合的,将观光、游玩、娱乐、体验等融为一体的现代新型生态旅游农业形态,也是一种将多产业相融合的农业经济发展的模式,这种模式既可以保护环境、又可以促进人与自然和谐相处,实现环境效应、经济效益和社会效益。针对老龄化、亚健康的压力与健康资源供给不足的问题,休闲康养农业可以分担公共压力,可以作为一种创新途径,连接农业、旅游、健康三重领域,实现多重价值。

康养农业概括地说就是健康农业和养生农业的结合体,它是健康产业的一个分支和重要支撑,也是升级版的传统农业。关于康养农业的概念,不同地区有不同的定义。在欧洲地区,对于康养农业的活动一般描述成为“社会农业”,有时也用“以农业换取健康”“农业中的绿色护理”或“绿色护理农业”等来描述。而在北美,这种现象被描述成为“治疗性农业(治疗农场)”或“园艺治疗”。康养农业现今也被广泛地推广为利用农业景观或者农业活动来改善身体健康和为人类提供福祉的一种方式,并可以照顾到不同群体。

国外已发表的文献中,康养农业被描述成为一种行为干预,在“绿色护理”的概念下,将传统保健与自然环境相结合起来,但康养农业的相关干预措施范围更加广泛,还包括为弱势群体提供就业机会、教育、保健或者康复等。

如今的康养农业可以创造一种氛围,这种氛围比传统的护理空间“更接近正常生活”,相比传统的医疗机构或康复中心来说,农业场所的耻辱感较少,从而创造了一种让那些不愿意参与传统治疗的人乐意参与的方式。

休闲康养农业是指以疗愈保健为主要功能的主题性农业园区，此类休闲农业在设置农业观光、农园休闲体验活动的基础上为顾客提供康体健身、农事劳动、养生项目、膳食滋养等活动，使个体在身体、心灵、精神方面得到调理与更新，长期在此活动与居住，可以增强人的抗压能力与免疫力，减少亚健康状态。

发展休闲康养农业具有如下优势：有助于农业与卫生保健、社会服务、生态文旅、教育方面的合作，建立优质多样化的体验项目；推动农业生产、医疗保健、风景园林、旅游管理、景观设计等多重专业人员就业于农业领域，推进社会保障的完善；有助于务农人员生产生活质量的进步，提高公共健康水平；有利于农场成为一种环境优良、运营规范的复愈场所，增加利用效益。

因地制宜地进行休闲康养农业的开发建设对促进农业升级、优化服务理念、改善服务质量、促进公民健康、实现经济增收具有重要意义。

2.2　相关概念

2.2.1　休闲农业

休闲具有两种突出的功能，一是消除疲劳，一是愉悦身心。欧盟和世界经合组织把休闲农业定义为在城郊范围内发生的游憩活动，经营规模狭小，空间较为宽广，具有可持续发展内涵的旅游类型。休闲农业囊括乡村旅游及农业旅游等一系列活动，但其将户外旅游和郊野旅游从休闲农业中剥离了出来。休闲农业是以娱乐、教育和农事体验参观为目的的农田耕作、种植以及农业生产经营活动，包括农业旅游与农庄旅游。

在国内，休闲农业起步较晚，还没有形成一个完整的体系，学术界对休闲农业的概念未形成统一认识，学者们论述各有不同。有学者认为，休闲农业是农业、旅游业交叉形成的产业，利用农田原野景观、农耕活动和乡村原生态环境，吸引游客进行观赏、品尝等各项体验学习，是一种新型农业生产经营方式。休闲农业依托农业生产活动，将农业和旅游业相交叉，深入挖掘具有观光、旅游价值的农业资源和农业产品，将生产、科技、艺术和体验参与融为一体，是供消费者欣赏自然意趣和原生态景观并与现代科技文明相结合的农业生产旅游活动。休闲农业生态农业与旅游服务业相互融合的这种业态，是从农业单一生产功能到生产、生活和生态三种功能的一种拓展，也是将三产结合进而延伸产业链的重要媒介。而乡村旅游是涵盖休闲观光农业的一种以乡村资源为基础的旅游方式和旅游模式,休闲农业和乡村旅游都是以“三农”为主体,通过对农业资源整合和综合开发达到促进“三农”共同发展的目的。休闲农业综合利用农业自然资源禀赋和社会资源,以农业生产经营为基础,促进农业提质增效和农业产业转型升级,以吸引消费者进行休闲农业消费活动为目的,是实现农业和其他相关产业有机结合的新型产业。

中国科技信息研究所的研究表明,休闲农业是利用农村空间与场地、农副产品、农业生产经营、农村人文乡土民风等,经过设计规划,发挥乡村与农业休闲观光功能,增进消费者对农村与农业的体验,提升休闲旅游品质,促进农民增收致富、乡村发展的一种新型农业。2011 年 7 月,农业农村部发布的《全国休闲农业“十二五”发展规划》指出,休闲农业是“贯穿农村一、二、三产业,融合生产、生活和生态功能,紧密联接农业、农产品加工业、服务业的新型农业产业形态和新型消费业态。”这可以看作是国家层面对休闲农业的界定。

2.2.2 田园综合体

2012 年张诚在其发表的论文《田园综合体模式研究》中首先提及“田园综合体”一词,但对田园综合体的概念并无准确定义。2017 年中央一号文件明确提出了“田园综合体”概念,具体表述为“支持有条件的乡村建设以农民合作社为主要载体、让农民充分参与和受益,集循环农业、创意农业、农事体验于一体的田园综合体,通过农业综合开发、农村综合改革转移支付等渠道开展试点示范。”田园综合体最基本的特征就是田园,“田园”一词本意是指田地和苗圃,意指种植农作物的土地。田园综合体是指以“可持续发展”理念作为指引,以农业作为产业的基石,在发展农业产业的基础之上来找寻人与自然、人与乡村新的平衡点。利用乡村特有的资源、良好的自然环境、特有的产业体系,将农业、旅游、田园三者融为一体,形成一个具有多功能的地域经济体,农业景观是开展的基础。田园综合体发展的基础是对乡村旅游资源的深入发掘,在独特的田园肌理基础上对资源进行重新整合来形成一个集农业生产、田园居住、乡村休闲旅游为一体的田园综合体。

2.2.3 复愈性环境

20 世纪 70 年代,环境心理学家 Ulrich 提出:人类对自然有与生俱来的偏爱,会不自觉地对其加以关注并做出积极反应,当个体处于压力状态,可通过与自然接触,缓解由压力造成的生理、心理、行为方面的不良影响,而城市环境不利于压力释放。20 世纪 80 年代,Kaplan 夫妇经过研究发现在野外活动,可以对人的心理带来积极影响，从而将可以对身体疲劳和心理压力带来恢复反应的环境称为复愈性环境（restorative environment）。

复愈性环境指对人类心理疲劳、压力、精神问题、亚健康等消极状态有恢复与更新效果的绿地环境，能使个体产生积极状态，缓解不良情绪，促进人体健康，提高社会适应能力。

20 世纪末，Kaplan S 与 Herzog 等人在注意力恢复理论的基础上完善了复愈性环境的设定，阐明了 4 个特征要点：远离感、丰富性、吸引力、兼容性。

2.2.3.1　远离感

远离感是恢复的首要因素，常指远离令人不悦的生活环境和危险物。相对于城市空间，自然环境中的高山、大海、湖泊、森林、草原等常给人出世感、距离感，这些景象可以帮助人们避开能产生定向注意的事物，有助于恢复注意力。同时 Kaplan 强调，远离感也是一种逃离感，并非依靠外在环境亦可以从心理层面逃离，通过转变思维和心理调整实现，如听音乐、冥想、运动、睡眠等，从事非定向注意劳动可以将疲惫的定向注意恢复。

2.2.3.2　丰富性

单调的自然环境不足以使人产生复愈效果，须有足够丰富的内容和完整的结构来占据人的视觉与头脑，使人的身心充分投入自然环境的复杂氛围中，为激活自发注意提供优质的条件，进而助力压力缓解。这类环境不一定需要大尺度的场所，充分利用空间或打造垂直景观，配置多层次多种类的植物或融入动物元素，将环境内容丰富即可。

2.2.3.3　吸引力

吸引力包括硬性吸引和软性吸引，也称刚性吸引和柔性吸引（叶柳红等，2010）。电视节目、电影、音乐会、竞技活动常会激发人们的硬性吸引，可以使刺激物占据人的全部注意力，使人们顾不上考虑其他事情，身心投入激烈的自发注意中。软性吸引常在自然空间中产生，相对于前者，软性吸引平静而柔和，可以使人产生适度的自发注意，并可以从中对个人经历、问题等进行反思，使个体在精神洗礼中得到更具有深层意义的恢复作用。

富有软性吸引力的景象或事物是复愈性环境的重要组成部分，一般不需要主观意志力就可以吸引人注意，如洞穴、观景亭、瀑布、水体、岛屿等，这种自发注意会潜移默化地降低人体心里怠倦的程度，并引发人的思考、冥想、探索的心理和行为过程，也给人美的感受，进而抵消痛苦与困难，给人愉悦的体验。

2.2.3.4　兼容性

个体通常会追求自然的体验，如野餐、赏花、探险、踏青，因为自然环境有较好的兼容性，可以与个人的兴趣融合。兼容性指的是自然环境具有可以支持个体的爱好与目标的事物，同时个体也可以适应目标的需要，但这种融合无法单方面实现，当环境所提供的景象和活动符合个人的兴趣爱好时，便可以兼容，不相符时则不兼容，具有双向作用，因此，复愈性环境具有指定的人群限制，是相对的。

21 世纪，瑞典农业大学团队总结了个体对于绿地空间的八类感知属性，为自然性、物种丰富性、社会性、文化性、平静安逸性、瞭望性、空间性、庇护性，此感知性质已广泛地应用于欧洲国家的绿地环境评价（宋瑞等，2017）。复愈性环境由此被描述为一种在视野开阔的宁静氛围中，动植物种类丰富而又安全私密，具有归属感的自然环境。而单纯的自然环境只能满足 1 ~ 3 种属性，需精心设计才可以达到对人体的复愈效果。

2.2.4 园艺疗法

本书讲的园艺疗法为狭义园艺疗法，通过合理安排园艺劳动，让体验者参与并定时定量地亲自操作开垦、播种、施肥、培育、采摘环节，对于长期缺乏锻炼、精神怠倦、心理压抑的都市亚健康人群可以起到放松身心、强健体魄、激发自发注意的作用，对于残疾人、高龄者、药物滥用者、瘾君子、精神疾病患者、智力低下者，能够对其社会价值、心理问题、体能限制等多方面给予激励与更新，并具备一定教育意义。

2.2.5 其他自然疗法

花香疗法采用与植物相关的材料进行艺术加工与工艺美化，如插花、种植盆栽、树叶制作、树枝制作等，从而唤醒个体的美感，帮助个体获得自我价值与成就感。草药疗法，在空间中合理规划与草药相关的活动，开发科普、品尝、采摘、沐浴等项目，运用草药的疗愈功效，如佛手柑的气味可以缓解紧张情绪、薄荷桃叶药浴可驱散风热、紫草药浴可治疗荨麻疹、苦参药浴可杀虫止痒等，有助于个体身心恢复。

芳香疗法以熏香、植物精油、芳香植物达到复愈的目的，如甜橙的气味可使人放松精神、乳香和檀香可调节呼吸、薰衣草香可缓解失眠、桂花香有助于提高人注意力等。

森林疗法通过森林环境提供富氧的空间、令人舒适的小气候、较高的负离子、益健的植物芬多精、适度多样的生物种类，可以促进人体调节中枢神经、缓解心血管负担、降低人体应激激素水平、缓解不良情绪等，因而可以利用森林资源辅助环境达到复愈效益。

2.3　理论基础

休闲康养农业的理论基础包括 Kaplan 提出的注意力恢复理论（attention restorative theory, ART）和 Ulrich 提出的心理进化理论（stress reduction theory, SRT），又称为压力减少理论。

2.3.1　注意力恢复理论

Kaplan 表示，人类的注意包括定向注意与非定向注意，当需要做的事须依托主观意志或付出努力时，大脑将开启定向注意模式，如学习、上课、演讲等；当从事较为放松或轻而易举的事，如散步、游玩、听音乐等，则为非定向注意或自发注意。

压力与应激是指当个体受到突发状况、挑战或威胁时，体内有关系统被唤醒并表现出一系列的应激反应，伴随恐惧、伤心、狂躁等情绪，在行为方面表现出逃避举动，如吸烟、酗酒、慌乱、失误等。

定向注意与应激状态会极大地消耗身心机能，如果长期存在会产生疾病，甚至在应压反应消退后，出现后遗症，使人应对挫折的能力折损，注意力涣散和注意力衰竭（directed attention failure, DAF），严重影响日常学习与工作。

注意力恢复理论更偏向于上述问题的恢复，在这个层面的复愈性环境单指在特定的空间中，人们会自发地调整心理、生理、行为、认知，将个人压力水平下降，减少消极情绪与行为，提高个体应激能力和定向注意效率，以更好地适应社会。

2.3.2　心理进化理论

Ulrich 认为，自然是人类的基本属性，从类人猿到人类经历了上百万年，人类的大脑、知觉器官、四肢都是顺应自然逐步进化的，进而产生了取火、制造工具、巫术等行为，也产生了游牧、狩猎、耕种等活动，并维持了数千年。人类是在充满绿色植物的环境中诞生的，可以在绿地中找到归属感与心理慰藉，而目前工业化与科技文明的发展使人类的生活方式彻底改变，单一的体力活动转变成了高强度的脑力劳动，居住环境由天然的绿地环境转变为高密度的灰色城市，空气污染、噪声、废水等问题日益蚕食着人类的身心健康，因此回归自然可以回归人类的本真。

心理进化理论就是从进化的角度推理，依托自然环境，可以激发人类的积极情绪。人类在具有一定复杂性的环境中，注意力容易被视觉焦点（如水体、孤植植物等）吸引，消极的情绪容易被缓解，产生积极的想法。随后英国地理学者杰·阿普尔顿等人提出的非洲稀树草原偏爱假说，美国生物学家爱德华·威尔森提出的亲生物假说等印证了此理论的合理性。

2.4 休闲康养农业起源与发展

2.4.1 国外休闲康养农业发展概况

13 世纪，荷兰的一部分农场家庭收留患有精神疾病的顾客于农场中进行园艺劳作，以促进其康复。20 世纪，荷兰农业部门向各类患者群体提供卫生保健和社会服务。在护理农业的结构下，传统农业生产劳动是教育、工作、疗愈、培训的资源，此外医疗保健的专业人员和组织开始接触农民，向精神病患者和长期失业者提供社会保障。此类农场的数量和规模也不断扩大，但迄今很少受到科学的关注。

目前在欧洲国家已经有越来越多的农场寻求在人类健康和福利领域开发项目，这种形式在英国、荷兰、挪威等国家被称为护理农业（care farming），在有些国家被称为社会农业、健康农业或绿色康复农业，具体的定义会根据国情有所区别。这是一种农业与健康保健的双赢政策，也是多功能农业文化的范例，它在欧洲国家已经涉及商业农场和农业景观，通过农业实现治疗用途和多重价值。统计数据表明，2007 年英国总共有 76 家运营的康养农场，到 2015 年康养农场已经增加到了 230 家，此类模式在西方国家蓬勃发展（Leck et al.，2015）。

康养农场的复愈功效也被实验证实，2015 年英国健康心理学家 Chris、Leck 等人以问卷、心理量表和访谈的方式，对英国 216 名在康养农场生活的患者进行了调查，发现人们在农场的康复时长与他们的健康状况呈正相关（Leck et al.，2015）。在荷兰和挪威，康养农场的研究在年轻人的自我认知、药物成瘾、抗压能力和焦虑水平方面提供了积极的效果（Pedersen et al.，2015）。

欧洲护理农业将人类健康与社会福利融入，实现护理社会化，提高顾客的参与度和价值感，是在社会观念转变，行政审批规范化，组织机构完善，法律法规合理以及护理形式多元化下的产物，具有经济、生态、健康多重价值。

护理农业是社区化的，带有社会福利偏向的产业，而休闲农业以旅游和体验为主要目标。二者的出发点虽有不同，但本质都是单一农业向多功能农业迈进的突破。在原有休闲农业的基础上加以创新，融入促进健康的理念，规范设计和运营策略，不失为一种良策。

休闲康养农业这个名词在国外最初被称为“治疗景观”，是基于文化生态学、结构主义和人文主义理论产生的，最早是由 Wilbert Gesler 在 1992 年提出。在 1996 年，Gesler 将“治疗景观”的概念延伸为：“在那里，物质、建筑环境、社会条件和人类观念结合在一起，产生一种有利于愈合的氛围”。在 2003 年，Gesler 认为那些似乎有着“治愈感”的环境，都可被定义为治疗景观。这些定义都向人们阐述了特定空间对促进身体和社会健康的重要性。

1999 年，威廉姆斯介绍了这个概念的早期应用，也就是健康和环境的关系。这时对于康养景观的研究，基本认可“特别”治疗场所的治愈特性，比如朝圣地、树林或者温泉。2005 年，Wakefield 和 Mc Mullan 等研究人员扩展了这个概念，将促进健康（或者愈合）的场所和场所的治疗价值联系起来。2005 年，Conradson 认为，治疗景观应该被作为“一种关系的结果”来看待，因为这是一个人与环境或社会之间的感情交融而产生的。

目前，康养景观的研究重点是使用移动和原位方法：使用全球定位系统，加速度计或照片、视频来探索特定时间和特定地点的福祉反应。此研究超越了传统的治疗景观，可以更好地获得空间数据、时间序列、纵向调查和远程/在线数据，激发了人们对日常治疗性场所的创新。

2.4.2 我国休闲康养农业发展概况

休闲康养农业的概念来源于国外，但在我国也已有 20 多年的发展历程。我国的休闲康养农业萌芽于改革开放初期的深圳，之后不断发展，伴随我国国民经济高速发展、国民收入不断提高以及国民消费需求不断增长，逐渐从农民自发进行的初期阶段，进入到一个快速发展时期。

当前，我国对于休闲康养农业的研究主要有两个方面，一是对休闲康养农业理论基础的研究，二是对其相关典型案例的研究。对于理论基础的研究主要在经济、文化、社会功能、生态环境效益等方面进行。而在案例实证研究中，则侧重于实践经验、发展模式和方法的研究。目前休闲康养农业的发展现状从地域分布上来看，大城市周边的休闲康养农业发展普遍相较于小城市要好很多，因为大城市的经济较为发达，人们的收入水平较高，对于康养旅游休闲的需求也较小城市高。

2.5 休闲康养农业的分类

由于各个地方的自然和地理条件各不相同，人文社会背景有差异，因此各个国家的休闲康养农业在产生和发展的过程中，展现了各自的特色和文化，产生了不同的类型。

2.5.1 以地域划分的休闲康养农业类型

以地域划分的休闲康养农业类型主要有两种，城郊型和乡野型。

城郊型休闲康养农业位于城市周边地区，通常是距离城市中心较近的郊区或近郊地区。这些地区通常具有相对较好的交通便利性和基础设施支持，同时也受到城市化进程的一定影响。因此，城郊型休闲康养农业主要面向城市居民和城市旅游者，提供短期休闲度假服务。由于其地理位置的特点，受众群体通常来自城市或城镇，追求的是便捷、舒适的休闲体验。城郊型休闲康养农业通常提供多样化的休闲娱乐项目和服务，例如农家乐、采摘园、生态农庄、康体休闲农场等。除了传统的农业体验活动外，还可能包括健身、SPA、民宿等高端休闲服务。

乡野型休闲康养农业大多位于乡村地区或者远离城市的郊区乡村地带，地理位置相对偏远，自然环境和生态条件较好，受城市化程度的影响较小。乡野型休闲康养农业主要面向追求深度体验、寻求心灵放松和身心健康的人群，尤其城市居民希望远离喧嚣、享受清净自然环境。乡野型休闲康养农业更注重自然与生态的融合，提供的服务内容通常更加纯粹和原生态，例如乡村民宿、田园牧歌、登山徒步、农耕体验、生态保护教育等。这些活动强调亲近自然、体验传统农耕生活、放松心情，注重提供一种与自然和谐共处的体验。

2.5.2 以参与者活动方式划分的休闲康养农业类型

以参与者活动方式划分的休闲康养农业类型主要有三类：观光型休闲康养农园、自主参与型休闲康养农园、休闲游憩型康养农园。

观光型休闲康养农园主要以观赏、游览和体验为主要活动形式，参与者通常是以观光游客的身份前往，通过参观景点、观赏风景、体验特色文化等方式来感受农场的风土人情。参与者的体验方式主要是被动的，他们更多的是通过观看、听讲解、拍照等方式来感知和了解康养农场的文化、自然环境和生活方式。参与者对观光型休闲康养农园的参与程度相对较低，参与者的互动性和参与度较小，主要是享受景观、感受氛围，对于农场的运营和活动策划影响较小。

自主参与型休闲康养农园注重参与者的主动参与和体验，提供各种农耕体验、手工艺制作、亲子互动等活动项目，参与者可以根据自己的兴趣和需求选择参与的项目。参与者以主动参与的角色来体验康养农场的各种活动，例如参与农作物的种植、采摘、制作农产品等，或者参与手工艺品的制作、烹饪活动等，从而深度体验农村生活和农耕文化。自主参与型休闲康养农园的参与程度较高，参与者更加积极主动，可以根据自己的兴趣和能力选择活动项目，体验程度更加深入和全面。

休闲游憩型康养农园主要提供休闲娱乐和游憩活动，例如户外运动、休闲娱乐设施、美食餐饮等，旨在为参与者提供放松身心、消遣娱乐的休闲空间。参与者主要通过参与各种休闲活动和游憩设施来体验农场的休闲氛围和娱乐设施，例如参与户外运动、玩乐园设施、品尝特色美食等。休闲游憩型康养农园的参与程度较高，参与者通常是为了享受休闲娱乐和消遣时光而前往，可以通过参与各种活动来放松身心，参与程度相对较高。

2.5.3　按产业成熟度划分休闲康养农业的类型

按照产业的成熟度和完整度划分休闲康养农业的类型，可以分为康养产业化休闲农业和康养嵌入式休闲农业。

康养产业化休闲农业从产业链上来说相对成熟且完整，涵盖了从康养产品生产到产品加工、销售和服务等各个环节。农场会有规模化的生产基地和完善的销售网络，形成了一条相对完整的康养产业链条。康养产业化休闲农业注重规模化经营和产业链条的整合，以提高生产效率和经济效益为目标。农场会引入先进的农业生产技术和管理模式，同时配备完善的服务设施和设备，为游客提供全方位的休闲康养体验。

相对于全链条产业化休闲农业，康养嵌入式休闲农业的产业链条可能不那么完整和成熟。农场更加注重康养理念的传播和实践，而非规模化生产和销售。康养嵌入式休闲农业强调康养理念与农业生产的有机结合，注重提供具有康养效益的农场体验。农场会采用有机农业、生态农业等方式进行生产，强调生态友好型的农业生产方式，并提供与康养相关的服务和活动，例如农耕体验、瑜伽课程等。

2.6 休闲康养农业的作用

2.6.1 增强与自然的联接

康养农业园可以帮助使用者建立与自然之间的联系,使用者可以体验到包括与自己、生活、他人、食物和自然的联系,康养农业园通过提供鼓舞人心、舒适的环境,或者通过在园区里开展相关活动来实现与外界的联系。

2.6.1.1 全方位的感官体验

人类有视、听、触、嗅、味五种不同的感官。调查研究指出,在五感之中,人体感官感受的深刻程度依次是:视觉(37%) > 嗅觉(23%) > 听觉(20%) > 味觉(15%) >触觉(5%),当不同的感官被调动起来,或感官之间形成交织,就能够使人们对同一件事物产生全新的感受。

在康养农业园中,全方位的感官体验通过鼓励使用者参加多种感官输入的活动来实现。具体表现为在活动或场景中融入多种感官感受来鼓励游客感受外界的状态,比如在农事体验中使用者需要接触到自然物,突出了触觉体验,农作物带有自然芳香,突出了嗅觉体验,使用者品尝自己采摘的农作物,融入了味觉体验。

2.6.1.2 独特的空间情绪

参观休闲康养农业园区往往能使使用者收获难忘的经历,“当人在户外的时候,总有些意想不到的事情发生,你无法为它们做计划,这就是它的美丽所在。”通过园区里的自然体验,感受自然之美,培养了使用者对自然环境的热爱,使使用者可以感受到区别于城市的空间感受,产生与空间情景相关的独特的空间情绪,进而建立与对应环境的联系。

2.6.2 作为环境教育的载体为使用者提供学习机会

环境教育就是以人类与环境的关系为核心而进行的一种教育活动。康养农业园作为环境教育的载体,为使用者提供了自主学习的机会,为使用者提供了解农业文明、学习农业知识、参与农业生产活动的机会,是融合知识性、科学性、趣味性为一体的农业生态科普园地。除了纯粹的认知,康养农业园还注重了解事物的不同方式,认知的来源不仅仅是文字或者经验者的传授讲解,更多的是使用者自身处在自然环境中的感觉、感受,是主动的、自发的。

要允许使用者培养冒险、探索和挑战的意识,允许使用者在一定程度上具有自然野性的行为，例如感受风雨、跳进水坑、涉水过河等。园区工作人员认为使用者以前没有冒险精神，而是“在棉花里”，要打破这种棉花文化。在农业园里，使用者处在安全的环境中，也具备独立承担风险的能力。工作人员认为应当让他们体验到一种自由感，鼓励他们探索自身，鼓励使用者了解自己和自然，可以在自然环境里随意地探索、感受和玩耍，从而促进与自然的联结。

2.6.3　促进体力活动，带来健康效益

休闲康养农业通过让参与者加入更多的体力活动中，达到生活健康的目的。在休闲康养农业园区里，除了自然体验，活动设计也是不可或缺的一部分，常见的休闲农业趣味活动包括但不限于农事体验活动、民俗活动、产业文化活动等。这些农业趣味活动需要参与者消耗体力亲身体验，这种体力活动可以作为一种锻炼，有助于增强参与者身体的肌肉力量、耐力和灵活性，提高身体素质。休闲康养农业通常位于自然环境中，空气清新、景色宜人，参与者在自然环境中从事体力活动可以减轻压力、放松身心，促进身心健康。同时，户外体力活动让参与者暴露在阳光下，有利于皮肤合成维生素 D，增强骨骼健康，改善心情，促进睡眠质量。另一方面，参与休闲康养农业的活动通常是集体进行的，参与者在活动中可以与他人互动、交流，增强社交关系，提高心理健康水平。参与体力活动有助于释放压力、消除焦虑和抑郁情绪，促进情绪的舒缓和积极情感的产生，因此可以给身体带来相应的健康效益。

第3章　国内外休闲康养农业模式借鉴

3.1　国外休闲康养农业案例

3.1.1　英国和爱尔兰

欧洲的农业发展一般为生态友好型模式，更重视人与自然环境的和谐相处和生活质量的改善与提高。英国等欧洲国家的农业发展是为了解决城市化、工业化快速发展而带来的资源紧张、生态恶化、景观破坏等环境问题。因此，这些国家在发展观光农业的过程中往往更加重视自然环境的改善、农业资源的节约和生活质量的提高。在城市高楼鳞次栉比的大环境下，观光农业作为城市绿地的补充，可以起到生态屏障的作用。如观光农业有机废料和营养物质循环利用；污水回收处理再利用，促进水资源循环；高效利用城市土地，保持城市土壤，保持与提高土壤肥力；减少运输成本，降低能源消耗；减少二氧化碳排放，净化空气，降低噪声；检测环境质量；提高生物多样性等。

在英国，公众越来越关心食物的安全性和环境保护。农场经营者认为生产纯天然、无污染、高品质的农产品将是农作物种植的发展方向。因此，英国政府大力发展有机农场，使作物在自然条件下生长，不施化肥、农药，避免有害物质污染环境。例如英国霍华德农场，在农作物种植中，尽量少施用或不施用化肥和化学杀虫剂，改用有机肥料和生物防治病虫害，同时实行耕地轮种制，减少环境污染，增长土地肥力，生产健康食品。而英国的农宿农庄，也以独特的英伦风采、优美的田园风光，吸引各地游人到此。各个康养农场根据需求不同，设计与呈现也存在相应的区别(图3－1)。

英国康养农场的数量从2012年的180家持续增长，2014年达到230家，2015年为240家，2016年为250家，这意味着每年大约新增10家康养农场。近5年，爱尔兰的康养农场的数量增加了75%。此外，各种专员和介绍机构对康养农场越来越感兴趣。

接受康养农场治疗的群体大多存在心理或身体上的障碍，其中心理障碍占大部分(图 3－2)。经调查,在英国及北爱尔兰地区,参加康养农场的人受益于三个关键因素:可以更好地享受自然、可以进行有意义的农场活动、可以身为社会成员履行社会职责。英国的 Care Farms 通常为客户提供一天的课程,每次课程的费用约为 52 英镑,客户定期每周参加 1～3 次,平均持续 8 个月。目前,只有 4% 的康养农场提供住宿。

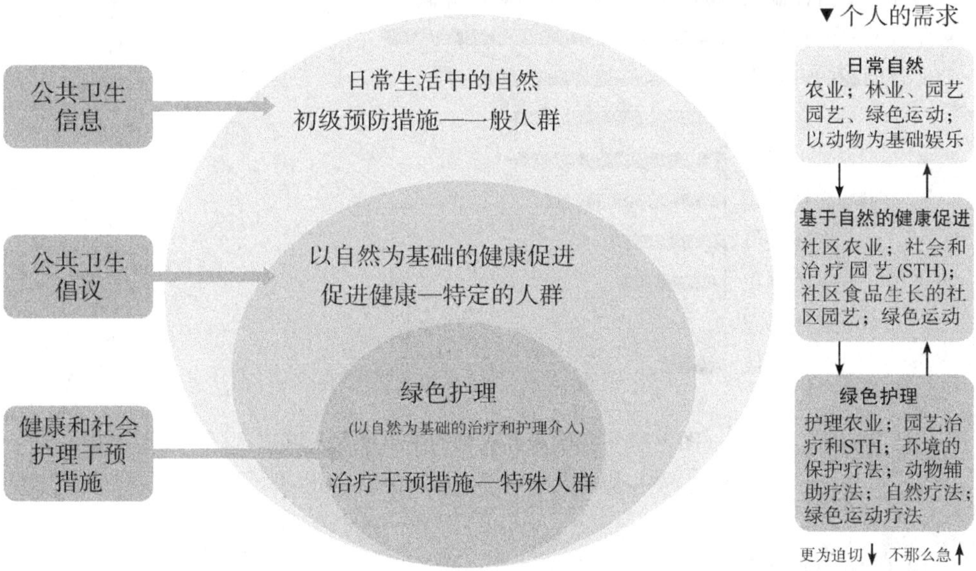

图 3－1　康养农场的范围界定

来源:英国康养农场年度报告(2016—2017 年)

据 2016 年统计,英国大约有 250 家康养农场在运营。研究中的康养农场每周平均为 35 个客户提供服务,250 个康养农场每周为全英国总计约 8 750 名弱势群体提供服务。此外,大多数农户表示,他们的康养农场目前并没有满负荷运转,平均运营能力为 65%。因此,从理论上讲,在英国,如果现有的康养农场全部满负荷运转,每周可以为大约 13 461 名客户提供农业服务。因此,康养农业作为保健、社会和教育护理的一种选择,很有潜力扩大。保健和社会护理提供者正在寻求为其患者提供非临床干预——在当地社区内提供。康养农场已经整合了健康管理和社会护理,关爱农业也对农村经济做出了相当大的贡献。如果这些现有的康养农场在未来(超过 40 周)以 100% 的产能运营,这将相当于每年收入大约 2 800 万英镑。

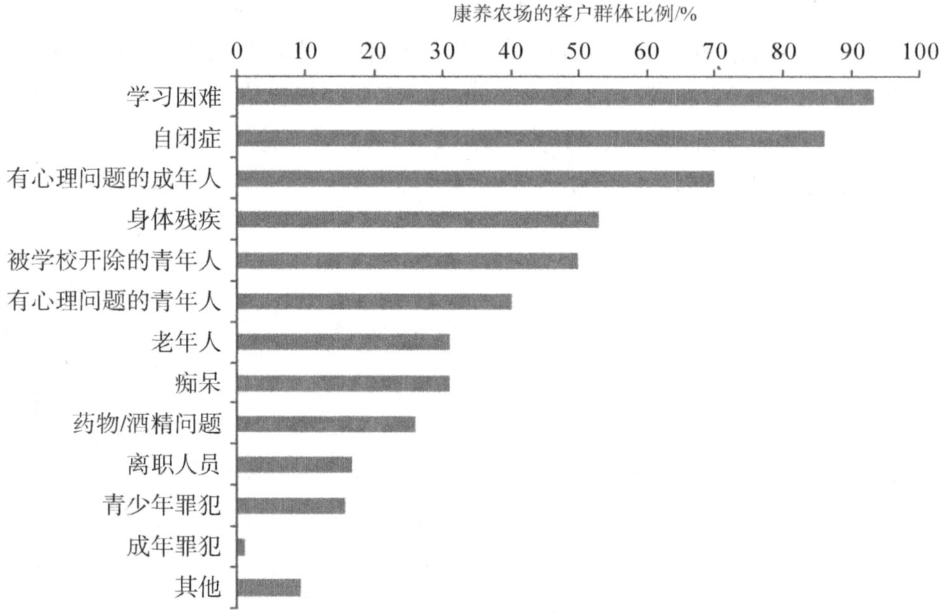

图 3－2　英国康养农场的主要康复人群

来源:英国康养农场年度报告(2016—2017 年)

3.1.2　意大利

意大利模式的休闲康养农业模式为绿色假期式。作为世界上旅游业最发达的国家之一,意大利非常重视以农村为基础的观光旅游的发展。农业旅游是意大利旅游业中的重要组成部分,20 世纪 70 年代,农业观光旅游被人们称为“绿色假期”,可见其兴盛之势。1865 年意大利首先成立了“农业与旅游全国协会”,这标志着意大利观光农业的产生。该协会介绍城市居民到乡村去体验生活,与农户一起吃饭、劳作,甚至在农户家留宿(刘齐光,2014)。截至 1996 年年初,意大利的 20 个行政大区都开展了观光农业旅游活动,其中具有代表性的是托斯卡纳大区,该大区每年接待的国内外旅游者高达 20 万人(Johnholz,1994)。意大利观光农业的发展模式,是将新型农业生态环境和优美的自然环境结合起来,这为观光农业的发展提供了基础条件,然后将意大利的民风民俗和社会文化特色融合到观光农业中,使其逐渐成为一个综合性的旅游休闲活动。意大利的“绿色假期”主旨为“崇尚绿色,注重提高生活质量”,其发展和运作模式都比较成熟,管理者能够充分利用农村丰富而独特的自然资源,以满足现代人对绿色生活的追求,并促进农业现代化发展(张晓东等,2014)。

在意大利,社会农业是最近才出现的,尽管有些先驱在 20 世纪初铺平了道路,如玛丽亚·蒙台梭利(Maria Montessori)。自 20 世纪 70 年代早期以来,有趣的社会农业不断发展,当时社会农业主要基于 1968 年运动中产生的社区理念和其他基于社区的倡议(如基于社区的卡波达科社区等)。意大利拥有强大的区域性社会农业网络,将供给者和需求者联系在一起。除了区域网络,意大利还有一个 2011 年启动的全国社会农业论坛,将社会农业作为农业系统的创新进行推广。2015 年 8 月 18 日,意大利实施了第 141 号国家框架法,为当地的社会农业实践提供了原则和程序框架。

3.1.3　土耳其

土耳其的社会农业反映在农业活动的结构及其范围上。过去的实践中,一个常见的模式是将农业活动与社会和教育农业活动结合起来,把农业活动作为一种治疗形式、一种教学发展手段或作为社会商业化的工具。农业作为一种补充活动,其经济结果通常是次要的。一些从事社会农业的组织已经开始在农业和社会两个领域同时发展,它们的经济收入占比基本上是比较平衡的。该实体的重点在一定程度上可以从最初作为农业农场运作的农田面积中明显看出,通常需要足够大的面积来确保经济可持续性。在最初参与农业的实体中,有时需要数百至数千公顷的土地,而在主要集中于社会活动的组织中,农业用地的面积在大多数情况下可达数十公顷。

目前,土耳其有数十个组织参与社会农业。农业活动作为一种补充促进了社会服务和教育方案的融合。土耳其在社会农业领域不是经验丰富的国家。近年来,土耳其发展了社会农业活动的理念,其中最重要的社会农业活动是适用于治疗残疾动物的治疗活动。社会农业将农业与专业社会服务结合起来,得到了广泛的支持,包括私营实体或慈善机构、合作社或非政府组织的倡议,以及农民。根据欧洲经济和社会委员会关于界定社会农业的意见,可以根据目标群体和多样化的目的确定四类社会农场:提供护理服务的康养农场、开展治疗和再教育活动的治疗农场、关注社会和就业的包容性/社会性农场、开展教学活动的教育/教学农场。

绝大多数土耳其人对社会农业的概念还不够了解。受过教育的人希望摆脱大城市压力从而参与农村地区的活动,是土耳其农村社会农业创业的重要模式。从土耳其社会农业客户的参与活动来看,饲养小动物(绵羊、山羊、兔子、家禽)或养蜂似乎是最佳的选择,同时他们也可能会参与牛、山羊或马的饲养活动。当与动物接触时,对人的治疗效果是明显的。永久草原地区(草地和牧场)通常与牲畜生产有关,从社会农业的角度来看,加工现场种植的产品是一个非常重要的组成部分,这在大多数情况下是为个人消费而进行的,这些产品有牛奶、蔬菜、水果,有时蜂蜜或肉类是最常见的产品。在四类社会农场类型中,用于治疗目的的治疗农场显示出了改善一系列弱势群体健康状况和增加福祉的巨大潜力。本研究的参与者是服从社区命令的罪犯,他们的社会经济地位低,相对于一般人口而言健康状况差,说明他们处于不利地位。迄今为止的研究是定性的或观察性的,只有有限的经验证据表明康养农场在改善健康状况和增加福祉方面的有效性。在这方面,土耳其需要长期为残疾人开发新的高质量治疗形式。

社会农业是土耳其治疗残疾人最重要的社会事件,残疾人主要受益于市政当局、大学、私立教育中心提供的服务。土耳其的社会农业是在家庭农场提供活动,这是一种社会支助服务的做法。在社会农业中,农场仍然是一个以工作为核心的农场,不同的是会邀请人们参加农场的日常活动。农民有机会通过发展社会服务,进一步利用他们的耕作技能和农场增加收入。使用服务的人有多个选择,选择一个工作农场作为他们的日常服务支持,并有机会在农业活动中与动物或植物接触,同时农业也提供了从事户外体育活动和参与有意义的家庭环境活动的机会。社会护理提供者有机会与农民合作,为人们提供进一步的选择。

3.1.4 波兰

波兰是一个中等规模的中欧国家,国土总面积为312 700 km^2,人口3 840万。就人口数量和国土面积而言,波兰在欧盟国家中排名第6。波兰最重要的挑战之一是不利的人口趋势,老年人在社会中的比例显著增加。

波兰经济的最大组成部分是服务业(64%),其次是工业(33.4%)和农业(2.6%)。2015年GDP增长率为3.94%,2016年GDP为48.208兹罗提。总失业率正在下降,2017年第一季度为5.4%,但总的来说,农村地区的失业率(6.0%)高于城市地区(5.0%)。

农村地区,除了作为粮食生产者的传统角色之外,与农业无关的商业活动空间也变得越来越重要。就农业人口而言,波兰在欧盟排名第一,就农业持股数量而言,波兰排名第二(仅次于罗马尼亚)。波兰农业具有以下特点:一是大块分割,波兰土地休闲和抛荒严重,2004年土地休闲和撂荒面积282万 hm^2,占农业用地的14.7%,土壤质量也较低;二是区域结构差异很大,这是由农业气候和社会经济等多种因素决定的。因此,波兰有规模大、效率高的专业化农场,但首先是中小型农场。对于农场持有者来说,社会农业可能是潜在的新的收入来源。

在过去几年中,波兰引进了社会农业的理念。尽管这是一个新的概念,但将农业与专业社会服务结合起来的做法已经有很长一段时间了。以下简要描述波兰的几个典型案例。

3.1.4.1　图霍拉地区的关怀农场

自2008年以来,Kuyavian－Pomeranian农业咨询中心开展了与农场工人及其家庭成员重新定向有关的活动。2002—2004年在波德卡帕斯州和卢布尔雅那州开展的这类活动直接激励了该地区发展关怀农场。2013年,该委员会开始与农业旅游农场协会"图霍拉森林"下属的图霍拉森林地区农业旅游农场的所有者进行会谈,讨论是否有可能扩大他们的活动,并发挥其关怀功能。

2014年,他们开始准备根据荷兰的经验在图霍拉森林创建一个关怀农场的概念。他们对图霍拉森林的关怀农场进行了设想(创建关怀农场的个人计划),并对农场进行了个人审查,以确定其是否符合各个房间的技术要求以及整个空间的最终收费。由于是在国际合作范围内开展的上述活动,因此,他们进行了初步的财务分析,将农业或工作农场转变为关爱活动。这种模式可被视为在波兰现有法律地位下可实施的典范。图霍拉森林中的关怀农场是创造其他解决方案的试验和基础,比如在库亚维－波美拉尼亚地区和波兰实施社会农业。对许多农业旅游农场来说,这种专业化方向在未来可能成为一个真正的发展机会,同时为越来越多需要支持的老年人提供一种替代形式的关怀。临时项目(2016—2018年)涉及15个养老院的创建和运作,为75人每天提供8 h护理,一周5 d的服务。

3.1.4.2　治疗农场(Farma Życia)

生活农场位于克拉科夫附近的一个小村庄,是由希望社区基金会开发的。希望社区基金会是一个非政府组织,自1998年以来一直关注成人自闭症问题。它是波兰最早也是唯一的成人自闭症患者住宿中心,这家社会企业雇佣成年自闭症患者。该企业的运营模式是采摘水果和蔬菜,然后出售他们生态农场收集的产品以及销售他们自己的果酱。生活农场的雇主在生态农场和车间工作,同时雇用成年自闭症患者为上述产品生产包装和标签。通过参与这个长期项目,居民和其他成年自闭症患者可以参加职业培训,在有机农场工作,为他们进入开放的就业市场做好准备,也可以参加贸易和手工作坊。部分客户还从中心以外的专业培训和学徒制中获益。在多年的运营中,该农场证明了这种解决方案不仅是有益和有效的,而且是必要的。这个独特的项目非常具有社会价值,因为它让自闭症患者成为社会和劳动力市场的一部分,同时它还具有生态价值。

3.1.5 西班牙

3.1.5.1 L'Olivera 合作社

L'Olivera 合作社致力于葡萄酒和石油生态生产，是一个合作社运营融合社会福祉的社会基金项目，该项目让智力残疾和精神障碍者积极参与整个生产过程。

从一开始，社会福祉就是这个项目的核心。除了生产活动和劳动融合，他们还与工人，主要是精神残疾者一起开展社会活动，特别是那些处于不太有利的社会环境中的人。这些人是合作社的一部分，如果他们愿意，可以成为正式的合作伙伴。

自 2000 年以来，他们还提供职业治疗服务。在这个由 8 人组成的小组中，会进行一些针对个人和社会技能以及职业治疗的活动（如花园打理和环境维护等）。

合作社社会行动的另一个成就是，合作社成员大会决定于 2003 年 4 月与合作社一起成立 L'Olivera 基金会。该基金会巩固了生产项目，并激发了新的社会需求。它作为一个工具，保证合作社长期运行，并促进新的举措顺利实施，使农村地区有社会排斥风险的残疾人融入社会和劳动。

该基金会还负责管理合作社 0.7% 的营业额，这些营业额专门用于第三世界和第四世界（十分落后的发展中国家：撒哈拉沙漠以南的非洲各国）的社会项目，L'Olivera 与这些项目有一些直接的联系。

3.1.5.2 La Klosca 就业中心

La Klosca – CET 是一个专门从事鸡蛋生态生产的特殊就业中心。Klosca 是非营利组织培训和预防中心的一个倡议，该组织致力于治疗精神障碍患者的心理社会适应问题。La Klosca 的设立实现了“母系”协会的一个目标，即改善最脆弱群体的社会和劳动融合。从这个意义上说，该项目涵盖了第三社会部门发现的最广泛的需求之一：患有精神疾病的残疾人需要进入劳动力市场和发展经济活动以满足其日常需求，而大部分企业对的他们支持力度不够。

该项目并不希望成为残疾人和精神障碍者的长期就业选择，而是成为他们进入普通劳动力市场的第一步。这就是为什么在 La Klosca 开展了一项受保护的工作，并提供了必要的个人支持以保证跟进和实现每个用户路线的目标，这也有助于工人进入普通公司。通过这种方式，旨在提高人们的认识，并建立与商业部门的沟通渠道，告知他们在雇用弱势群体人员时所拥有的法律优势，展示候选人的能力，为这些群体创造适当的工作场所，并帮助残疾人和精神障碍者消除社会偏见，以便劳动力市场更愿意接纳这些人。

Bolet Ben Fet 是一个致力于在圣安东尼奥的一个旧农场种植蘑菇的项目，为智力残疾和精神障碍者提供工作。该项目是TEB – Verd 合作社的一部分，该合作社主要致力于园艺和林业。同时该合作社又是一个名为“TEB”的合作社团体的一部分，该团体负责通过不同的项目，向智力残疾的人提供从社会劳动融入社会援助的全面服务。

3.1.6　日本

3.1.6.1　FUFU 山梨保健农园

FUFU 山梨保健农园是日本著名的森林疗养基地，园区自然环境优越，森林茂盛，具备民宿酒店和精品康养服务。此地海拔差异明显，景色层次丰富，具备森林、果木园、花园、农田，为自然养生提供了场所。该园酒店民宿均为传统日式格调，房间配色加之疗养香薰，使空间氛围无比治愈，同时开设了科学严谨的套餐式疗愈课程，包括瑜伽、食疗、睡眠调节、心理咨询、感官激活等。园方设置了三种类型的游憩计划，包括两天一晚、三天两晚、长住，也设计了针对一日游顾客的项目，满足了不同群体的计划和需求。

FUFU 山梨保健农园充分利用了天然的疗愈资源，以康养为中心，开发专业性课程，有完整的运营体系，也展现了日本本土的养生文化。从整体到细节都经过了合理的设计，在保证景观原生态的基础上进行了简单的设计和修整，休闲运动步道以运动量进行了合理的设计（5.5 h 山道），建筑物用稻草泥装饰，可以较好地与周边自然融合，园内的森林养生功效也被权威机构认证，也可以提供芳香疗法、艺术疗法、自律精神评估等多项服务。

3.1.6.2　东京都多摩桧原村

日本桧原村是一个城郊融合类村庄，这里有很多自然旅游资源，例如高山、瀑布、森林等，可以吸引大量游客参观。桧原村的交通系统非常发达，方便周边城市的游客抵达，从而推动经济发展。桧原村的人口老龄化严重，所以建立了公共设施共享机制，为老年人提供便利服务。当地对于乡村的特色文化也非常重视，定期举办传统民俗活动不仅可以吸引游客带来经济收入，同时提高了当地人的文化自豪感（季羿宇和肖萌，2019）。

该地的自然条件良好，注重农业种植，同时联合周边城市市场，推进产业一体化，促进农业、生态、习俗文化多种形式融合，不断扩大产业链，拓展经济市场，凭借周边的游客，推动经济发展。游客的增加使得当地居民经济水平增加，防止农村人口空心化。同时提升村子的硬件设施，不仅改善了当地居民的居住环境，并且吸引了周边城市居民，加强城乡融合。

3.1.6.3 阿苏农场

1995 年 4 月，阿苏农场（ASO farm land）在熊本县阿苏九重国家公园内正式成立，在政府批准下，由阿苏国立公园健康森林集团负责开发和运营。阿苏农场是综合性健康促进公园，占地面积广阔，约 100 万 m^2，海拔约 550 m。阿苏农场是日本休闲康养农业的生动典范，为日本社会提供了一种全新的康养模式——通过农业活动促进身心健康。阿苏农场鼓励人们在参加农场活动中保持和改善健康状态，倡导人们在日常生活中关注个人的身心健康。

阿苏农场的诞生源于位于熊本县东北部的阿苏火山。阿苏火山是日本最活跃的火山之一，而这一地区也拥有着日本最大、最早的国立公园之一 ——阿苏九重国立公园。作为日本熊本县的著名旅游景点，阿苏火山以其壮丽的自然景色每年吸引着上千万游客前来游玩。阿苏农场就位于公园内阿苏山山腰处。阿苏农场的设计巧妙地融合了阿苏火山的自然环境，充分发挥地域特色，并且由"日本健康振兴学术团体"的健康专家监督建设，将农场与旅游观光、休闲度假、温泉疗养等元素融合在一起，创造了一座多功能综合型、以娱乐和教育为主导的休闲农园。阿苏农场全年开放，可免费入园，并且提供免费停车场，部分区域如森林乐园与温泉区则需付费进入。

阿苏农场是以"运动、美食、康养、住宿、体验、购物"为支柱，融合了传统农业活动与康养服务，形成了一个多层次、多元化的体验空间。运动方面，乐园内设置了"元气之森"，又称为"活力森林"。这是一个以森林为主题的区域，提供大约 40 种森林主题的游戏和活动。美食方面，农场根据营养师的建议，采用无农药的栽培系统，游客可以在自助餐厅尽情享用健康 食材，并有机会参加采摘活动。农场还设立了三种不同类型的餐厅和一个甜品店，丰富农场的健康饮食体验。康养方面，阿苏农场充分利用阿苏火山的温泉资源，深度挖掘不同客户需求，提供多种类型的温泉理疗，为游客提供全面的康养体验。住宿方面，农场圆顶酒店拥有多种主题的"馒头屋"约 450 座，这些设计奇特的小别墅成为阿苏农场的一大特色。体验方面，农场提供多样化的体验项目，包括动物辅助的康养体验、手工体验和小型垂钓场所等。购物方面，农场的购物区设置了多种类型的商店，售卖阿苏农场产品和具有当地特色的商品。阿苏农场分为"大自然阿苏健康之森"和"阿苏元气之森"两大区域，满足客户对健康体验的不同需求。

阿苏农场分为一日游区和留宿区。其中一日游区又名为元气之森。元气之森有天然森林和山谷两区，占地约 33 000 m^2，是以健康为主题的锻炼区域。元气之森拥有 60 个以改善健康为目的的运动型景点。运动景点包括身体和大脑的综合锻炼，涵盖了背部肌肉、四肢力量、平衡感、柔韧性以及训练大脑的记忆力、判断力和灵活性等方面。体验所有运动景点需要花费 1.5 ~ 2.0 h 的时间。园区根据不同的年龄段对运动景点进行了划分，并采用不同的符号标记，以便儿童、成人和老年人能够根据自身的年龄和体力状况在大自然中充分参与锻炼，让参与者在运动中促进身体与大脑之间的协调发展。留宿区被称为健康之森，可供过夜客人使用。这个区域综合了住宿区、温泉区、农场餐厅、健康取暖窑炉、各类健康场馆和不同类型的主题商店，还提供除“元气之森”以外的运动项目，为游客创造了一个融合自然、健康和休闲的综合性空间。

相较于其他康养农场，阿苏农场凭借其独特的地理、资源和建筑优势，打造了一处充满趣味性的“农场民宿”—— 馒头屋。为满足不同客群的需求，农场巧妙地将整个住宿区域划分为乡村区、皇家区和梦幻区，为游客提供多样化的主题住宿选择，使他们在“健康之森”中找到理想的住宿体验。这些别具特色的“馒头”共同构筑了一个充满童趣的环境。馒头屋掩映在户外林间，这些“馒头屋”不仅形状奇特，屋内设施还十分齐全，特别设计的屋顶天窗让居住者在夜晚能够舒适地欣赏星空，为游客创造了一个愉悦而难忘的居住环境。温泉区是阿苏农场中重要的疗愈场所。阿苏山是日本著名的活火山，阿苏火山为农场带来了丰富的温泉资源，“健康之森”温泉区包括 13 种热水浴温泉、一个大型火山温泉浴场，以及 基于抗氧化剂理论研发的圆顶还原浴（陶瓷板浴、宝石浴）、为女性设计的岩浆黏土水疗中心和适合高压人士使用的氧气圆顶等。

3.2　国内休闲康养农业案例

我国乡村康养产业目前尚处于发展初期，无论是理论还是实践都处于探索阶段。根据《2020 年中国乡村康养行业数据发展研究报告》，2019 年乡村康养行业市场规模达到 2 400 亿元。2011—2019 年市场增长速度保持在 10% 以上，2019 年全国乡村康养市场企业均衡发展，预计行业在今后一段时间还会保持良好增长态势。

中国当前乡村康养主打“乡村、田园”主题，集康养、休闲、田园为一体，以农家、农事、农活为主要生活内容，体验亲近自然、回归田园、修身养性、度假休闲以及颐养天年的生活方式。乡村康养推进了中国特色乡村的经济发展、文化扩散和产业转型，为人们塑造了干净自然的乡村环境，使人们可以享受乡村文化，体验乡村自然风光。

3.2.1 云南省打造康养产业,构建绿色发展模式

云南省是旅游大省,2017 年接待游客量高达 5.6 亿人次,其中国外游客达到 650 万人次。多年来发展旅游业积累的年均游客量、软硬件接待能力都为发展康养产业奠定了扎实基础。云南在生物资源方面有着得天独厚的条件,有6 000多种植物药,其中还有 1 200 多种是民族民间药,这都是云南发展康养产业的基础。

近年来,云南省先后印发了《“健康云南 2030”规划纲要》和《云南省“十三五”卫生与健康规划》,其中明确提出:“加强供给侧结构性改革,创新特色健康服务新业态,发展特色健康养老、医养结合及中医药健康旅游等服务产业”。乘着大健康产业发展的东风,以康养和旅游相融合的旅游项目,已然花开云岭。

云南通过“观光农业 + 生态农业 + 康体养生 + 乡村体验”和“政府 + 公司 + 农户 + 金融”的双轨运行机制,努力打造健康养生的康养特色小镇。以健康产业为核心,将健康、养生、养老、休闲、旅游等多元化功能融为一体,通过将“三生”(生产、生活、生态)和“三产”(农业、健康产业、服务业)有机结合与关联共生形成了以康养为主的聚合业态。康养小镇根据旅游者、居民的消费需求,将健康疗养、医疗美容、生态农业、休闲农庄、园林园艺、文化体验、休闲度假、体育健身、健康产品等业态聚合起来,实现了与健康相关的大量消费的聚集。

七彩云南・古滇名城坐落于云南省昆明市滇池南岸,占地 16 000 亩(1 亩≈666.7 m^2),依托云南得天独厚的气候人文资源、滇池山水宜居环境,是一个集文化体验、旅游观光、休闲养生、商务会展、娱乐、办公等功能为一体的大型文化旅游城市综合体。近半年来,越来越多的老年人选择来到古滇名城度假休闲,享受晚年生活。古滇名城立足居家养老模式,依托 5A 级景区,在服务中体现“家”的概念,吸引着越来越多的老年消费群体。优异的养生资源、良好的医疗服务、适宜的生活成本、便利的交通条件,让云南康养旅游发展步入了快车道。近几年的抽样调查数据显示,云南省旅游客源市场的老龄游客比例正在逐渐增长,全省养老旅游市场已经初步形成。

3.2.2 四川省彭祖山文化养生园

3.2.2.1 项目概况

四川省彭祖山养生文化园位于眉山市彭山区,占地 17.3 km^2,被誉为中华养生之山,园区以彭祖养生文化为灵魂,融合传统中医文化、膳食文化、阴阳五行学说,在生态优先的基础上进行景区的规划与开发,打造品悟自然山林,体验养生之道的旅游胜地。

园区以六区一环一带为整体规划思路，一环为彭山文化观光环线，一带为滨河观光旅游带，六区包括彭山 CBD、老年疗养区、彭祖文化观光区、综合接待区、养生度假区、旅客居住区，还包括彭祖纪念项目、养生项目、居住项目等。

彭祖纪念项目包括，彭祖墓、彭祖故居、长寿广场、长寿梯、彭祖雕像、长寿池等。

养生项目依托彭祖山壮丽的山水地貌设计，可以进行传统保健服务体验，针对女性群体开发了美容 SPA 项目，设置了齐全的医疗设施，为旅客提供健康体检。

居住项目主要是为有养生、养老、度假需求的人群设计，安置了住宅区、别墅区、运动公园等。在细节方面此区域充分考虑特殊群体的便利，设计了多种无障碍通道、防滑坡道并注意人车分流。在景观方面，保留了一定的自然资源并以置石、植物、水景打造亲自然的居住环境，整体氛围安逸闲适。

3.2.2.2　项目特色

以道家养生文化为主题，结合了本土的历史文化及传说，在充分利用原有壮丽山水景观的基础上进行了适度开发，从探索传统养生奥秘的层次开发相关旅游产品与康养项目，有利于强化园区形象，使其更具说服力。本项目既有文化宣传功能又有康复保健功能，较好地将文化与复愈相结合，打造景区独一无二的魅力。

3.2.3　安徽省潜口康养小镇

3.2.3.1　项目概况

安徽省潜口康养小镇坐落于黄山市徽州区，占地 2 km^2，是黄山旅游带的重要地区，国家 5A 级景区。以医养和休闲旅游产业为依托，在传承养生文化与政府的引导下建设康养名镇，结合区域内各村落的养生文化资源开发了与健康保健相关的两条特色观光带、三个产业区、七个拓展节点，开设了医疗、餐饮、观光、地产等项目，建设了药膳休闲农园、疗养中心、徽州草药栽植游憩基地、艺术疗养基地、高端康养酒店，并定期举办登山、马拉松、乡村漫步等活动。

3.2.3.2　项目特色

在政府的统筹管理与整体规划中，将小镇内各个村落的共性加以整合，提出疗养这一创意，并引入企业参与，将小镇由粗犷开发和分散式运营转变为精致化、整体化、规模化开发，同时运用天然环境因地制宜地开发特色项目与养生产业，以农耕文化、乡村景色为品牌，有利于带动经济效益，解决民生问题。

3.2.4 台湾省台中市桃米村

位于台湾省中部的桃米村在台湾“9.21 大地震”后,依托当地的生态旅游资源开始进行灾后重建。桃米村改变过去单一的农业主导的发展模式,转为以生态涵养为前提的生态旅游模式(廖嘉展,2015)。经过十多年的发展,桃米村已经从过去一个落后的乡村变成了现在台湾乡村生态社区的典范。

桃米村海拔介于420~771 m,地势变化丰富,具有起伏的地形。而且当地水资源丰富,村中有六条溪流穿过形成了多姿多彩的湿地景观。当地的田园要素也十分丰富,包含早年种植的水稻、地瓜以及后来发展的以麻竹笋为主的产业,重建之后以茶、竹类、菇类等产业为主。同时动物种类也十分丰富,以青蛙、蜻蜓和其他鸟类为主。

场地在优良的自然资源的基础上进行了景观要素和自然课程的设计。设计中最重要的核心是自然教育活动与课堂的设计,总共分为六类:生态文化见习园、生物科普课程、“纸教堂”、“青蛙共和国”、湿地公园、民宿居住。生态见习园是基于当地浓郁的农耕文化、丰富的生态资源来建立的一个集生态保育、文化创意、有机农业生产于一体的乡村生态建设典范。它也是一个有遵循自然农法的自然乐园,在这里儿童可以体验农耕、学习农识、体验田园生活,这里还有推广农产品的相关场所。

生态科普课程的设置主要是根据场地丰富的生物资源来设置的相应生态科普课程。许多村民在参与了生态课程的培训后成了当地的生态解说员。儿童在参与的过程中既能接触到湿地里的上百种生物,还能在生态解说员的带领下了解相关水生动植物,观察鸟类,夜晚寻找青蛙。当地还基于特色物种青蛙建立了特色景点“青蛙共和国”,将青蛙的形象元素融入园内的设计中。

场地设计中的另一个着重点在于自然教育解说系统。当地开设了一系列生态解说培训课程并按知识掌握程度划分初、中、高等级。希望在解说员的带领下能使游客深入了解生态知识,获得科普体验。

3.2.5 重庆市白沙镇恒和村休闲康养农业

近年来,重庆市政府牵头完善顶层设计,将康养农业纳入新兴产业发展战略布局,作为市重点产业推进。重庆市政府积极响应中央支持康养农业产业发展的有关政策,结合重庆市康养农业市场特点,尤其在市场导向、资金投入、土地资源、人才储备等方面,制定产业精准扶持政策,构建全方位、全周期的康养农业产业体系。盘活现有的资金、土地资源,为相关项目提供便利,鼓励康养产业创业创收。与企业精准对接,必要时采取政府投资、合资手段,实现产业合作共赢。

在政策导向下，各级机关单位应严格落实相关产业行动方案及任务目标，形成“上承国家政策，下达各级单位”的良好态势，争做康养农业“优等生”。

依托城市现有地理、资源优势，着手打造“山水之城、美丽之地”康养农业产业城市形象。立足“一圈两群”城市规划发展，把握各区地域文化、生态差异形成的产业优势，做到因地制宜、因时制宜，实现各区县特色发展。主城区可突出“两江四岸”“四山”“小四山”等自然景观，优化康养产业布局，结合重庆处处是温泉的特点，构建以休闲药浴为卖点的医养模式。如江津区利用土壤富含硒、锰、锌等微量元素的资源优势进行旅游开发，融合现代康养农业理念，进一步打造“柑橘之乡”“富硒之地”“长寿之乡”的形象。渝东北万州区在以柑橘、畜禽和蔬菜为主导的现代农业产业体系基础上，利用位于“南方丝绸之路”与“长江经济带”的联结点，三峡库区腹地得天独厚的地理优势，便利的水陆空立体交通体系，结合人文特色，积极打造国家农业公园。渝东南城镇区石柱县利用现有药材资源，打造“黄连之乡”康养医药形象。

发展康养农业，必须坚持以农业为第一核心，融合现代康养休闲理念，在不干预农业生产的前提下，从农耕文化、农事活动等方面深入挖掘产业价值。其产品服务需要让市民获得参与感，可从播种、施肥、灌溉、收获等生产活动出发，顺应消费者需求，设置特色化的产品服务，消除乡村旅游同质化弊端。借助城市群及交通网，搭建特色园区乡村旅游路线，传承乡村文化历史和人文风情，并改善乡村公共文化服务；利用闲置房屋、土地资源，打造康养旅游生态宜居小镇，全力打造乡村“农旅融合”康养旅游模式。融合人文特色风俗，结合园艺疗法，注重消费者的农耕采摘体验，强调农耕体验和休闲观光带来的康养效果。明确康养园区定位，可从农产业分类出发，如果树、蔬菜产业集观赏、采摘、食用、加工于一体，可从生产各环节发掘康养休闲活动；花卉产业在观赏休闲的基础功能上，打造以芳香疗法为卖点的康养休闲服务；药材产业可突出药材的珍稀性和药用价值。

打造“互联网 + 康养农业”模式，通过网络推广平台宣传造势，吸引大量消费者到康养农业园区进行消费活动；利用线上各大电商平台、微博、微信等途径宣传销售康养农业园区的包括水果、蔬菜、花卉等生鲜及深加工产品，扩大康养人群实地消费以外的线上产业盈利。与物流公司协商合作，实行包装运输一体化，构建康养农产品销售和运输网络，推广重庆市康养农业品牌。利用大数据等现代化科学技术，顺应市场发展的大趋势，加快创新产品、优质服务研发，提出“云康养”“云农业”概念，大力发展“智慧康养农业”，进一步满足市场需求。

恒和村位于重庆市江津区白沙镇，是典型的城郊融合类村庄（邓春，2017）。种植农作物和外出打工是村民的经济收入主要来源。主要种植的农作物为水稻、柑橘和莲藕,并且有一定的种植规模。但是青年外出人员较多,老龄化严重,导致村民文化水平程度普遍不高。要解决这个问题,首先要有政府的政策支持,鼓励村民学习知识和技能,同时引进人才,实现人才振兴。其次利用经济作物发展农业景观。最后完善村庄的基础设施建设,展现当地独特的民俗特色,以此带动乡村旅游业的发展。

注重产业发展、住宅宜居、建设管理三方面发展。第一,依托农业资源,发展采摘、生态美食、组合包装提升产品附加值,打造生态旅游项目。第二,依托当地文化风貌,改善居住环境,发展民宿产业,带动旅游产业。第三,依托政策,加强人才培养和引进,为之后的发展奠定良好的基础。

3.2.6 上海市四团镇拾村村

3.2.6.1 项目概况

拾村村位于上海市奉贤区四团镇,村子交通便利,处于市域一小时交通圈内(孙珊等,2014)。由于距离城区较近,该地区大力发展体验式农业,凭借良好的景观资源,大力引进城市人群来此观光、采摘,其次拾村村有较好的水域资源,可以发展垂钓。Bernard(2000)经过调查统计,发现适当的户外休闲活动也可以对老年人的行为能力及识别力起到促进作用。同时村子与城市大型企业合作,将产品精细加工,出售给大型超市或者卖场,并且与电商合作,提高农产品附加值,加快村子的经济发展。最后鼓励当地村民发展民宿,让来此旅游的城市游客停留,体验乡村生活。

3.2.6.2 经验总结

在发展休闲农业时,一方面要依托科技的发展建立多元化的经济发展模式,不拘泥于传统的农业经济模式,快速对接网络,带动农产品精细加工,促进经济发展。另一方面要大力发展乡村旅游产业,打造田园景观观光产业和滨河景观。

第4章 陕南休闲康养农业发展资源与现状

陕南是指陕西省南部地区，陕南地区从西向东依次是汉中、安康、商洛三个地级市。汉中市位于陕西省西南部，汉江上游，北倚秦岭、南屏大巴山，地势南北高，中间低，中部是汉中盆地。汉中是国家历史文化名城、中国优秀旅游城市、国家生态示范区建设试点地区、全国双拥模范城。汉中地区面积为2.7万 km^2，人口380多万，现辖9县2区，分别是汉台区、南郑区、城固县、洋县、西乡县、勉县、宁强县、略阳县、镇巴县、留坝县、佛坪县。汉中素有“汉家发祥地”和“中华(秦巴)聚宝盆”之美誉。

安康市位于陕西省的最南部，是陕西乃至整个西北的最南端，是陕、川、鄂、渝四省市毗邻地区的中心城市。安康古称“金州”，为陕西省第二大综合交通枢纽城市，全国十大宜居城市之一。安康素有天然生物基因库、中药材之乡、中国硒谷、中国民歌之乡、中国茶乡等美誉。安康是连接祖国西南、西北通向华北、华中、华南的重要交通枢纽，阳安、襄渝、西康铁路在此交会，是我国包柳铁路和沪汉蓉大通道的十字中心。安康素有“秦头楚尾”之称，面积2.3万 km^2，人口320多万，现辖9县3区，分别是汉滨区、高新区、恒口区、旬阳县、石泉县、汉阴县、宁陕县、紫阳县、岚皋县、平利县、镇坪县、白河县。

商洛市位于陕西省东南部，主要河流为丹江，属于汉江流域的一部分，具有南北过渡的气候条件以及秦楚文化融合的人文特征，素有“秦风楚韵”之称。该地区的主要特产是核桃、板栗、柿子，这些特产的产量居陕西省各市之首，核桃出口量历年来一直占全国总出口量的六分之一左右。商洛既栽种北方的小麦、玉米，又种植南方的水稻。商洛面积1.9万 km^2，人口250多万，现辖6县1区，分别是商州区、洛南县、丹凤县、商南县、山阳县、镇安县、柞水县。

4.1 自然资源

发展休闲康养旅游是陕南贯彻落实“两山理论”，推动绿色循环发展取得新突破的战略使然。党的十八大以来，陕南三市按照陕西省委、省政府“保护青山绿水，发展循环经济，打造三大产业，实现突破发展”的总体思路，加快构建经济发展和生态保护的双赢产业体系，经济增速连年高于全省平均水平，经济总量在全省占比由2012年的11.6%上升到2019年的13.8%。但总体看，陕南经济总量小、底子薄，能否培育强劲内生增长动力成为陕南绿色循环发展的重大考验。从目前来看，康养旅游已成为陕南地区生态保护和经济发展的新的产业契合点，也完全有可能成为带动陕南一、二、三产业融合发展的主引擎。

4.1.1 自然地理区位优势

陕南作为陕西省重要的生态旅游区域，此处秦岭东西走向、横贯中部、山坡南缓北陡，其主峰太白山是我国东半部的最高峰。巴山毗邻重庆、四川，在陕南境内的是大巴山的北坡。汉江把一连串的谷地和峡谷连接起来，谷地中较大的盆地有汉江盆地、石泉盆地，安康盆地等，是陕西的鱼米之乡。此外，陕南地形复杂，旅游、矿产资源十分丰富。

4.1.2 水资源优势

陕南是中国南水北调中线工程的水源区，也是陕西省内“引汉济渭”南水北调的主要水源地。据统计，陕南水资源总量为314.58亿m^3，占陕西省水资源总量的70.7%。

汉中有汉江和嘉陵江两大水系，为长江一级支流，是西北地区水资源最为丰富的地区，也是国家南水北调中线工程的水源地；安康境内河流众多，具有充足的水源和良好的水质，境内有多处水电站；商洛境内有丹江河、金钱河、洛河等河流，横跨长江、黄河两个流域。

4.1.3 气候资源

陕南从西向东依次是汉中、安康、商洛三地。2021年3月17日，陕西省举行2021年全省生态环境质量状况新闻发布会，会上提到陕西省全省12个市（区）里，环境空气质量前3位依次是商洛市、安康市、延安市。

汉中市地处北暖温带和亚热带气候的过渡带，汉江水横贯全境，形成汉中盆地。盆地内夏无酷暑，冬无严寒，雨量充沛，气候湿润，年降水量800~1 000 mm，年平均气温14 ℃，生态环境良好，生物资源极为丰富，兼中国南北方之共有。

安康市位于陕西省以及西北地区（行政规划上而言）最南端，属亚热带大陆性季风气候，具有典型的南方气候特征，一年四季分明，雨量充沛，无霜期长。安康是陕西省乃至整个西北地区水、热资源最为丰富的地区。

商洛市地处陕西省东南部，受到冬夏季风和青藏高原环流的影响，加上秦岭整个山脉对南方暖湿气流的阻挡作用，所以商洛的气候属于暖温带半湿润季风气候，呈现出四季分明、雨热同季、冬干夏湿、干湿分明的气候特征。年平均气温 7.8～13.9 ℃，年降水量 710～930 mm，日照 1 860～2 130 h，无霜期为 210 d。

4.1.4　生态状况

按照《生态环境状况评价技术规范》（HJ192—2015），2018 年陕西省生态环境状况指数为 64.76，评价等级为“良”。2018 年全省 107 个县（市、区）中，EI 值范围为：39.77～88.70。按照指数分级，“优”33 个，“良”50 个，“一般”24 个。其中生态状况“优”的县（市、区）面积占比最高且大部分均在陕南。陕西省生态状况空间分布南高北低。全省 70% 以上的人口生活在生态环境良好的区域。

2022 年 8 月 2 日 10 时陕西省生态环境厅举行《2022 年上半年全省生态环境质量状况》新闻发布会，会上指出环境空气质量前三位的城市依次为位于陕南的安康市、商洛市、汉中市。会上还指出，全省各市（区）重度及以上污染天数平均为3.5 d，同比减少 5.3 d；汉中、安康、商洛市均未发生重度及以上污染天气。

4.2　特色农业产业

汉中特色农业产业为茶叶和柑橘，其中在 2013 年，“汉中仙毫”夺得北京茶博会 23 枚金奖，占绿茶类金奖总数的 88.46%；省、市级现代农业园区有 200 余家。

安康市特色农业产业为富硒茶叶、魔芋、水产养殖、林下种养等，以培育新型农业经营主体为抓手，坚持“抓龙头、带基地、强品牌、促增收”，走生态特色农业发展之路，全市农业生产稳步提升。截至 2014 年，全市魔芋种植面积 14 200 hm^2，同比 2013 年增长 33.3%，产量 26 万 t，增长 23.8%。全市茶园面积 36.52 万 hm^2，产茶 1.38 万 t，分别增长 14.9% 和 13.5%。现代园区建设快速推进（摘自《安康市 2014 年国民经济和社会发展统计公报》）。

除此之外，陕南盛产蚕丝、苎麻、茶叶、生漆、桐油、棕片等数十种土特产品以及杜仲、天麻、麝香、五倍子等珍贵中药材，早已在清代中叶就饮誉长江，远销国内外。

4.3　社会资源

康养旅游是以良好的生态环境为基础陶冶情操的社会经济活动。而陕南背靠秦岭、南倚巴山，汉江自西向东川流而过。在自然条件方面具有明显的南方区域特征。主要种植水稻，柑橘和茶叶。其水土、气候、植被以及各种矿藏等自然资源极其丰富。

近年来，中共陕西省委和省人民政府遵循区域经济发展规律，制定了“关中率先发展，陕北跨越发展，陕南突破发展”的经济发展战略，并根据陕西省省情实施了一系列发展经济的措施。

结合陕南地区经济社会发展和减灾扶贫实际情况，陕西省制定了《陕南地区移民搬迁安置总体规划(2011—2020 年)》，明确了陕南移民搬迁的总体目标、范围对象、安置政策和保障措施。在解决“三农”问题、统筹城乡发展、促进农村社会变革、巩固党的执政基础等多方面产生了一系列广泛和深远的影响，在“三个陕西”建设中发挥了重要作用。陕南经济结构有了一定的改观，基础设施和生态环境均有较大改善，经济综合实力有所提高。陕南三市减少贫困人口 41 万人。城乡之间的差距进一步缩小，城镇化水平进一步提升。

陕西“十三五”规划进一步明确指出，陕南绿色发展：一是构建绿色经济运行体系。依托丰富的生物、山水、矿藏资源，围绕有色、生物制药、绿色食品、蚕桑丝绸、旅游等优势产业，通过产业聚集和产业链延伸，实现生态效益、社会效益与经济效益相统一。二是把基础设施建设放在重要位置。道路畅通是陕南发展的重要基础，加快高速铁路、高速公路、机场建设，争取多纳入国家规划，通过国家布局的基础设施建设，促进陕南经济与外界联通的水平。三是积极融入丹江上游国家规划。保护好丹江、汉江水源地，争取获得国家规划的项目和资金支持。该规划的出台，意味着循环经济将是未来数年陕南经济的发展之本。

从 2011 年起，陕南循环发展专项资金每年安排 35 亿元，重点支持三大循环经济核心聚集区基础设施建设和环境提升，支持生物加工、新型材料、生态旅游三大主导产业和装备、物流等优势产业不断做大做强，支持重大招商引资、高端人才引进、特大型企业扩张提升等。

4.4 已建成休闲康养农业现状

在推进陕南循环发展的若干意见中，在乡村振兴和健康中国战略大背景下，山林康养(山水田林草康养)模式属于自然生态康养，耕育康养、田园康养模式具有人文康养的特点。

陕南旅游业进一步发展须突出“康养”这一主题。虽然陕南不少市县已将旅游业作为主导产业，但总体上呈现“小而散”的特点，尚缺乏享誉国内外的知名品牌。目前陕南地区的游客来源以本地及西安等周边城市为主，游客消费水平低，旅游业除了旺季节假日，其他时间还基本"吃不饱"，对周边产业的持续带动力有待提升。统计数据显示，2019 年商洛、安康、汉中三市的单人次每日旅游消费金额平均分别为 580 元、645 元、607 元，不仅远低于杭州、青岛等旅游城市，也低于全国平均值(944 元)，并且与十堰(1 025 元)、绵阳(973 元)、广元(893 元)等环境相似的周边地市相比也有一定差距。

坚持统一规划突出差异发展。陕南各市县既山水相连、人文相亲，又错落分散、各具特色，这决定了在规划布局中既要整体把握，又要突出差异。一方面要注重从全域视角搞好康养旅游整体规划，打破市县分割，以点带面串珠成线，打造汉江滨水长廊、秦巴古道等跨市区旅游线路，实现规划建设、运营管理的无缝衔接和景观风貌、形象标识的协调延续；另一方面要突出地域特色的差异化塑造，依托山水景观、历史文脉、民俗文化等，打造养生度假、山地运动、民俗体验等特色鲜明的旅游产品，使游客留得下来、住得长久、过得悠闲、玩得精彩。

坚持生态本底，补齐基础设施短板。陕南发展生态康养，最根本的优势在于绿水青山。因此在开发建设中，必须严守生态底线，依据生态承载量确定产业和旅游开发强度，切实保护生态环境、自然资源和生物多样性，打造人与自然和谐共处的"生命共同体"。

4.5　陕南休闲农业发展现状

4.5.1　总体情况

鉴于得天独厚的自然资源和社会资源，陕南地区休闲农业蓬勃发展，据统计目前陕南地区已获批的国家级、省级精品休闲农业有五十余处，代表性休闲农业资源见表 4－1。

表 4－1　陕南三市已被认定的代表性休闲农业示范项目

区域		名称	级别及认定时间
商洛市	商州区	商州区绿缘生态农业休闲园	2016 年省级精品休闲农业
		商州区江山村	2017 年中国美丽休闲乡村特色民居村、农业农村部推荐乡村旅游精品景点

续表

区域		名称	级别及认定时间
商洛市	柞水县	全县域	2013年省级精品休闲农业示范县
		柞水县西川现代休闲农业示范园	政府培育项目
		柞水县朱家湾村	2015年中国美丽休闲乡村
	丹凤县	丹凤县土门镇	2016年省级精品休闲农业
		丹凤县武关镇毛坪村	2019年中国美丽休闲乡村、2016年省级精品休闲农业
		陕西桃花源现代生态农业有限责任公司	2013年省级精品休闲农业
	商南县	金丝峡镇太子坪社区	2018年中国美丽休闲乡村、2016年省级精品休闲农业
	洛南县	洛南县巡检镇巡检街社区	2016年省级精品休闲农业
	山阳县	商洛瑞君生态农业观光园	2016年省级精品休闲农业
		前店子村	2016年中国美丽休闲乡村特色民居村
汉中市	留坝县	全县域	2015省级精品休闲农业示范县
		留坝县营盘休闲乡村	2016年省级精品休闲农业
	勉县	勉县金沙滩休闲农庄	2016年省级精品休闲农业
		勉县黄家沟村	2015中国美丽休闲乡村
	宁强县	宁强县千山茶叶休闲农园	2016年省级精品休闲农业
		宁强县青木川村	2014中国美丽休闲乡村
	略阳县	略阳县南山苑休闲农庄	2016年省级精品休闲农业
	汉台区	汉台区华都生态休闲农园	2016年省级精品休闲农业
		汉台区花果村	2015中国美丽休闲乡村
		汉台区河东店镇花果村旅游精品工程	农业农村部推荐的乡村旅游精品景点,中国最美休闲乡村
		汉中市水产试验站	2012年第一批全国休闲渔业示范基地

续表

区域		名称	级别及认定时间
汉中市	西乡县	西乡县水城花园休闲农庄	2016 年省级精品休闲农业
		西乡县城南街道办事处五丰社区	2019 年中国美丽休闲乡村
		西乡县江榜茶园	2013 中国美丽田园
		西乡县莲花村樱桃花	2013 中国美丽田园
		西乡钧鑫农场开发有限公司	2014 全国休闲农业和乡村旅游示范点
		西乡钧鑫农场	2016 年全国休闲农业与乡村旅游示范点
	汉阴县	汉阴县民康农林科技开发有限公司	2016 年省级精品休闲农业
	南郑区	南郑区油菜花	2014 中国美丽田园
		南郑区瓦石溪村	2017 年中国美丽休闲乡村现代新村
	城固县	汉中市城固县桔园镇刘家营村	2011 全国休闲农业和乡村旅游示范点
		汉中市城固县刘家营村橘园	2013 中国美丽田园
	洋县	汉中市洋县朱鹮有机农业示范观光园休闲农庄	2015 全国休闲农业和乡村旅游示范点
		汉中市洋县朱鹮梨园	2013 中国美丽田园
		汉中市城区→城固县合丰村休闲农业示范园→洋县朱鹮有机农业示范观光园休闲农庄	农业农村部推荐的乡村旅游精品路线
安康市	岚皋县	岚皋县茶棚茶叶现代农业园	市级生态休闲农业示范园
		岚皋县宏大村	2016 年中国美丽休闲乡村特色民俗村
		岚皋县稻田	2014 中国美丽田园
		岚皋县心海山庄	2016 年省级精品休闲农业
		岚皋县烛山魔芋现代农业园区	—

续表

区域		名称	级别及认定时间
安康市	平利县	平利县全县域	2013 年省级精品休闲农业示范县
		平利县龙头村	2014 中国美丽休闲乡村
		平利县农耕园旅游休闲度假山庄	2016 年省级精品休闲农业
		平利县长安十里茶园	2014 中国美丽田园
	汉滨区	马盘山生态农业观光园	2015 年安康市现代农业园区
		汉滨区鼎兴现代农业园区	2016 年省级精品休闲农业
		汉滨区阳光生态渔业示范园区	2012 年第一批全国休闲渔业示范基地
		兆靖畜牧	第八批市级现代农业园区
		龙腾茶业	第八批市级现代农业园区
		双沟核桃	第八批市级现代农业园区
	白河县	白河县天宝现代农业园区	2016 年省级精品休闲农业,2019 年实现园区到景区的转变,国家 4A 级景区
		白河县仓上镇天宝村	2019 年中国美丽休闲乡村
	石泉县	石泉县全县域	2017 全国休闲农业和乡村旅游示范县
		石泉县都得利农业生态示范园	2016 年省级精品休闲农业
	汉阴县	汉阴县旋涡镇堰坪村	2016 年省级精品休闲农业
		汉阴县凤堰古梯田	2013 中国美丽田园
		民康农林科技开发有限公司	2013 省级休闲农业示范点
		永丰现代农业园区	2019 年全市首批生态休闲农业示范园区
		强龙畜牧	2019 年市级现代农业园区
		韵钓渔业	2019 年市级现代农业园区
		月河核桃	2019 年市级现代农业园区
		天宝茶叶	2019 年市级现代农业园区

续表

区域		名称	级别及认定时间
安康市	宁陕县	宁陕县大美生态休闲农业示范园	市级生态休闲农业示范园
		宁陕县纤纤魔芋现代农业园区、绿宝现代农业园区、蜂情谷现代农业园	2019 年市级现代农业园区
		绿宝现代农业园区	2019 年市级现代农业园区
		蜂情谷现代农业园	2019 年市级现代农业园区

根据调研结果建立评价指标体系，筛选陕南精品休闲农业评价因子（图 4－1），采用专家打分法建议各因子评价权重体系及各因子分值表（表 4－2、表 4－3），构建精品休闲农业品牌价值提升模型因素集及评价矩阵。

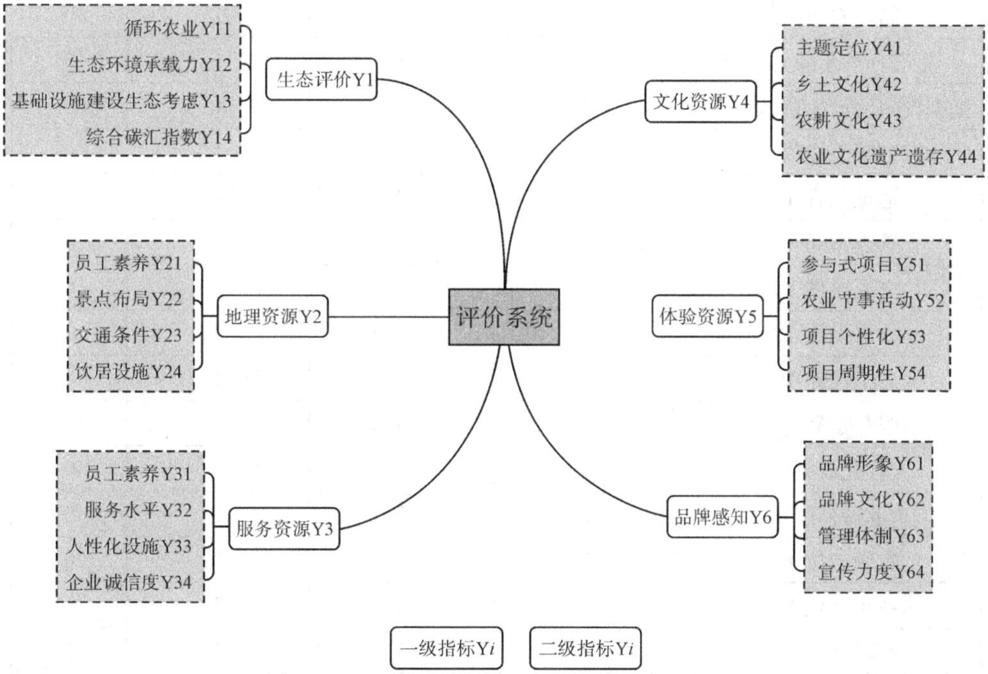

图 4－1　陕南精品休闲农业评价因子

表 4－2　陕南精品休闲农业目标评价集

目标值（100 分满分）	≥90 分	89～71 分	70～61 分	≤60 分
目标评价等级	Ⅰ	Ⅱ	Ⅲ	Ⅳ

表 4 – 3　二级因素评价子集

目标值(100 分满分)	≥90 分	89 ~ 71 分	70 ~ 61 分	≤60 分
模糊评价语	很好	较好	一般	差

在陕南精品休闲农业评价体系中,各级因素的标度确定均采用了德尔菲法。问卷的内容分别依据图 4 – 1 的评价因子和指标体系设计。分别向休闲农业的企业管理人员、当地政府工作人员、当地居民、风景园林学教授、陕西乡村振兴研究院专家、旅游者代表等人员发放问卷共计 32 份。收得数据经统计并经过归一化处理,得出一级评价因素权重有 Y1 ~ Y6,分别是 3、2、1、2、1、1。二级评价因素的分值见表 4 – 4,并由评分表结合一级因素权重经过归一化处理可以得到评价矩阵。

表 4 – 4　二级评价因素专家评分赋值表

二级评价因素	很好	较好	一般	差
循环农业 Y11	6	3	1	0
生态环境承载力 Y12	6	3	1	0
基础设施建设生态考虑 Y13	7	2	1	0
综合碳汇指数 Y14	6	3	1	0
地理位置 Y21	7	2	1	0
景点布局 Y22	5	3	2	0
交通条件 Y23	7	2	1	0
饮居设施 Y24	5	3	2	0
员工素养 Y31	5	3	2	0
服务水平 Y32	6	3	1	0
人性化设施 Y33	7	2	1	0
企业诚信度 Y34	6	3	1	0
主题定位 Y41	7	2	1	0
乡土文化 Y42	4	3	2	1
农耕文化 Y43	4	3	2	1
农业文化遗产遗存 Y44	7	2	1	0
参与式项目 Y51	5	3	2	0
农业节事活动 Y52	7	2	1	0
项目个性化 Y53	4	3	2	1
项目周期性 Y54	4	3	2	1

续表

二级评价因素	很好	较好	一般	差
品牌形象 Y61	7	2	1	0
品牌文化 Y62	7	2	1	0
管理体制 Y63	4	3	2	1
宣传力度 Y64	5	3	2	0

根据已构建的精品休闲农业评价体系，对现有休闲农业资源分别进行环境生态指数评价和休闲农业质量评价，将陕南三市的代表性休闲农业按评价结果排序，并总结其精品化可以发展的主导类型，见表 4－5。

表 4－5　典型陕南休闲康养农业示范点优势及主导类型

名称	评定等级	优势	主导类型
汉中市洋县朱鹮有机农业示范观光园休闲农庄	2015 全国休闲农业和乡村旅游示范点、2013 年中国美丽田园	生态资源＋有机农业	利用自然资源、农事活动体验型康养
商洛市柞水县西川现代休闲农业示范园	政府培育项目	生产效能＋康养资源	利用特色产业、生产驱动为主型康养
汉中市西乡县江榜茶园	2013 中国美丽田园	自然资源＋循环农业	利用特色产业、生产驱动为主型康养
商洛市柞水县朱家湾村	2015 年中国美丽休闲乡村	生态资源	利用自然资源、低碳生态展示型康养
安康市平利县长安十里茶园	2014 中国美丽田园	生产效能＋康养资源	利用特色产业、低碳生态展示型康养
安康市汉阴县凤堰古梯田	2013 中国美丽田园	农业文化遗产	利用自然资源、低碳生态展示型康养
商洛市金丝峡镇太子坪社区	2018 年中国美丽休闲乡村	生态资源	利用自然资源、低碳生态展示型康养
汉中市留坝县营盘休闲乡村	2016 年省级精品休闲农业	生态资源＋农事体验	利用自然资源、低碳生态展示型康养
汉中市南郑区油菜花	2014 中国美丽田园	自然资源＋农事体验	利用特色产业、农事活动体验型康养
汉中市宁强县青木川村	2014 中国美丽休闲乡村	乡村文化资源	农业文化传承型

由以上研究可知,生态资源和循环农业对陕南精品休闲农业品牌价值影响重大,农业文化和与节气密切相关的农事体验也会对休闲农业的品牌体验有着重要影响。除此之外,由于近年来人们健康理念的增加,利用合适的自然资源发展康养式体验观光活动也深受人们喜爱。

4.5.2 安康市休闲农业发展概况

2022 年 1 月,2021 中国康养城市(县域)研究成果发布会举行。会上发布了 2021 年中国康养城市排行榜 50 强以及 2021 中国康养县域发展潜力 100 强名单,安康市以第 42 位再次入选中国康养城市排行榜 50 强榜单,是西北五省(区)唯一上榜城市。这也是安康市连续五年入选中国康养城市 50 强。康养城市是指以“健康”为城市发展的出发点和归宿点,以康养产业为核心,将健康、养生、养老、体育、文化、休闲、旅游等多产业融合发展,形成生态环境良好、健康宜居、相关产业充分发展的特色城市。安康市地处秦巴腹地、汉水之滨,气候湿润温和。作为南水北调中线工程核心水源涵养地,安康市空气和水环境质量长期稳居全国前列,同时安康市积极打通社会资本参与医养、康养产业通道,加快养老服务和医疗卫生服务之间的资源对接,不断增加安康生态健康养老产业核心竞争力。

4.5.2.1 镇坪县上竹镇

镇坪县城西端的上竹镇,生态优良,资源丰富,气候温和,景色宜人,境内山林纵贯,植被茂密,野生动植物种类多种多样,是动物的乐园,植被的天堂,有“巴山药乡”之美誉。近年来,上竹镇借助“长寿文化之乡”的品牌和优良的自然禀赋,大力发展生态产业,种植、养殖一体化,将自然山水打造成宜居宜游的景区,让“康养小镇”逐渐成为上竹的名片。盛夏时节,上竹镇百合花芬芳馥郁、满园飘香,吸引了大量游客到此游玩,带动了地方经济的增长。通过借助“长寿文化之乡”金字品牌,坚持“四大战略”“四大硬仗”不动摇,紧扣“休闲康养小镇”发展定位,按照“一轴一心五组团”发展布局,以 541 国道为轴线,在各村均衡布点发展民宿集群,将单一的旅游与山水人文、特色农业、区域特征有机结合,全力打造康养旅游特色品牌,推动经济社会高质量发展。

上竹镇利用良好的生态自然优势打造七彩百合花卉基地,是一个以生态开发为宗旨,集科研种植、旅游休闲、儿童娱乐、婚纱摄影等为一体的绿色基地。通过土地流转、入园务工、出售花卉、旅游服务等方式带动村民实现增收。通过举办一年一度的“百合花节”,以花为媒、以节会友,充分展示美丽乡村新风貌,展现全域旅游新内涵,推介美丽乡村新形象,吸引八方游客来上竹赏花看景、休闲娱乐,聚集四海客商投资兴业、携手共赢,促进经济繁荣,带动乡村振兴,在有力提升广大群众获得感的同时,也有力地拉动了三产服务业,繁荣了农村经济,促进了乡村旅游发展。

4.5.2.2 岚皋县蒋家关村魔芋现代农业园

蒋家关村距离蔺河集镇 12 km,村域面积 12 km^2,全村辖 6 个村民小组,524

户 1 624 人，建档立卡贫困户 234 户 681 人；有耕地面积 4 505 亩，林地面积 34 180亩；气候宜人，土地肥沃，林地资源丰富，是魔芋的“天府”之乡。2017 年被农业农村部命名为“全国一村一品示范村”，2018 年被认定为第七批市级现代农业园区（图 4－2）。

(a) 蒋家村

(b) 林下种植

(c) 魔芋种植

(d) 园区环境资源1

(e) 园区环境资源2

(f) 园区环境资源3

图 4－2　蒋家关村魔芋种植农业产业园

2009 年成立蒋家关村魔芋农民专业合作社，发展社员 350 户，其中贫困户 174 户。以村魔芋农民专业合作社为经营主体，始终把魔芋产业作为脱贫增收的主导产业，先后建成了三房沟、学堂湾、毛坡、李家沟、水雾池种植规模连片的县级园区 5 个；2018 年建成1 000亩市级现代魔芋农业园区 1 个；2019 年新增园区 1 000 亩。全村累计魔芋面积达到 9 000 亩。在园区带动下，贫困户通过土地流转、劳务用工、订单收购、入股分红，人均增收 3 000 元以上。蒋家关村借助三遍改革，投资 100 余万元建成魔芋初级加工厂，日烘干魔芋片 5 t 生产线一条，可加工鲜魔芋 500 t，就近解决 30 余人务工，实现产值 360 万元。每年可增加集体收入 10 万元以上。

4.5.2.3　平利县龙头生态健康养老园区

平利县龙头健康养老园区（图 4 – 3）位于安康市平利县城关镇龙头村，距离县城 5 km。该园区依托龙头村秦楚农耕文化和山水田园风光，打造了女娲茶城茶乡风情、桃花溪原生态自然风光等旅游景区，建设集健康养生、度假休闲、游山玩水、赏园品茗、农家体验为一体的生态健康养老园区，为广大老年人提供“吃、住、行、游、购、娱”一体化的养生养老服务。该园区内建有一所标准化示范性老年公寓，两家标准化生态健康养老人家，20 余家标准化农家乐，老年人可在园区内尽享乡村生活的恬静、愉悦、幽美。

(a) 园区环境

(b) 茶庄

(c) 茶园1

(d) 茶园2

图 4 – 3　平利县龙头村生态健康养老园区

该园区秉承完善自身养老功能、带动全县养老产业、服务全省养老需求的发展理念，大力建设生态健康养老基地，全力打造“美丽乡村、养老乐园”的生态健康养老品牌，建成全市具有较强竞争力、集聚力和辐射力的生态健康养老发展核心区，吸引更多的老年人来美丽乡村旅游休闲、养生养老。

4.5.3　汉中市休闲农业发展概况

4.5.3.1　火烧店镇

汉中市留坝县火烧店镇地处秦岭山地，地势西北高、东南低。境内主要以山地为主，西北南三面群山环抱、川坝毗连。最高点夏家湾梁，海拔 2 452 m；最低点花草门，海拔 850 m。气候属暖温带湿润季风气候，其特点是气候复杂多样，垂直差异明显。多年平均气温 11.2 ℃；7 月平均气温 22.1 ℃，极端最高气温 37.2 ℃。生长期年平均 224 d，无霜期年平均 216 d。年平均日照时数为 1 804.4 h。年平均降水量 846.3 mm，极端年最大雨量 1 565.2 mm（1981 年），极端最小雨量 612.8 mm（1997 年）。降雨主要集中在每年的 7—9 月，以 7 月最多。近年来，在县委、县政府领导下，火烧店镇以建设“秦岭最美小镇”为目标，坚持“田园风光、休闲生活、养老家园”发展思路，以旅促农、以农强旅，大力发展集休闲度假、亲子教育、农事体验、养老养生于一体的乡村休闲旅游，吸引了八方游客前来观光旅游。这里被誉为“陕西省旅游特色名镇”和“中国旅游特色小镇”。火烧店镇通过集中流转土地 30 余亩，建成了集观光休闲、采摘体验、科普教育等功能于一体的汉中首家生态农业教育科普基地——农耕文化体验园（图 4－4）。

(a) 稻草人公园1

(b) 稻草人公园2

(c) 农耕文化体验园

(d) 果蔬采摘园

图 4－4　留坝县火烧店镇休闲农业园

游客们在田野间挖土豆、采野菜，在沙土堆上玩泥巴、盖房子，在河里摸鱼、捉泥鳅……带着孩子在这样泥土芳香的乡村体验农事活动，不仅能尽情享受和孩子在一起的亲子时光，还能趁机寓教于乐让孩子们知道农耕不易，要爱惜粮食。除此之外，农耕博物馆、汉中首家青少年自然成长营活动基地、青少年科技教育基地、三味书屋……都在这里扎根发芽。

4.5.3.2　佛坪县

佛坪县地处秦岭南麓，古有傥骆、子午古道，今有108国道和西汉高速公路穿越县境，开工建设的西成铁路客运专线过境设站。全县辖6个镇、1个办事处，45个行政村(居委会)，总人口3.5万，面积1 279 km^2，是国家“南水北调”工程的重要水源涵养地和陕西省“引汉济渭”工程的主要调水点，被誉为“大熊猫的家园”和佛坪县大河坝镇库区移民新居“中国山茱萸之乡”。境内山清水秀、环境优美、生态完好，秦岭“四宝”大熊猫、金丝猴、羚牛、朱鹮齐聚于此，大熊猫分布密度居全国之首，拥有5A级旅游资源，设有国家级佛坪自然保护区、观音山自然保护区，被世界旅游组织认定为最具生态旅游开发价值的地区，是陕西省唯一加入联合国教科文组织“人与生物圈保护区网络”的县。

近年来，全县上下坚持不懈地实施“生态立县、林药兴县、旅游强县”三大战略，深入实施全域旅游、脱贫攻坚、特色产业、项目建设、城乡统筹、民生改善六大工程，奋力打响“古道明珠、静美佛坪”全域旅游和城乡发展战略品牌，开创了经济社会快速协调持续发展的新气象。近五年，全县生产总值年均增长13.5%；固定资产投资、社会消费品零售总额、地方财政收入年均分别增长39.1%、14.5%、26.6%，县域经济社会发展在全省排名从80位上升至39位，2011年、2013年、2014年分别荣获“陕西省县域经济社会发展争先进位奖”。产业结构调整取得新进展，旅游产业蓬勃发展，游客人数和旅游综合收入高位增长，带动了现代农业、服务业的健康发展。林下经济快速发展，被国家命名为林下经济示范基地。在加快经济发展的同时，佛坪加强环境保护，保持了青山绿水、蓝天净土，为可持续发展奠定了坚实基础。完成投资95.6亿元，是上个五年的7.4倍。引汉济、西成客专佛坪段建设快速推进，西汉高速连接108国道佛坪至西岔河二级路改造建成通车，通村水泥路覆盖率达100%，高效便捷的城镇交通路网初步形成。境内三大流域中小河流治理基本全覆盖，建成投用一批通讯、电力等设施，城乡基础保证能力明显增强。成功创建为国家卫生县城、园林县城和省级生态园林县城、文明县城，移民搬迁取得显著成效，重点集镇、美丽乡村建设加快推进，城镇化率提高了 5.6%。

4.5.4　商洛市休闲农业发展概况

柞水县西川现代产业园区是柞水木耳的主产区(图 4－5)。这里山低坡缓，河谷坦舒，风光旖旎，遍山柞木成林，是优质天然木耳的重要源地。柞水黑木耳久负盛名，以其色亮、肉厚、柔软、味正而称著，在柞水的农特产品中名列榜首，“柞水木耳”已经注册为国家商标。为了使木耳成为促进农民脱贫致富的主导产业，形成规模效应，丰富品牌内涵，柞水县正倾力将西川这个偏僻乡村打造木耳小镇。柞水县坚持在区域联动上出实招、在精准脱贫上求成效，在产业融合上建样板，在农村改革上做示范，努力将西川建成以地栽木耳为主导产业的特色小镇。

(a) 木耳小镇

(b) 木耳种植区

(c) 木耳观景区

(d) 木耳博物馆

图 4－5　西川木耳小镇

商洛西川木耳小镇将木耳产业和农业体验结合，设置木耳博物馆、木耳观景园、木耳文化广场。在休闲区新建 30 亩,60 栋吊袋钢架大棚,620 m^2 智能温室,50 亩木耳盆景园;在观光区新增木耳菌棒生产能力 500 万袋,建设 1 000 亩标准化黑木耳大田栽植示范基地。“蓝天白云黑木耳”,商洛柞水西川的当地人正在发掘木耳饮食文化,研究开发木耳菜系,制作木耳菜谱,力争通过两年时间,把西川建成闻名全国的特色木耳小镇。

总体来看,目前陕南的康养旅游产业虽然市场需求庞大,发展前景广阔,产业发展机遇与挑战并存,但还存在着基础设施供应不足、产业结构不够健全、有效供给不足、粗放式发展、缺乏全省总体康养旅游产业顶层设计和规划、康养专业人才匮乏等问题,尚未形成完善的产业体系。相比较山东、四川等康养旅游起步较早的省份,陕南康养旅游发展尚属起步阶段,未来发展空间巨大。相关部门应紧紧抓住康养旅游这一发展趋势和新潮流,抓住旅游、生态养老市场逐年扩大的机遇,加快二者深度融合,出台相关政策和规划,以促进康养旅游产业更快更好地发展。

4.6 陕南地区休闲康养农业发展的优劣势

4.6.1 内部优势分析

陕南发展休闲康养农业产业具有得天独厚的资源优势。

第一,生态环境好。陕南地处汉江流域、秦巴山区,年平均气温 12 ~ 14 ℃,降水量充沛,拥有丰富的森林资源、适宜的气候资源,生态环境好,农产品污染少,无污染,易于开发无公害农产品,尤其适合开发对环境质量要求较高的休闲康养农业产业。

第二,“绿色”优势。从特色农作物的种植环境、生长环境上分析,陕南具有其独特的自然环境优势。陕南地处秦巴山区,受诸多因素制约,工业发展较为滞后,山清水秀,极少有污染,当地主要分布在丘陵和低山区,休闲园区无环境污染,生态条件优越,造就了陕南的“绿色”优势。

第三,文化优势。陕南三市历史悠久,文化底蕴深厚。以中国特色康养产品——茶叶为例。据茶叶专家考证,陕南是我国较早的产茶地之一。唐朝时我国最早的一部《茶经》称陕南为“山南茶区”,据有关资料记载,陕西茶叶产于陕南秦巴山区,是古代巴蜀茶产地的一部分。早在西周时,茶叶就由四川引入陕南郡(今陕南、安康地区)。巴蜀国时期,茶叶已作为贡品。及至唐代,梁州(今陕南)、金州(今安康)已盛产茶叶,而且成为全国八大茶区之一。由此可见,陕南的茶叶发展,就是一部茶文化的发展史,文化底蕴极为深厚,在陕南茶叶产业的发展过程中,要借用文化的优势,尤其是三国文化的优势。

4.6.2　内部劣势分析

第一,生产组织结构劣势。陕南休闲农园较为分散。此外,由于地理位置及交通条件限制,缺少龙头企业,存在大量的个体休闲农业园,其园区内产品的生产工艺及质量都无法保证,难以闯出市场。

第二,技术落后。由于茶农整体文化与技术素质偏低,造成农户种茶方法简单,茶园管理粗放,不能适时进行施肥、低改、修剪、采摘,新品种、新技术推广难度大,与建设高标准绿色生产茶园差距较大。种植加工技术落后,致使陕南茶叶市场占有能力低,茶产品附加值低,经济效益差。同时,陕南茶叶产业集中度比较低,产业内部上游、中游、下游的产业关联链尚未有效形成,产业之间没有形成产前、产中、产后服务链,没有大量形成规模适当、结构合理、联系密切的产业聚集体,缺乏聚集经济效益。

第三,特色资源利用不够充分。陕南康养品牌繁多,未形成统一品牌,名牌优势无法体现,出现"散、乱、杂"的局面,优势资源无法集中浪费严重,也不能形成统一的拳头产品,缺乏市场竞争能力和占有能力。

鉴于以上内容,陕南休闲康养农业应该注重多元化发展,突出地域特色和绿色优势,以此来增强市场竞争力。这里的"多元化"就是不仅仅局限于普通的休闲农园观光、采摘等千篇一律的活动,而是充分和当地特色产业结合,注重"特色游",综合各个地区自身资源、文化、生态环境等优势,对其休闲康养农园的发展方向、路径、特色进行明确定位,与其他区域的相关产业形成错位发展,提高竞争优势。

合理规划布局,扩大规模。从目前的情况来看,尽管总体面积较大,但大多比较分散,而且还有许多可以扩展的余地。因此,应按照生产专业化、基地规模化、在适合发展康养农园的地区,如西乡、南郑等地合理规划,扩大规模。并且明确各自的定位,可以在结合好当地特色资源的同时,寻找合适的目标对象,尤其是老年人群、白领、特殊儿童等人群,结合老年养生、都市亚健康、自然教育缺失等寻找园区康养定位和主题。

另外,陕南三市均有发展休闲农业得天独厚的优势,但是因经济发展、地理位置等存在差异,其在休闲农业的发展上目前也存在不可避免的差异。但是因陕南休闲农业均发展得早,其得天独厚的自然资源和地方政府的支持,目前已经有了各自的优势。汉中市的油菜花观赏早于2014年就被评为中国美丽田园,商洛市以果树采摘等农事体验活动为主的休闲农业模式已经成型,安康市的山地农业景观具有绝美的风景资源和极高的旅游价值。同时陕南的气候、地理优势使其生态价值极高,以及陕南特色的木耳、山茱萸、茶叶等产业,十分适合陕南发展康养型休闲农业游。

陕南现建成的休闲康养农业可以经过路线规划,设计“四季四特色”的休闲康养农业休闲游模式,即春季商洛的千亩杏林、李林花卉观赏—汉中的万亩油菜花海游,夏季的商洛朱家湾—汉中留坝—安康瀛湖的生态避暑游,秋季商洛—安康果树农产品采摘体验游,冬季汉中—安康岚皋林海雪原游等。

根据以上的研究内容可以得出如下结论:

①陕南地区休闲康养农业发展状态普遍良好,在国家政策的驱动和地方政府的支持下,陕南休闲康养农业能够结合自身地域特点、乡土文化发展休闲康养农业。

②陕南地区休闲康养农业在普遍良好的状态下,也出现发展不均衡的情况。如汉中地区休闲康养农业的潜力被挖掘开发最大,其精品化程度最高;商洛市休闲康养农业也比较能找到定位,其精品化程度其次;安康市在陕南三地中休闲康养农业发展状况较差,出现产业结构单一、运行模式单一等问题,因此需要充分挖掘当地自然资源和农业文化资源优势,在不破坏生态环境的前提下,发展特色休闲康养农业。

③发展特色休闲康养农业的关键在于强化品牌建设、发展创新模式和优化产业结构,塑造适合该区域的产业特色,要能够大力发展包括设施等基础条件完善,并具有陕南当地特色农业景观风貌的休闲康养农业游。

基于以上,建议结合当地特色资源,形成三类陕南特色的休闲康养农业类型:

①当地特色康养农产品产业为主导的休闲康养农业,如西川木耳产业休闲农业园、安康魔芋产业休闲农业园、汉中平利茶叶休闲农业园、汉中佛坪山茱萸休闲农业园等,一方面发展特色康养农产品;另一方面,充分利用该产业为主题进行农园康养功能设计。

②利用当地特色自然康养资源的休闲康养农业,如汉中洋县朱鹮湿地、佛坪

大熊猫自然保护区、商洛牛背梁、安康南宫山等地区，充分结合当地自然康养资源优势，在保护生态的同时实现生态产品的康养价值。

③结合当地优势，有针对性地结合特殊人群的康养需求建立休闲康养农园，如老年人的老年养生、保健需求；都市白领亚健康地亲近自然需求；儿童的自然体验教育需求等。

第5章　陕南休闲康养农业实证研究

欧美等主流发展康养农业的国家大部分研究是围绕景观感知和景观偏好开展的。Kaplan 曾经提出符合景观偏好的景观会显著提升观赏者的满意度从而达到身心愉悦的目标(Kaplan,1985)。已有的研究证明了一致性、复杂性、神秘性和易读性的景观更让人身心愉悦,并且在农业景观中同样适用。研究者发现,农业景观偏好随着年龄的不同而不同(Zube and Evans,1983);Zanten 等人(2016)用逼真的可视化图片研究方法研究出荷兰的被试者更偏好欣赏有高大树篱和乔木的农业景观,德国的被试者认为树木群落和农作物的多样性有更高的观赏价值。此外,该团队发现对景观属性的相对偏好的差异,在一定程度上是由社会文化背景变量所导致的,如教育水平、游客自身和农业的关联性。这些研究有助于更好地理解跨区域差异者的审美和休闲偏好倾向,以及探索这些偏好和哪些农业景观特征相关,从而为制定和整合农业景观文化策略服务。除此之外还有研究表明,儿童的偏好可能与成年人的偏好大不相同(Van and Koole,2006)。

中国康体养生景观的开发还处于起步阶段。目前与特色文化相关的可持续发展战略,景观生态学理论和依托自然环境的旅游开发越来越受到政府的支持。2009 年《中国园林》以康复景观为主题做专栏,李树华、张文秀概括了园艺疗法相关内容与研究方法,综述了国外的研究进展以及国内研究现状。康宁等研究者以测试游客脑波变化的方式来评价园林绿地内铺装场地、水系、植物群落对人的生理影响,发现三者的放松效果递增;张俊彦采用生物反馈仪和心理学评价量表测试人在室外空间中的生理心理反应,得出都市绿地空间、乡村环境以及自然林地三种区域对人的注意力恢复效益具有显著差异,并随着环境自然程度增加而依次递增;祈云枝、谢天寿、勇军等众多的学者从养生保健的角度,进行城市园林相应设计,通过对生态群体进一步分析,对其自身保健功效的实现,提出了相应要求以及有效分类,从而促使城市可持续发展。2006 年,牛泽慧提出保健型园林形式并将其拓展至人居环境的各个地方。《环境与人类心理》(吴建平等,2011)一书中提出了复愈性环境的概念,分析了环境复愈性与环境偏好的联系与区别。《复愈性环境量表的编制》(叶柳红等,2010)目的编制第一份中文版复愈性环境量表。王丹通过对康体养生及自然环境的关系分析得出自然环境可以通过对人们的感官及精神等多方面产生影响,从而对游客产生精神调节作用以及生理调节作用,使人们放松心情,同时缓解疾病,对游人起到了康体养生的作用。他提出在设计中,应根据不同人群的康体养生需求,将康体项目与自然环境相结合,使得设计中具有差异性,但是对其康养效果以及具体如何进行五感刺激并没有具体论述(王丹,2018)。武倩倩从宏观与微观两个角度提出了基于园艺疗法理论的休闲农业园设计思考,宏观方面从感官花园区、园艺展示区、园艺操作区以及休闲冥想区四个方面进行了阐述,微观方面主要是从植物、设施、空间三方面进行了具体的说明,为今后休闲农业园的发展提供一定的借鉴作用(武倩倩,2017)。同样,目前我国对农业康复效果研究大多是围绕园艺疗法展开,而非从景观感知和偏好的角度进行研究(崔瑞芳,2012;杨若男,2018;张鸿,2014)。

由以上可知,在五感刺激的治愈效果来看,目前国内外的康养农业主要是以景观感知和偏好为核心的康养农业研究,注重通过观赏风景使人在游憩中潜移默化达到身心平衡、增加满意度和幸福感(Suzanne et al. ,2017),因此本书将从景观偏好、视觉特征、嗅觉特征等方面验证休闲农业的康养关键因素。

本书从游客乡村的行为特征和偏好入手,根据网络数据调查游客乡村游的景观偏好及情感体验特征;从实际观景体验和视觉、嗅觉两个维度探索休闲农业的康养关键因素;根据实证研究的成果,选择典型案例进行设计提升,以达成在目前休闲农业基本功能的基础上增加康养功能的附加值,实现乡村振兴。

5.1　基于网络数据的游客乡村旅游景观偏好和情感体验调查研究——以汉中市为例

5.1.1　引言

随着计算机与互联网技术的迅猛发展,我们迎来了一个前所未有的大数据时代。大数据技术以及基于大数据技术所开展的各项现代化研究已革新了我们的生活、工作和思考方式(党安荣,2018)。对于乡村旅游而言,展开研究所需要调研的基础数据以及与旅游相关的多方需求等都具有大数据的特征,但是由于乡村本身所具有的复杂性,还有乡村规划过程中多方需求的多样性,使得数据规模增加,但是可获得性降低。同时手机、平板等智能移动设备的发展促使 Web 2. 0 模式产生。Web 2. 0 时代所特有的用户生成内容数据不仅为乡村旅游相关研究提供了数据来源,同时为精确研究游客景观偏好提供了便捷的途径(徐勇,2018)。游客作为乡村旅游的对象会因对各种游憩活动和景观的喜爱而在游览过程中主动分享自己的所见所想。游客不仅在社交网络平台如微博、社区、朋友圈等上面分享晒图已成为一种乐趣,同时很多旅游网站或者旅游社交移动平台都为游客提供更加关注游客体验感以及互动感的服务。目前使用率较高的旅游社交平台有:马蜂窝、携程网以及去哪儿网等,这些平台同时开发出可以让游客随时随地分享的移动应用,使得游客分享其所见所闻和体验感悟的文字以及照片资料时可以没有任何时间或者位置上的限制(蓝勤华,2010)。游客共享于网络的这些数据内容本身带有丰富的信息,不仅包括游客所分享的照片数据,还有传递其感受的相关的文字描述,同时有的网站所采集的数据包括照片带有的地理标签数据。这些数据不仅为研究者基于游客的地理位置信息识别游客所偏爱的游憩地与景观空间类型,提供了丰富的数据支撑,同时能够更加深入地了解游客实际需求,进而帮助规划设计者或决策者基于以上分析更好地理解游客对景观的感知,作出有针对性和有实际意义的规划设计策略。

本节选取汉中市作为乡村旅游研究的典型案例地。汉中市地处陕西省西南部的秦巴山区,一地联通三省。近年来,汉中市持续推进乡村旅游振兴工程,围绕乡村振兴战略实施,积极推进各种乡村旅游形式的发展,比如建设示范园区或者休闲农业观光园等,并且大力集中开展乡村地区康养活动,进入农田体验农活,以及一系列的休闲娱乐和度假活动,不断丰富乡村旅游产品供给,满足大众观光、休闲养生、度假体验等不同层次的需求(郭强,2015)。截至目前,全市建成省级旅游特色名镇20个,省级乡村旅游示范村29个,省级旅游示范县4家、旅游名镇名村60个,乡村旅游示范点19个,发展“农家乐”900余家、“汉家乐”48家,同时当地政府和文旅局依据自身特色举办各种节庆活动,比如油菜花季举办“中国最美油菜花海汉中旅游文化节”,金秋时分举办“柑橘节”等,以此吸引了大量的游客(赵紫璇,2019)。汉中乡村旅游的蓬勃发展,拉动了“三产”、刺激了消费。最新统计数字显示2019年全年接待游客突破6 000万人次、旅游总收入超过350亿元,分别增长15%以上,成为乡村居民脱贫致富的重要途径。

5.1.2 研究方法

5.1.2.1 数据采集

以马蜂窝App作为数据收集平台。马蜂窝App是国内领先的旅游社交平台,在旅游领域累积了大量数据,且用户群体年龄以18～45岁为主,基本吻合汉中乡村旅游客源群体年龄特征。因此，选用马蜂窝 App 笔记版块游客上传的带有地理位置的照片作为数据来源，利用 PYTHON 编写爬虫程序抓取了 2012 年 10 月 31 日—2019 年 10 月 31 日来访汉中的游客拍摄的 32 542 张地理标记图片，采集每张照片的用户 ID、拍摄点经纬度、拍摄时间、上传时间、照片 ID 等信息。

5.1.2.2　数据整理与清洗

为保证研究结果的精确性，对所有数据进行整理和清洗。将原始数据从服务器中导出，到 Excel 后进行分列处理，共得到包括用户 ID、常驻地、拍摄点经纬度、拍摄时间、上传时间、照片 ID 等在内的 10 列数据。为了方便后续统计工作，将拍摄时间数据按"年、月、日"分开。首先，依据空间、时间和内容的判定，删除汉中市范围外和位于汉中市城区内的数据(4 310 条)。其次，对数据进行内容清洗，删除基本信息大量缺失的数据(642 条)；删除且仅保留一条具有相同用户 ID、相同拍摄时间和相同坐标的重复记录(1 694 条)；删除拍摄时间晚于上传时间、与同一游客具有相同拍摄时间但不同坐标的错误记录(245 条)。最后，经过整理筛选，共得到来自 3 223 个游客所拍摄的 25 660 张地理标记照片。

5.1.2.3　核密度分析

核密度分析是空间分析中运用十分广泛的一种非参数估计方法，通过计算要素在其周围邻域的密度，将点信息扩展到面上，从而更好地显示其集聚区域。本节利用 ArcGIS 10.5 的核密度分析工具，对来访汉中的乡村游客的空间信息数据进行可视化处理和统计，绘制汉中乡村游客空间分布的核密度图。

5.1.2.4　邻域分析

邻域分析工具可识别最接近要素或计算各要素之间的距离。其中，缓冲区与多环缓冲区分析是指在要素周围指定距离内创建一个或多个环状缓冲区，常用于统计相关要素在不同空间范围内的分布情况，点距离则用于确定输入点要素到附近要素点的距离。本节通过统计乡村旅游景点不同范围内的游客数，探讨游客在景点周边的聚集程度，并对不同类型景点中聚集的游客数量进行量化统计，从而分析游客偏好的乡村旅游景点类型。

5.1.2.5　情感分析法

情感分析法是一种利用计算机技术分析文本情感的研究方法，也被称为意见挖掘。它通过对文本进行定量分析，挖掘文本中的观点、情感和极性。由于单个词汇缺乏情感表达的对象和关联性，可能导致情感分析出现误差，因此句子被视为传达情感的基本单位。情感词典是情感分析的基础，常用的有 Hownet 和 Wordnet 词典。基于词典的分析方法通过匹配情感词汇来评估文本情感倾向。

分析过程通常包括:将句子拆分为最小分析单元,提取情感词并处理句式逻辑关系(如否定、转折、强调等),然后计算情感词得分,最终确定句子的情感倾向。对于长篇段落或章节,可以通过计算每个句子的情感值或提取主题句来进行情感分析。

本书采用武汉大学沈阳教授及其 ROST 虚拟学习团队开发的 ROST CM 6 软件中的 Rost Emotion Analyze Tool 进行情感倾向分析。该工具以情感词典为基础,通过抽取文本中的情感词,并依据软件后台的算法和程序设置进行计算。计算结果以 ANSI 编码的“. txt 格”式保存,便于查看情感分析的详细结果、分段统计、中性情绪结果及情感分布统计视图。根据得分正负,可判断情感为积极(>0)、中性(=0)或消极(<0),且得分绝对值越高,情感倾向越强烈。

5.1.3 研究结果

5.1.3.1 汉中市乡村旅游景点类型

在乡村旅游景点相关分类研究基础上,综合考虑汉中市乡村旅游景点的实际情况,将其乡村旅游点类型确定为乡村自然生态类、乡村文化类、农事产业类和特色村镇类 4 个一级类,以及 11 个二级类。查阅汉中文化和旅游局官网所发布的乡村旅游景点的统计数据,筛选出汉中市规模较大且影响力较高的景点,按不同类型归纳整理(表 5 - 1)。通过国家空间科学数据中心收集 2016 年汉中市行政区划数据,并将景点在图中标记出来(图 5 - 1)。最终,选择汉中市 77 个乡村旅游点为案例研究地。

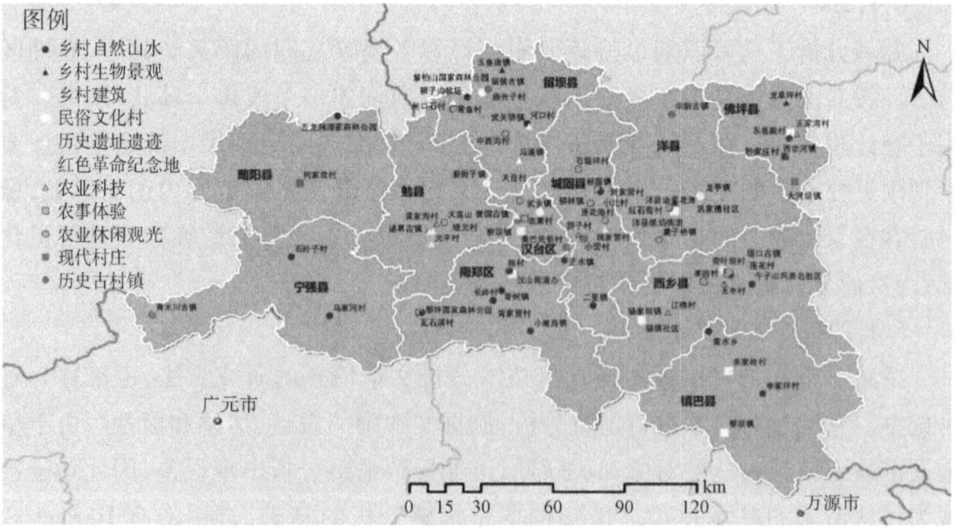

图 5 - 1 汉中乡村旅游景点分布图

表 5－1　陕南乡村游研究点类型统计表

一级类	二级类	研究点名称	数量/个
乡村自然生态类	乡村自然山水	陈村、河口村、东岳殿村、青树镇、圣水镇、西岔河镇、小南海镇、二里镇、小北村、马家河村、石岭子村、青水乡、长岭村、胥家营村、李家坪村、黎坪国家森林公园、午子山风景名胜区、五龙洞国家森林公园、紫柏山国家森林公园、狮子沟牧场	20
	乡村生物景观	洋县纸坊街道办事处、龙草坪村、玉皇庙镇	3
乡村文化类	乡村传统建筑	庙台子村、骆镇社区、龙亭镇、新街子镇、武乡镇、荷叶坝村	6
	历史遗迹	闸口石村、武侯镇继光村、武关驿镇、饶家营村、元平村、马道镇、石门栈道	7
	农业文化	巩家槽社区、沙窝村、秦巴民俗村、花果村、朱家岭村、黎坝镇、汉山街道办事处	7
	红色革命纪念地	柳营村、红石窑村、天台村	3
休闲农业景观	农业景观观光	刘家营村、天荡山休闲山庄、营盘村、中西沟村、磨子桥镇、石堰坪村、河东店镇、洋县油菜花海、莲花池村	9
	农事体验	桔园镇、樱桃沟、枣园村、莲花村、瓦石溪村、杪家庄村、骆家坝镇	7
	产业科技	江榜村、黄家沟村、王家湾村、五丰村、柳林镇	5
村镇聚落类	古村镇	诸葛古镇、华阳古镇、堰口古镇、褒国古镇、留侯古镇、青木川古镇	6
	现代示范村	大河坝镇、狮子村、小营村、何家坟村	4

5.1.3.2　游客时空特征分析

(1)时间特性分析

按照拍摄时间对数据进行纵向分层,统计汉中乡村各月度游客和照片数量可知,汉中乡村游客和照片数量的月度比例分布基本一致,但存在明显的淡旺季(图 5－2)。整体上看,游客数量在 4 月、8 月和 10 月呈现 3 个波峰,且春季(3—5 月)和秋季(9—10 月)相比于其他两季游客数量和照片数量均占明显优势,由此可知春秋两季是汉中乡村旅游的旺季。此外,拍摄率(照片数量/旅游人次)可以反映游客对景观的兴趣度,从计算结果可以看出,汉中乡村 3 月、4 月和 10 月的景观更受游客欢迎。

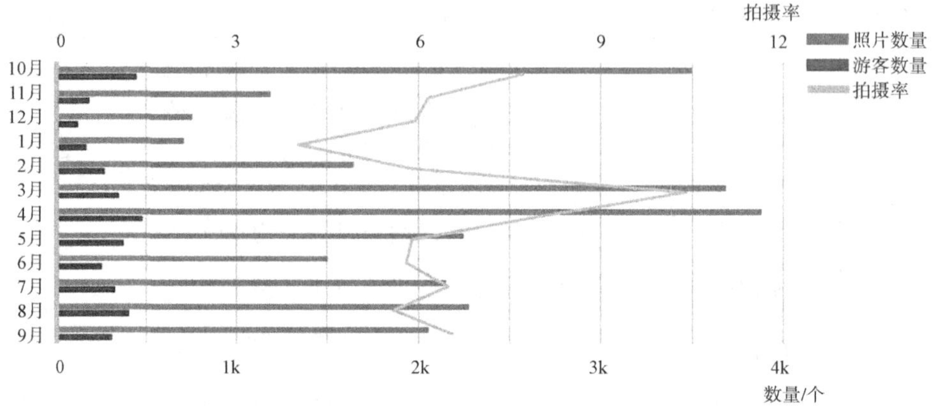

图 5－2 游客时间月度变化

(2)空间分布特征

利用 ArcGIS10.5 对数据进行空间分析,从空间可视化与量化角度直观分析区域内游客聚集程度。

(3)游客兴趣点整体空间分布

将数据导入 ArcCIS 10.5,在地图底图上标记游客拍摄点空间位置。游客拍摄点即兴趣点,可见游客兴趣点总体空间分布与汉中乡村旅游景点分布基本一致。为进一步探究兴趣点与乡村旅游景点的空间关系,本书以 1 km 为间隔,在 10 km 范围内生成景点数据的多环缓冲区(图 5－3)。统计各缓冲区内兴趣点数量发现,在距景点 1～2 km 范围内游客数量逐渐增加,并在 2 km 左右达到峰值后,兴趣点数随着与景点距离的增加,整体趋势呈幂函数式递减,R^2 达到 0.79(图5－4)。这表明游客围绕乡村旅游景点存在着一定的空间聚集,景点 2 km 范围内的景观对游客而言颇具吸引力。

采用核密度分析工具对游客兴趣点进行核密度计算,结合汉中市实际情况,将搜索半径设置为 2 km 生成核密度栅格图像。可以发现,游客兴趣点呈“一核多点”式聚集,形成了由汉台区及勉县东南区域主要乡村旅游景点所构成的核心热点区。“多点”主要集中于宁强县西部、留坝县和洋县,其中以宁强县西部区域的中心聚集程度最高,而处于镇巴县和略阳县等区域的游客兴趣点数量明显偏少。

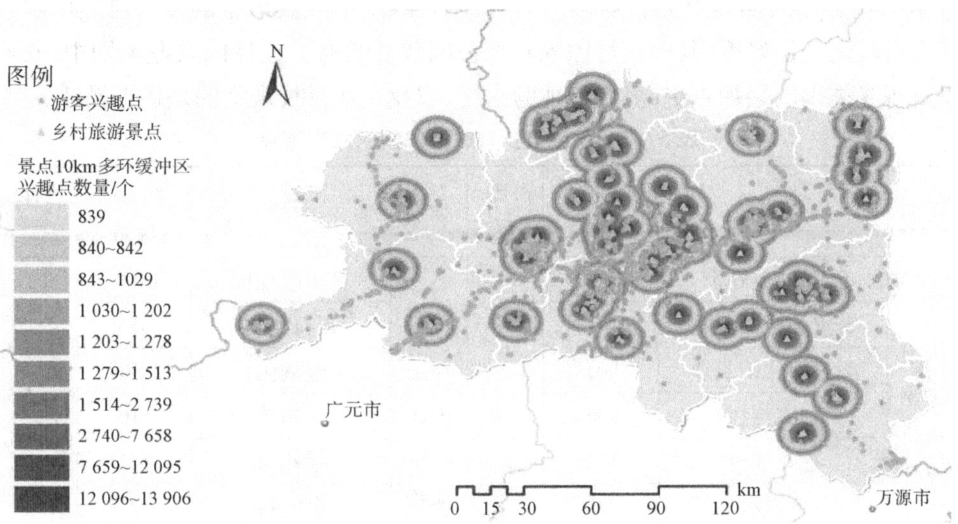

图 5－3 游客兴趣点在景点缓冲区分布图

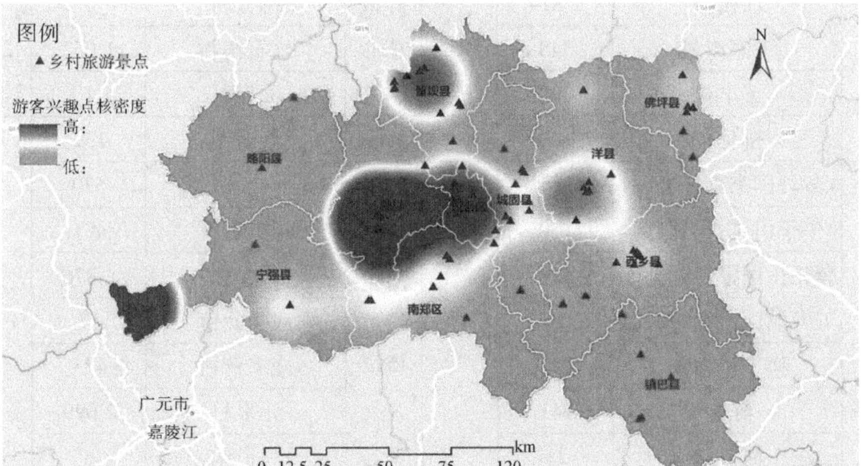

图 5－4 游客兴趣点核密度图

(4)兴趣点在不同乡村旅游景点空间聚集的统计

统计游客兴趣点在不同乡村旅游点的聚集数量可以量化分析游客偏好的乡村旅游景点类型。利用缓冲区分析工具,在每个乡村旅游景点的 5 km 范围内生成缓冲区,进行空间连接得到各景点 5 km 内游客兴趣点数量的统计(表 5－2)。可以看出,游客对于有历史文化内涵的乡村旅游景点更感兴趣,如历史古村镇游客兴趣点数量占比 23.85%,遗址遗迹类景点占比 19.50%,其中尤以诸葛古镇、青木川古镇和武侯镇继光村居多。另外,游客对汉中独具风格的乡村自然山水景观也有较高的偏好度,其中黎坪国家森林公园较受欢迎。在休闲农业类别中,农业景观观光类别的兴趣点更高,农事体验次之,农业产业科技观赏的兴趣点最低。

表 5－2 汉中市乡村旅游休闲农业兴趣点

类别	名称	兴趣点数量	占比/%	类别	名称	兴趣点数量	占比/%
休闲农业景观观光	洋县油菜花海	1 820	17.07	休闲农业农事体验	巩家槽社区	1 037	12.64
	黄家沟村油菜花	1 414			瓦石溪村	653	
	天荡山休闲农业	801			樱桃沟	1 569	
	刘家营村	137			桔园镇	516	
	莲花池村	135			莲花村	571	
	营盘村	29			枣园村	2	
	中西沟村	28			杪家庄村	18	
农业科技	河东店镇	64	7.54		骆佳坝镇	160	
	江榜村	1 814		红色革命纪念地	柳营村	1	2.85
	王家湾村	348			红石窑村	1 052	
	五丰村	499			天台村	1	
	柳林镇	100		历史遗址遗迹	武乡镇	137	19.50
乡村自然山水	黎坪国家森林公园	1 658	15.36		荷叶坝村	570	
	午子山风景名胜区	100			闸口石村	481	
	紫柏山国家森林公园	670			武侯镇	2 876	
	五龙洞国家森林公园	29			武关驿镇	17	
	狮子沟牧场	222			饶家营村	423	
	陈村	741			元平村	2 099	
	河口村	23			马道镇	6	
	东岳殿村	548			石门栈道	1 318	
	青树镇	306		历史古村镇	诸葛古镇	3 029	23.85
	圣水镇	165			华阳古镇	547	
	西岔河镇	18			堰口古镇	572	
	小南海镇	8			褒国古镇	1 288	
	小北村	24			留侯古镇	432	
	马家河村	571			青木川古镇	2 964	

续表

类别	名称	兴趣点数量	占比/%	类别	名称	兴趣点数量	占比/%
乡村自然山水	石岭子村	6	15.36	现代村庄	大河坝镇	14	1.53
	长岭村	235			狮子村	114	
	胥家营村	235			小营村	99	
	李家坪村	129			何家坟村	339	
乡村生物景观	洋县纸坊街道办事处	931	3.43	民俗文化村	沙窝村	348	8.48
	龙草坪村	328			秦巴民俗村	190	
乡村建筑	玉皇庙镇	10	3.69		花果村	1 176	
	庙台子村	447			朱家岭村	7	
	骆镇社区	161			黎坝镇	1	
	龙亭镇	7			汉山街道办	382	
	新街子镇	43					
	武乡镇	137					
	荷叶坝村	570					
	闸口石村	481					

5.1.3.3　影响因素分析

(1)季节气候的影响

研究发现汉中乡村游客整体出游时间呈季节性变化的基础,考察游客兴趣点分布随着不同季度的变化规律。从图5-5中可以看出,不同季节"一核多点"的游客空间聚集模式变化不大,汉台区、勉县及宁强县的乡村游客数量季节性变化特征不明显,始终是乡村旅游的核心热点区域。此外,春季洋县的游客较为密集;夏季游客的分布范围有所缩小,但留坝县北部区域形成了新的热点;同样属于旅游旺季的秋季,游客到访南郑区景点的数量有所增加;冬季游客数量骤减,不但分布范围明显缩小,热点核心区的游客聚集程度也有显著下降。

进一步统计不同季节各乡村旅游景点5 km范围内的游客兴趣点数,以探究游客不同季节所偏好的乡村旅游类型。春季游客多集中于乡村自然山水、历史遗址遗迹、古村镇及农业休闲观光类的乡村旅游景点,其中紫柏山国家森林公园、诸葛古镇、武侯镇继光村及洋县油菜花海游客兴趣点密集,表明春季汉中舒适的气候与丰富的乡村自然资源吸引了诸多游客;秋季除了自然资源和人文资源类景点依旧受到人们的欢迎外,瓦石溪镇、桔园镇的农家乐和采摘园游客也有所增加，表明游客也乐于参与农事体验；夏冬两季游客偏好的类型没有太大的不同，汉中乡村的历史文化和自然生态始终对游客颇具吸引力。此外，民俗文化村、红色革命纪念地和现代新农村游客数量始终较少，且没有明显的季节性变化。

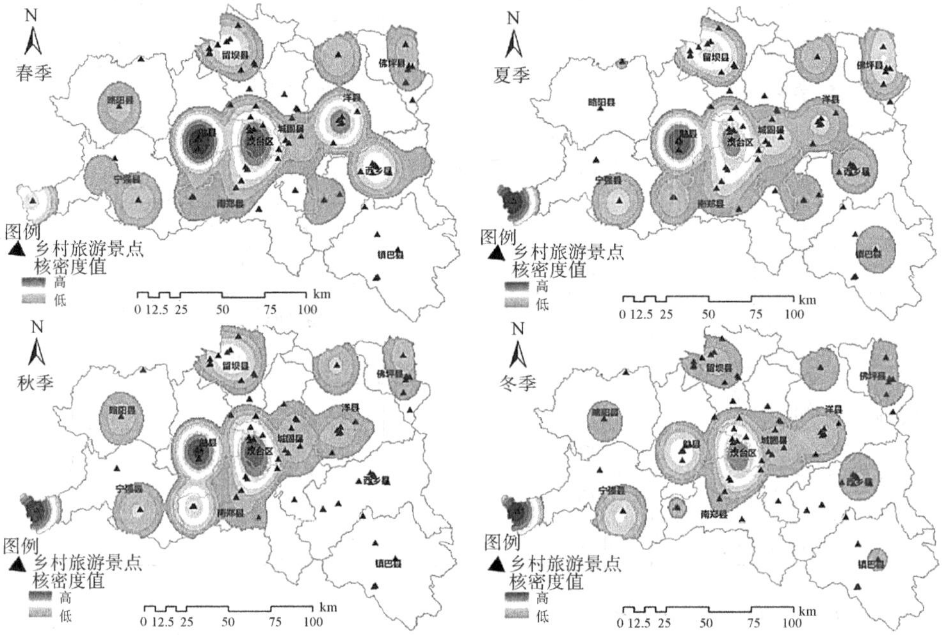

图 5－5　不同季节兴趣点变化图

(2)路网交通的影响

近几年，随着经济发展，汉中市交通路网逐渐完善，国道、省道和县道逐步建设，高速公路如十天高速和西汉高速等也不断开通，使汉中成为全国主要的交通枢纽城市之一。汉中旅游市场研究显示，超半数游客采用自驾方式出游，因此游客兴趣点沿道路在一定范围内会形成空间分布形态。从 OSM④导出汉中道路数据，以 1 km 为间隔在 5 km 范围内生成多环缓冲区，并统计游客兴趣点数量及比例。游客兴趣点沿路网的空间聚集特别明显，1 km 范围内游客兴趣点最为集中，占比达 79.80%；在 3 km 范围内的空间分布渐趋于分散，密度也逐步减小；4 km 以上游客兴趣点数量仅占 2.37%。由此可见，游客对于道路的依赖性较强。因而对于交通相对不太便利的区域（如镇巴县）而言影响较大，游客在这些区域聚集程度很低。

(3)与市区空间距离的影响

采用点距离工具统计各乡村旅游景点距市区的远近，观察兴趣点数量的差异发现，不同距离乡村旅游景点游客兴趣点数的波动较大，诸葛古镇虽然距离市中心约 73.9 km，但兴趣点数高达 3 092；青木川古镇距离市区超过了 100 km，其兴趣点数却仅次于诸葛古镇；而距离市区不到 10 km 的黎坝镇、龙亭镇等，兴趣点数均不超过 10。总体来看，汉中乡村旅游游客行为的关键影响因素不是空间距离，而是景点吸引力大小更为重要。

5.1.3.4　代表性休闲农业园——樱桃沟空间聚点分析

樱桃沟随着近些年的打造已经成为国家农业旅游示范点，同时也被省级旅游博览会评为最受欢迎的景区，吸引了不少前来参与农事体验的游客。樱桃沟集休闲、度假、农业生态观光为一体，按照“四季有花、三季有果”的要求，不断加大景区开发建设力。目前，景区基础设施齐全，其旅游景观空间格局可以划分为五个区域，包括采摘体验区、环湖游览区、农家风情区、自然生态区、河农业观光区，其中也包括观景平台、休闲长廊、生肖园、四季园等景点，如图 5 –6 所示。通过对樱桃沟区域的游客兴趣点进行密度和热点分析，如图 5 –7 所示，可以发现游客兴趣点较为密集的区域主要集中于采摘体验区域，其次樱花湖周边的亲水游览区域以及农家乐对游客也有一定的吸引力。这表明游客在农业类旅游景点更喜爱观光、采摘、品尝，构建体验式旅游景观，而樱桃沟成功依托其优势，以当地盛产的樱桃为主题，在园中构建水果精品园区，既可构建水果生产加工基地，还可以满足游客需求，形成景观品牌效应，打造特色旅游产业。

图 5 –6　樱桃沟休闲农业园景观空间格局

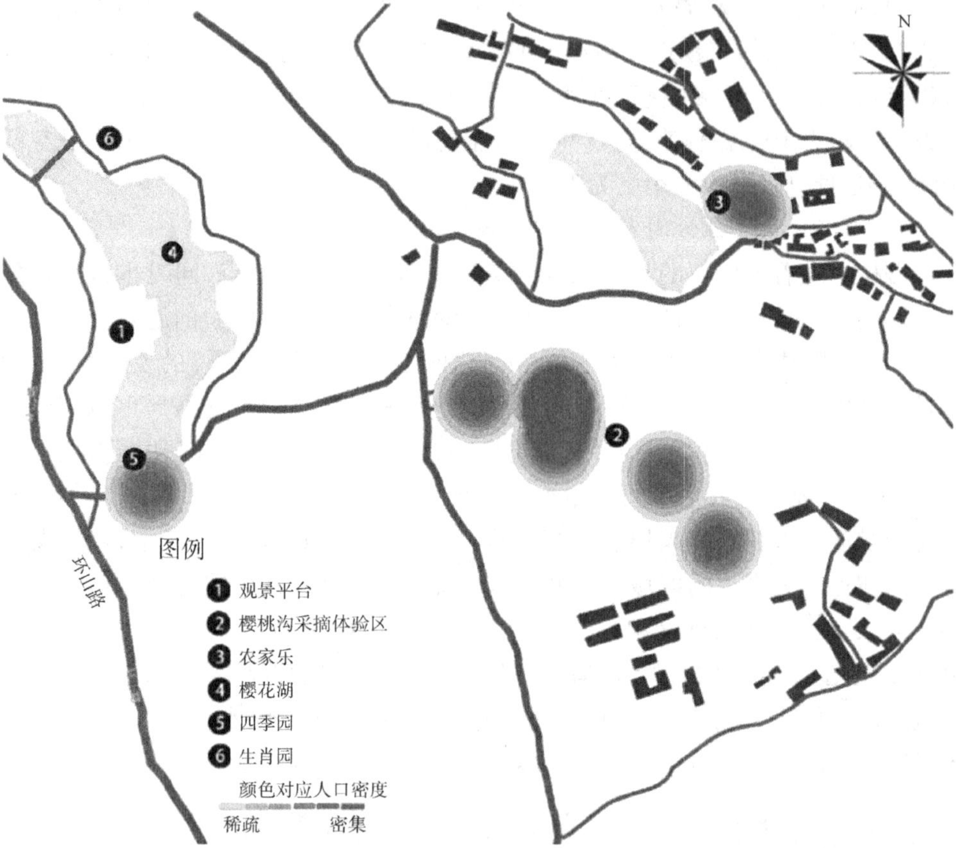

图5－7 樱桃沟休闲农业园游客兴趣点核密度图

5.1.3.5 游客情感特征

(1)总体特征

首先对ROST CM6的旅游专属词库进行了更新,添加了汉中旅游景点或者特产等专属词汇,防止文本分析中出现问题。通过对汉中乡村旅游游客的9 093条文本数据进行处理,得到每条微博的情感分值。经统计,表达出游客积极情感的笔记文本共5 421条,占比59.62%;情感值最终为0的中性评价共2 361条,占比25.97%;游客表现出不满情绪的笔记文本共1 311条,占比14.41%,整体上,其中情感平均值为5.33。游客在汉中乡村旅游的情感倾向偏向以中性偏积极为主。

(2)积极情感分布

景点积极情感体验值越高表明游客情感体验越好。以圆圈的面积来代表情感值的大小,面积越大代表情感值越高。经过研究发现:积极情感最强烈的为紫柏山国家森林公园,是唯一的积极情感体验均值达到高度水平的景点;其次为留侯镇营盘村农业景观观光、庙台子村等。同时积极情感均值程度越高景点越少,其分布存在明显的梯度差异。通过统计不同乡村景点类型的积极情感均值,可以发现游客偏好乡村自然山水类、特色建筑类和历史古村镇类的乡村景点。

表 5－3　积极情感均值前 10 位统计结果

景点	积极情感均值	类型	积极评价数量
紫柏山国家森林公园	22.72	乡村自然山水	185
营盘村	20.58	休闲农业景观观光	132
留侯古镇	19.42	历史古村	30
庙台子村	15.26	乡村建筑	145
闸口石村	14.23	历史遗迹	111
骆镇社区	13.67	乡村建筑	21
黎坪国家森林公园	13.31	乡村自然山水	13
新街子镇	13.00	乡村建筑	13
桔园镇	13.00	休闲农业农事体验	11
西岔河镇	12.98	乡村自然山水	10

(3)积极情感照片分析

游客在积极情感下的感知要素可以体现游客的景观偏好特征。将游客积极情感下所拍摄的照片筛选出来,得到 15 087 张照片,由于照片数量较大,通过参考前人研究,采用配额抽样方法进行分析。配额抽样是指研究者按照一定的规则对数据样本进行分类或者分层,通过分别确定每一类或者每一层的数据样本量,依据该配额数值在相应的类(层)中及逆行样本的抽样。本研究按照各年份照片总量进行分层处理,以 12 为倍数确定每年的数据样本量,抽取出的数据作为照片呢内容分析的数据样本来分析游客乡村旅游景观偏好特征。通过对 15 087张照片依据总体的年份构成及其所占比例抽样后,最终得到 1 254 张照片进一步分析。

本书使用定性分析软件 NVivo11.0 的编码功能对积极情感游客照片分别进行逐级编码,对数据进行量化。NVivo11.0 具有的功能包括:导入、编码、群组、查询、建模、链接、分类和文件夹,使用步骤为:创建项目—导入材料—创建节点—编码,即可提取数据中的信息。NVivo11.0 编码的类型为自由节点编码和树状节点编码两种类型。初步进行数据处理需要通过多次对比后,把具有同一类别节点的照片,编码到相应的自由节点下,进而将包含多个自由节点的照片分别编码到各个自由节点下，比如“传统民居”“麦田”和“远山”的信息同时存在于照片中，根据前述的景观类型指标表将其分别编码为“建筑及构筑物”“地形地貌”“气象景观”三个自由节点。树状节点本身就相当于一个概念范畴，可以包含多个自由节点，编码步骤可以通过对自由节点的梳理发现多个类型信息点存在的共性，就可以尝试将自由节点归类于特定的树状节点，例如“小品雕塑”“座椅”“观景台”等自由节点，可以反映汉中市乡村旅游景观的基础服务设施和景观小品的配置，通过树状节点的归类将它们都编码在建筑环境景观中的“景观设施”这一树状节点下。编码完成以后进行检查和调整，比如通过对节点下的照片内容的对比修改节点名称，对一些节点通过比较不同节点下包含的照片内容重新进行合并或重组，或者通过对树状节点的概念范畴再次界定，对一些子节点的位置加以调整。

根据景观元素的频次统计景观类别的占比，分析游客对景观元素的偏好以及景观类别的偏好。游客对于汉中乡村生态资源景观的有较高感知度，其中山地、森林和河流要素是游客在游览时最易关注到的景观。由于汉中市地理单元上属于我国秦巴山地区，地貌以山地为主，特殊的地形地貌造就了丰富的自然资源，因此当地山地景观风貌更加受到游客欢迎，同时各种植被的覆盖，在当地独具特色的地貌风光背景下不仅带给人视觉上美的享受，而且植物与当地气候相协调之下会带给人和谐舒适的生理感受；水系资源因为人的亲水性表现出较高的偏好度，水作为乡村景观的重要景观元素，不仅体现出自然生态的特性，还具有一定的功能性，会带给人多层次的丰富感受要素，从游客拍摄的频次也可以看出游客对于汉中市乡村中碧波荡漾又活泼灵动的原生态水系资源偏好度很高。不同于城市的乡村特色景观，农业设施景观也有较高的拍摄频次，其中农田景观对于乡村农业文化形象感知具有一定的代表性，是深刻的乡村符号。洋县油菜花观花线路就受到游客的喜爱，见图 5－8。

另外，通过对游客文本的分析可以发现，“自然”“风景”“景观”等词高频出现，这说明游客对乡村自然生态要素感知较强。“油菜花”与“汉中”的关联共现排在首位，说明油菜花田这一农业景观要素已经成为汉中乡村旅游的名片，同时也受到了广大游客的喜爱。

（5）游客消极情感分析

将采集到的消极情感文本数据导入到“.txt”文本文档中，点击 ROST CM6 软件中的“功能性分析”一栏，选择其中的“词频分析”功能。统计出排名前 200 的词频，需要对广告等无效的文本数据进行删除，筛选出前 80 个高频词汇，用以初步提炼游客对汉中乡村旅游消极情感所反映的内容。对这 80 个高频特征词词汇进行归纳和整理,发现所反映的不满意的地方包括四大类:区位交通、服务管理、环境氛围、时间问题。

图 5 - 8　农业景观照片示例——洋县油菜花

①区位交通:相关高频词包括“交通”“山路”“开车”“爬山”“崎岖”“不便”等词,相关评论有“这里就是交通太不方便了,在大山深处,开车 5 ~ 6 h 才能到,而且路很窄,山路蜿蜒崎岖,实在是不好开呀……”“总结这次的行程安排,对路程估算太过于乐观,山路崎岖,而且没有考虑到大节假日的人流问题”“县城四周全是高山,进出翻梁越岭诸多不便山路难走,从出发地到景区 170 km 开了 3 h,很是疲惫”反映了游客对汉中乡村旅游景点所处的区位及交通的不满。

②服务管理:包括“门票”“小吃”“票价”“设施”“服务”“性价比”等词,相关的评论有“仿造古镇,毫无文物价值,门票还很贵,很差体验一般,附近在扩路,体验更差,吃的还是比较少,缺少特色小吃,我们还是去县城吃的饭。就是没抓住游客的心!”“非常难走,从汉中市区到那需要三个小时,很旧,只是有不少小店,售票处特别难找,找了半天才找到,基础设施都不完善规划挺乱的”“服务也不理想,性价比太低”等评论,涵盖了游客对部分汉中乡村旅游景点内部餐饮服务、门票管理、基础设施规划不当问题的反映。

③环境氛围:“气息”“文化”“人造”“商业化”等词,相关的评论有“融合了南和北的特色,但商业气息太浓,文化价值都快缺失了”“其实没什么太大的意思,因为都是后来新建的,里面所谓的民俗文化,大部分都是后人模仿的,也不知道

是不是真的”“纯粹的商业化古镇,以三国典故文化打造的,主要是靠近武侯祠来吸引游客,没什么特别的意思”等评论,反映了游客对于汉中乡村旅游景观的感知较为消极。

④时间问题:相关词汇有“冬天”“可惜”“浪费”“小时”“时间”等,包括“一进去全是人造景观,貌似成语大全,挺搞笑,赶时间的建议先去水库栈道,那里比较费时间,时间宽裕了在回来的路上再细看”“华阳古镇老城有点味道,新城没啥特色。四个景区离得远,最好是自己开车去,做坐观光车太浪费时间”“说实话,冬天来的景色不怎样,太冷了,树叶都落了,水库可以看看,建议春夏秋季来看,景色一定很美,一家人散散步还是不错的”“有些可惜。我们放弃了这段路,不是害怕,只为了安全,冬天出行,防滑链真的很重要,抓狂!”这些评论表明景区存在标识系统缺乏或者规划不当等问题,造成游客时间浪费,以及淡季如冬季在景色的可观赏性低和出行安全性方面的问题。

对游客消极情感的笔记文本进行语义分析,可以发现导致游客消极情绪的要素之间的关系。本书通过分析消极笔记文本,使用 ROST CM6 软件中的社会语义网络分析功能构建的语义网络图,并通过 Newdraw 工具绘制并生成游客消极情感社会语义网络,对语义网络图进行编辑。将核心词汇按照其关联度级别进行划分,“古镇、山路、交通、景色、小时、熊猫、朱鹮、金丝猴”这 8 个词语是构成游客消极情感的一级核心词汇,这些词汇可以说明游客消极情感的主要来源及其关联关系。其中“山路”与“开车、公里、小时、不便、崎岖、蜿蜒、疲惫”等词相连,可以看出交通不便,山路难走可能是造成乡村游客产生烦躁、恼怒、不开心情绪的重要因素,同时“景色”这个词作为一级核心词也与和“山路”相关联的这些词汇连接,通过判读游客笔记原文,发现虽然交通不便十分影响游客体验,但是山路途中的自然风光在疲劳的旅途中缓解了游客的焦躁。“古镇”则与“商业化、新建、景点、人造、地方、没意思”等词相连,表明古镇等特色村镇类乡村旅游点商业气息过重,失去地方特色和文化,让游客感到失望和乏味,也是华阳古镇、诸葛古镇、秦巴民俗村等景点游客产生消极情绪聚集的原因,而与“古镇”相关的“华阳古镇”是二级核心词,说明华阳古镇反映出的以上问题最为突出。同时详细分析了这些消极文本,有游客表示“商业化严重,不如沿途的乡村风景”,不仅反映了商业痕迹较重,同时也有游客的文本中反映管理不规范且缺乏相应的功能性基础设施等。此外,比较突出的消极情绪特征词是“遗憾”和“可惜”。“遗憾”主要与“熊猫”“朱鹮”“金丝猴”这几个一级核心词相关联,熊猫、朱鹮、金丝猴以及羚牛作为秦岭四宝,成为吸引游客的主要因素,但是语义分析表明游客虽然对于珍稀动物的期待与喜爱程度较高,但是在旅途中未能得到满足导致游客产生消极情绪。整体上,“可惜”与时间相连,除了有对于离开汉中不舍之情以外,还有评价如“空气好,感觉一般般,金丝猴还可以,龙吟峡风景还不错,可惜时间来不及,还没能好好看看风景,就要关门了”,也体现出景区的规划存在问题导致游客不能在原定时间完成游览。

5.1.4 结论与展望

5.1.4.1 结论

本书通过挖掘马蜂窝 App 的 UGC 数据,分析汉中乡村旅游点游客行为时空特征,借助 ArcGIS 实现了游客时空特征的可视化,以及不同乡村旅游景点类型游客聚集程度的量化统计。在此基础上结合邻域分析相关工具,对季节气候、交通道路和与市区的空间距离 3 个影响因素进行了分析,研究结论如下。

①游客到访汉中乡村的时间在全年月度分布的差异性较大,4 月、8 月和 10 月游客数量较多,整体表现为“春秋旺,夏冬淡”,反映出游客到访易受气温舒适度和休假制度的影响。同时,游客的拍摄率也反映出汉中乡村春秋两季的景色更具吸引力。

②游客兴趣点的空间分布与汉中乡村旅游景点规划布局基本一致,围绕景点存在呈幂函数式递减的空间聚集规律,且形成了以汉台区和勉县主要乡村旅游景点为游客兴趣点核心热点区的空间聚集模式,对其他县区乡村旅游有一定的屏蔽效应。

③汉中乡村气候和自然环境的季节性变化一定程度上会影响游客行为,春秋两季汉中农业产业类的乡村旅游地对游客吸引力较高,如农业休闲观光类的洋县油菜花海和农事体验类的城固县桔园镇采摘园;游客对道路有较强的依赖性,要增加镇巴、略阳等区域的游客数量,就必须增强其交通可达性;景点距市区的远近并不是关键影响因素,更重要的是旅游地的吸引力。

5.1.4.2 展望

汉中市乡村旅游的未来发展方向:破解季节性困境,虽无法改变气候等自然因素造成的乡村旅游季节性,但可以通过乡村旅游资源的合理规划建设,克服其旅游产品的单一性,进行深层次且多元的开发,并通过强化淡季旅游产品的宣传,营造乡村旅游的无季节性意识;景点的空间规划优化以汉台区为主,包括南郑、城固与勉县部分区域,整合乡村旅游景点,实现乡村旅游一体化发展,以宁强县至洋县、西乡县为东西轴线,依托西汉高速、十天高速、国道、省道等汉中主要交通线路,加强冷点区域镇巴县、略阳县等县与汉台区的联系,形成以各县区特色文化为核心吸引力的乡村旅游带;冷点区域的发展应更深层次地挖掘当地的文化内涵,使其发展为具有历史记忆、地域特色、民俗风情的乡村旅游地,如镇巴县打造苗族文化,西乡县则可依托其特色农业种植园资源。

以汉中市为例,以期为其他区域乡村旅游建设发展提供参考与借鉴。通过掌握游客乡村旅游过程中兴趣点的空间分布和季节性变化规律,优化乡村旅游区域功能与合理的空间布局,扩大游客兴趣范围,让游客的乡旅过程获得更加便捷和满意的体验。对于乡村旅游的核心热点区域,需在不断创新的同时加强对基础设施的保护,以提升核心吸引力和区域竞争力。处于冷点的区域,首先应完善基础设施,强化与核心热点区域的联动带动,提升交通可达性;其次在对其乡村原生态性资源采取保护性措施的同时,提升游客对当地乡村历史文化资源的关注度,可以通过农事的参与,或举办各种节事活动,为游客展现当地特色文化,增强游客在乡村的文化体验感。通过社交网络、旅游社区等平台游客 UGC 数据的分享,达到宣传效果,从而带动更广区域的乡村旅游发展。

5.2 农业景观视觉及嗅觉要素对人体身心健康影响的研究

5.2.1 油菜花观赏对大学生身心健康影响的实证研究

观赏是休闲农业景观的重要环节,科学的视觉景观构建可以为游客带来更好的观景享受与积极的心理状态。2001 年 Daniel 提出了"景观视觉美学"的评价方法,主张以单纯的视觉感知对景观的外在呈现功能做出价值判断,通常借助相片、影片、幻灯片等,请被试者对景观形式进行打分并观察其感知表现,随后进行统计分析,探索出景观元素对整体景观构成的影响。目前,景观视觉价值的研究广泛应用在景区建设、景观设计、城乡规划,可以挖掘视觉感受与自然景观特征、文化属性等方面的联系,有助于景观的构建与合理利用土地资源。

5.2.1.1 样本

志愿者为随机邀请的大学生,他们被告知实验目的、要收集的数据和全部实验流程,并且在实验过程中可以随时退出。所有参与者被告知在参与实验前48 h 内没有饮用过可乐、咖啡等功能性饮料或者服用过兴奋大脑的药物。实验共有 3 组参与者,每组 15 人,分别参与汉中油菜花观赏、校园开阔草地观赏和闭眼休息(空白组)。实验于 2020 年 4 月进行,共有 45 人参与,他们的平均年龄是 21.17 岁($\pm$0.83 岁),所有参与者在参与后会获得一个小礼物。为保证室外环境条件的一致性,实验日均为天气晴朗、能见度高,空气温度在 22 ℃左右,无风。

5.2.1.2 测试指标

本研究希望探索油菜花的视觉刺激与观赏者工作注意力疲劳的恢复效果是否有联系。因此设置了桌面操作任务来模拟被试者的工作状态,同时测量被试者的工作注意力水平,并在整个实验过程中记录被试者的脑电波,作为评估其紧张、放松状态的生理指标。

(1)桌面操作任务

研究使用的是彩色数字搜索任务。彩色数字图片(靶刺激)由1~9(3 cm×4 cm)中3个数字组成,这3个数字分别为红、黄、蓝3种颜色。其中数字和颜色都是随机的。被试被要求用3 s记住这3个数字及其对应的颜色,然后有5 s时间在后续出现的1~9的9个数字中挑出靶刺激,按“A”键反应,无关刺激按“L”键反应。被试者共要完成24道题(每组8道题,重复3次,每次任务中的8道题出现顺序是随机的),要求被试又快又好完成该测试。利用电脑上预先安装好的E-prime 2.0软件记录正确率和反应时。实验程序中的靶刺激是随机出现,以减少练习效应。此任务的目的是通过被试者的正确率和反应时来量化被试的工作注意力和工作记忆力水平。

(2)脑电波

脑电波可以精确地显示人体大脑的活动状态,它可以被用于反应被调查个体的压力和焦虑状态(Angelucci et al., 2014),因此,脑电波也是一种可以有效反映自然元素对人类影响的工具(Hassan, 2019; Lee et al., 2015a; Nakamura and Fujii, 1990b)。脑电图频率通常分为5组:delta波(4 Hz)、α波(8~13 Hz)、θ波(4 ~ 8 Hz)、β波(13 Hz以上)和γ波(31~42 Hz)(Hassan et al., 2017)。通常来说,α波与生理唤醒有关(Ulrich, 1981),它是人体脑电波的基本节律,有研究表明,人们在清醒、平静和放松的时候该波值最高,而当人们遇到较高的工作压力和较大的任务量时,α波值会降低,β波值则会升高(Angelucci et al., 2014)。

在我们的研究中,使用美国NeuroSky公司生产的NeuroSky便携式脑波仪,基准电极在被试者左前额处,参考电极采用右耳垂接法。实验操作采用该公司ThinkGear TM技术对原始脑电波信号进行放大,并过滤环境噪声以及肌肉组织运动产生的干扰,应用eSense TM算法对脑波进行数值化处理,最终生成被试者在整个实验过程中每秒的α波和β波。

5.2.1.3 测试流程

参与者闭眼由引导员协助带上脑波仪,他们被告知想象自己刚刚从事完一项艰巨的任务并身心疲惫(2 min),完成彩色数字搜索任务(3 min)后被第一次标记脑波数值。这时被要求目光注视远处景象，自己调试放松(5 min)，第二次被要求完成彩色数字搜索任务(3 min)。在引导员的帮助下取下脑波仪，离开实验场地(图 5－10)。

图 5－10　实验场景

5.2.1.4　数据分析

使用 Microsoft Excel 2016 对所得数据进行统计处理，用 SPSS 20.0 软件对所得数据进行统计分析。本研究的数据分析分为 3 个部分：

首先，对所有被试者的脑波数据基线水平进行了单因素方差分析，以比较各小组之间心理和生理指标基线的差异。

其次，采用独立样本 t 检验的方法，分析各组被试在观景刺激放松后的脑波水平和观景刺激放松前的脑波水平差异及桌面任务操作时的正确率和反应时差异。采用配对 t 检验的方法，分别分析了各组被试者观察自然环境后的和空白组自我恢复的生理指标恢复变化的情况，用 Cohen′s d 来反映 t 检验的效应量(effect size)。由于工作能力指标和生理指标的单位不同，我们采用了恢复效果为统一的判断单位，即：恢复效果(%)＝(第一阶段值－第二阶段值)/第一阶段值×100%。

最后，采用 LSD 事后多重比较的方法比较油菜花、校园开阔自然景观和空白组给被试带来的恢复效果差异；用皮尔逊相关性分析研究恢复结果和学生社会学因素的关联。

5.2.1.5　研究结果

(1)大学生工作注意力和生理指标的基线检测

在实验开始前，每名被试均完成 3 次桌面操作任务，以模拟其工作状态并唤醒其疲劳感，并在此过程中我们收集了每名被试桌面操作任务中完成题目的正确率、完成每道题的反应时长以及脑电波的 α 和 β 波值，取其均值后作为该被试者的工作注意力基线水平和脑波基线水平。研究结果表明，3 组被试者不同指标的基线值：桌面操作任务正确率（$F=2.572$，$p=0.088$），反应时（$F=0.435$，$p=0.650$），脑电波 α 波值（$F=1.905$，$p=0.161$），脑电波 β 波值（$F=1.632$，$p=0.144$）均无显著差异，这表明 3 组被试在受到本测试中的工作压力刺激后，工作能力和脑电波指标无显著差异，因此本研究可以将后期经由不同的观景刺激后产生的工作能力和脑电波指标差异归于不同植物的差异产生的影响，见表 5－10 。

表 5－10　基线检测

基线	组别（1＝空白；2＝油菜花；3＝校园）			F	P
	1	2	3		
反应正确数	12.60 ±3.36	16.20 ±5.33	14.27 ±4.13	2.572	0.088
正确率	0.53 ±0.14	0.67 ±0.22	0.59 ±0.17	2.572	0.088
反应时	2 768.59 ±322.32	2 813.54 ±651.50	2 935.73 ±495.58	0.435	0.650
α 波	21 702.74 ± 3 948.19	23 559.52 ± 3 442.59	23 794.00 ± 1 889.82	1.905	0.161
β 波	17 011.92 ± 4 234.83	18 299.23 ± 4 131.96	18 688.77 ± 3 217.24	1.632	0.144

注：表中数据为平均值 ± 标准误差。

（2）油菜花观赏、校园绿地观赏对大学生工作注意力和生理指标的恢复影响

为了探索不同特征的植物对大学生工作注意力和生理指标的影响差异，我们将 3 个被试组分别做了前后配对 t 检验。结果表明，总体趋势上来看，5 min 的自我放松对工作疲劳感的缓解和工作效率的提升均有改善、脑电 α 波和 β 波的活力也均有所提升（表 5－11），从效应量进一步分析可以看出，在众多指标中，大脑的 α 波的前后变化差异更显著（Cohen′s $d=0.738$），其次是工作任务的正确率有着更显著的提高（Cohen′s $d=0.671$），而反应时的提升效果并不显著（表 5－12）。

表 5－11　配对 t 检验分析结果

基线	配对（平均值 ± 标准差）		差值（前测－后测）	t	P
	前测	后测			
反应正确数	14.36 ±4.50	17.02 ±4.49	−2.67	−4.504	0.000 **
正确率	0.60 ±0.19	0.71 ±0.19	−0.11	−4.504	0.000 **
反应时	2 839.29 ±501.35	2 762.29 ±484.59	76.99	1.099	0.278
α 波	23 018.75 ±3 280.57	26 890.98 ±6 616.41	−3 872.23	−4.950	0.000 **
β 波	16 333.31 ±4 276.76	18 579.25 ±6 514.10	−2 245.95	−2.290	0.027 *

注：表中数据为平均值 ± 标准误差；* 表示处理间差异显著（$P<0.05$）；** 表示处理间差异极显著（$P<0.01$）。

表 5－12 效应量指标

基线	平均值差值	差值 95% CI	*df*	差值标准差	Cohen's *d* 值
反应正确数	－2.67	－3.860 ～ －1.473	44	3.971	0.671
正确率	－0.11	－0.161 ～ －0.061	44	0.165	0.671
反应时	76.99	－64.213 ～ 218.200	44	470.010	0.164
α 波	－3 872.23	－5 448.742 ～ －2 295.718	44	5 247.462	0.738
β 波	－2 245.95	－4 222.137 ～ －269.754	44	6 577.805	0.341

（3）不同组别的各指标恢复效果差异

用单因素方差分析进一步比较各组别的观景（闭眼）放松前后恢复差异，由表 5－13 可以看出，正确率的提升方面，闭眼休息的空白对照组效果提升最好（均值提升 0.18 ±0.21），油菜花组提升效果最低（均值为 0.03 ±0.09）；反应时的指标中，空白组的提升效果也是更显著的（均值为 121.02 ±366.24），而油菜花组和校园观赏组不但没有提升，反应时反而下降，尤其是油菜花组的反应时明显增长（－342.04 ±485.94）；在脑电波的两项指标变化中，可以看到空白组的脑电 α 波、β 波均有所下降，但是油菜花观赏和校园景观观赏组的被试者脑电波均有所提升，尤其是在 α 波的反应更为显著，同时可以看到，油菜花组的被试者经过景观观赏后，脑电 α 波、β 波均有显著的提升（表 5－13，图 5－11）。

表 5－13 不同组别的各指标恢复方差分析结果

恢复指标	组别（1＝空白组；2＝油菜花组；3＝校园组）			*F*	*P*
	1	2	3		
正确率变化	0.18 ±0.21	0.03 ±0.09	0.13 ±0.15	3.685	0.034 *
反应时变化	121.02 ±366.24	－342.04 ±485.94	－9.96 ±449.37	4.481	0.017 *
α 波变化	－517.41 ± 3 662.54	6 054.06 ± 1 538.61	6 080.04 ± 6 308.05	11.702	0.000 **
β 波变化	－1 995.37 ± 3 423.24	5 691.55 ± 8 307.09	3 041.66 ± 4 752.38	6.641	0.003 **

注：表中数据为平均值 ± 标准误差；* 表示处理间差异显著（$P<0.05$）；** 表示处理间差异极显著（$P<0.01$）。

进一步采用 LSD 事后多重比较的方法研究各组数据的差异，由表 5－14 可以看出，在正确率方面，空白组的正确率提升显著高于油菜花组（$P=0.012$）；在反应时方面，空白组的反应时显著短于油菜花组（$P=0.006$）；在脑电 α 波方面，油菜花组和校园组均显著高于空白组，但是油菜花组和校园组无显著差异（$P=$

0.987）；在脑电 β 波方面，油菜花组和校园组均显著高于空白组，但是油菜花组和校园组无显著差异（$P=0.223$）。

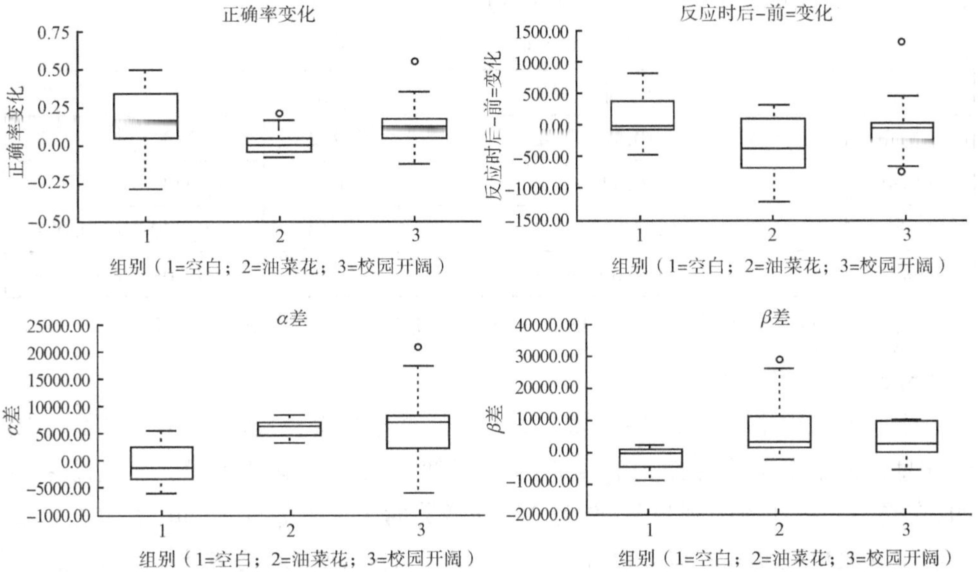

图 5-11　空白组、油菜花组和校园景观组分别在正确率、反应时、α 波、β 波的前后变化箱线图

表 5-14　LSD 事后多重比较结果

基线	组别①	组别②	平均值①	平均值②	差值（①-②）	P
正确率	1	2	0.175	0.025	0.150	0.012 *
	1	3	0.175	0.133	0.042	0.469
	2	3	0.025	0.133	-0.108	0.064
反应时	1	2	121.022	-342.038	463.060	0.006 **
	1	3	121.022	-9.964	130.986	0.416
	2	3	-342.038	-9.964	-332.074	0.043 *
α 波	1	2	-517.410	6 054.057	-6 571.467	0.000 **
	1	3	-517.410	6 080.043	-6 597.453	0.000 **
	2	3	6 054.057	6 080.043	-25.986	0.987
β 波	1	2	-1 995.368	5 691.545	-7 686.913	0.001 **
	1	3	-1 995.368	3 041.658	-5 037.026	0.024 *
	2	3	5 691.545	3 041.658	2 649.888	0.223

注：1＝空白组；2＝油菜花组；3＝校园组。* 表示处理间差异显著（$P<0.05$）；** 表示处理间差异极显著（$P<0.01$）。

用 Pearson 相关性分析进一步探索恢复前后差值和学生的年龄、专业、性别之间的关联，研究结果发现，在各项数据中，只有脑电 α 波、β 波学生与组别有显著相关性，其他均无显著相关（表 5－15）。

表 5－15 Pearson 相关性分析

基线	组别	年龄	专业	性别
正确率	-0.104	0.252	0.313	0.027
反应时	-0.115	0.050	0.049	0.113
α 波	0.519 **	-0.181	-0.240	0.001
β 波	0.316 *	-0.206	-0.001	-0.057

注：* 表示处理间差异显著（$P<0.05$）；** 表示处理间差异极显著（$P<0.01$）。

5.2.1.6　讨论与结论

本研究采用了 3 个组别的实验，探索了油菜花观赏、校园开阔景观观赏与闭眼休息在大学生工作注意力和生理放松程度方面的影响及差异。研究结果表明，在受到外在任务的刺激下，产生了工作疲劳的大学生休息 5 min 后，其工作能力和生理放松程度都有显著提升。这个结论再次印证了人类本身的自我恢复能力，也就是在平静状态下的自我放松有利于其生理和工作能力的自我恢复。但是，和空白组相比，相同时间条件下，如果被试者在放松的过程中注视着植物，其生理放松的效果能达到更高的恢复水平。这个结论和目前已有的大量关于视线接触自然植物有利于人类保持身心健康的平衡的观点是一致的（Berman et al.，2008；Hartig et al.，2003；Kaplan and Kaplan，1989；Ulrich，1981）。不同的是，以往的研究大多是通过自评或标准的问卷进行结果分析，而本研究采取的桌面操作任务和脑电波数值的收集，是用客观量化的数值结合视线接触植物，更加科学合理。

在工作能力指标的恢复效果上来看，我们从研究的整体分析结果可以看到，植物的特征确实会对人们疲劳状态下相同时间内恢复的效果产生差异。这个差异在人们工作正确率的提升上有显著的体现。工作任务正确率的提升一方面可能是因为人们的工作疲劳感得到了缓解，从而使他们能更集中工作注意力去完成任务（陈聪等，2011），另一方面也可能存在一定的练习效应，尽管我们采取了 3 次随机任务来尽量避免练习效应，但是练习效应在前后对比的任务中，某种程度上是不可避免的（Kumar et al.，2009；Soto et al.，2012）。同时我们可以看到，不管在何种条件下，工作任务完成的反应时长虽然都会有所提升，但是这个结果在组内和组间比较均很少有显著差异。这个结果一方面证明了 5 min 的休息可以帮助被试者恢复工作注意力，让他们可以更集中注意力去完成任务，另一方面也体现了工作能力的反应时长不是通过视觉放松就能达到显著提升的，而是需要更加长期或专业的训练可能才有所改善。

另外，我们发现，在工作的正确率和反应时的提升方面，闭眼休息的效果是明显优于自然景观观赏的 2 个组别，这个结果和 Kaplan（1993）早期研究认为自然的魅力在潜意识方面会吸引观赏者的注意力的观点是一致的，因此，我们注重自然景观的恢复效果时，更多应该聚焦于自然景观对人的放松效应。

本研究也存在一定的局限性。因为本研究的设计流程为工作压力唤醒疲劳感—植物放松—再次执行工作压力任务，全程 10 ~ 11 min 完成，其中观景放松阶段为 5 min，仅为短时间内的身心健康恢复状态的衡量。有研究证明，虽然某些因目光与自然元素的接触产生的放松感能够在短时间内让人们达到身心平衡的目的，但是随着放松时间的延长，因观景刺激产生的放松感和空白组相比并无显著差异（王子梦秋等，2018）。另一方面，本研究的被试者均为大学生，对于实验场所中长期居住在自然景观较好地区居民的恢复效果缺少探讨。因此，本研究在未来可能需要设计更长的时间跨度、更多身份的被试者来进一步探讨研究结果的有效性。

5.2.2　基于视觉和嗅觉刺激的自然元素对大学生身心健康影响的实证研究

植物景观通过对人体的感官刺激，进而使得人类获得身心健康（Ziegler，2015）。人体的感觉器官通常被认为包括视觉、听觉、嗅觉、触觉和味觉。虽然已经有众多研究证明了植物景观的视觉刺激可以给人带来复愈效果，但是人类在自然环境中往往不会只调动视觉这单一维度感官，而是多维度的。随着芳香疗法的兴起，大量关于芳香植物气味对人体作用的研究不断涌现。例如，Sayorwan 等人研究探讨迷迭香油吸入对受试者感觉的影响，以及对神经系统各种生理参数的影响，结果表明人在吸入迷迭香油后血压、心率和呼吸频率显著增加（Sayorwan，2013）。Haehner 等人研究了大量的健康受试者在暴露于各种令人愉快的气味时的注意力、焦虑和情绪，并与无气味环境中的相同情况进行了比较，结果表明，葡萄柚气味可能比玫瑰气味香水更适合用于房间以减少人们的焦虑，并改善注意力和情绪（Haehner et al.，2017）。韩国的研究团队曾证明了松树林的气味可以增强人类的情绪和感知能力，并认为松树林散发的天然松香类气味可以鼓舞人们的情绪状态（Jo，2010）。除此之外还有采用荷兰冷杉的叶子作为植物香味来源进行研究，结果表明冷杉的香气对自主神经系统如血压、心率、心率变异性和血管功能有积极作用，并能缓解压力，放松血管（Baik，2018）。在休闲农业园中，除了有视觉刺激的农业景观，带有香气的植物也很值得人们注意。在这个研究中，我们重点探索了视觉和嗅觉两个维度的自然接触对于人们的放松效果。

5.2.2.1 被试者

共有60名被试者参与实验（平均年龄21.25岁），其中男性24名，女性36名。要求所有的被试者参与实验前，不能喝酒、服用兴奋类或精神类药物、不能使用香水或其他有明显香气的护肤品。所有的被试者提前被告知了实验过程并自愿全程参与。60名被试被随机分成了4个组，每组15人。4个组分别是1组空白对照组、2组闻香并同时观看桂花景象；3组闭眼闻香组；4组只观看桂花景象。

5.2.2.2 刺激材料

视觉刺激材料为拍摄于平利县龙头村休闲农业园的茶园桂花种植场景（图5－13）。

嗅觉刺激材料为金桂（学名：*Osmanthus fragrans* var. *thunbergii Makino*）。该植物与视觉刺激材料中的桂花为同种植物。为保证气味的浓度，在实验中的金桂枝条采摘于西北农林科技大学校园，在实验前半小时采集，采摘后及时放入密封容器内以防止气味散发。

图5－12 视觉刺激材料

5.2.2.3 测试指标

（1）桌面操作任务

我们的研究使用的是彩色数字搜索任务。彩色数字图片（靶刺激）由1～9（3 cm×4 cm）中3个数字组成，这3个数字分别为红、黄、蓝3种颜色。其中数字和颜色都是随机的。被试被要求用3 s记住这3个数字及其对应的颜色，然后有五秒钟时间在后续出现的1～9的9个数字中挑出靶刺激，按“A”键反应，无关刺激按“L”键反应。被试者共要完成24道题（每组8道题，重复3次，每次任务中的 8 道题出现顺序是随机的）。要求被试者又快又好完成该测试。利用电脑上预先安装好的 E - prime 2.0 软件记录正确率和反应时间。实验程序中的靶刺激是随机出现，以减少练习效应。此任务的目的是通过正确率和反应时间来量化被试的工作注意力和工作记忆力水平。

（2）脑电波

脑电波可以精确地显示人体大脑的活动状态，它可以被用于反应被调查个体的压力和焦虑状态（Angelucci et al. , 2014），因此，脑电波也是一种可以有效反映自然元素对人类影响的工具（Hassan, 2019; Lee et al. , 2015a; Nakamura and Fujii, 1990b）。脑电图频率通常分为 5 组：delta 波（4 Hz）、α 波（8 ~ 13 Hz）、θ 波（4 ~ 8 Hz）、β 波（13 Hz 以上）和 γ 波（31 ~ 42 Hz）（Hassan et al. , 2017），通常，α 波与生理唤醒有关（Ulrich, 1981），它是人体脑电波的基本节律，有研究表明，人们在清醒、平静和放松的时候该波值最高，而当人们遇到较高的工作压力和较大的任务量时，α 波值会降低，β 波值则会升高（Angelucci et al. , 2014）。

在我们的研究中，使用美国 NeuroSky 公司生产的 NeuroSky 便携式脑波仪，基准电极在被试者左前额处，参考电极采用右耳垂接法。实验操作采用该公司 ThinkGear TM 技术对原始脑电波信号进行放大，并过滤环境噪声以及肌肉组织运动产生的干扰，应用 eSense TM 算法对脑波进行数值化处理，最终生成被试者在整个实验过程中每秒的 α 波和 β 波。

5.2.2.4　实验流程

实验场地使用高密度泡沫板布置多个隔间，每一个隔间配有一张白布，用来遮挡布置完成的模拟桂花情景。

图 5 - 13　实验场景

实验在西北农林科技大学风景园林艺术学院行政楼 503 实验室进行。在实验开始前，向被试者介绍实验过程，然后要求所有参与者在实验开始前 15 min 到达实验室以平静自身状态。在实验员的帮助下佩戴脑波仪后，开始实验。第一步是完成彩色数字搜索任务，结束任务的同时记录第一次脑波数值；第二步是恢复阶段的 5 min，1 组的被试者闭眼休息，2 组的被试者一边观看电脑屏幕上呈现的桂花茶园场景，一边嗅金桂的香气，3 组的被试者闭着眼睛闻金桂香气，4 组的被试者注视电脑屏幕呈现的桂花茶园场景，5 min 后被试者会被第二次记录脑波，同时再次完成彩色数字搜索任务；在这些任务完成后，被试者取下脑波仪，走出实验室（图 5－13）。

5.2.2.5　数据分析

本研究使用 Microsoft Excel 2016 对所得数据进行统计处理，用 SPSS 20.0 软件对所得数据进行统计分析。本研究的数据分析分为三个部分：首先，对所有被试者的脑波数据基线水平进行了单因素方差分析，以比较各小组之间心理和生理指标基线的差异。其次，采用独立样本 t 检验的方法，分析各组被试在放松后的脑波水平和放松前的脑波水平差异及桌面任务操作时的正确率和反应时差异。采用配对 t 检验的方法，分别分析了各组被试者自我恢复的生理指标恢复变化的情况，用 Cohen's d 来反映 t 检验的效应量。由于工作能力指标和生理指标的单位不同，我们采用了恢复效果为统一的判断单位，即：恢复效果（%）=（第一阶段值－第二阶段值）/第一阶段值 ×100%。第三，采用 LSD 事后多重比较的方法比较四个组别被试恢复效果差异；用皮尔逊相关性分析研究恢复结果和学生社会学因素的关联。

5.2.2.6　研究结果

（1）大学生工作注意力和生理指标的基线检测

在实验开始前，每名被试均完成了桌面操作任务，以模拟其工作状态并唤醒其疲劳感，在此过程中我们收集了每名被试桌面操作任务中完成题目的正确率、完成每道题的反应时长以及脑电波的 α 和 β 波值，取其均值后作为该被试者的工作注意力基线水平和脑波基线水平。研究结果表明，4 组被试者不同指标的基线值：桌面操作任务正确率（$F=0.986$，$P=0.406$），反应时（$F=1.849$，$P=0.149$），脑电波 α 波值（$F=0.212$，$P=0.887$），脑电波 β 波值（$F=1.143$，$P=0.340$）均无显著差异，这表明 4 组被试在受到本测试中的工作压力刺激后，工作能力和脑电波指标无显著差异，因此本研究可以将后期经由不同的观景刺激后产生的工作能力和脑电波指标差异归于不同刺激物差异产生的影响，如表 5－16 所示。

表 5－16　基线检测

基线	隔间 1 = 空白；2 = 嗅 + 视；3 = 嗅；4 = 视				F	P
	1	2	3	4		
正确率	0.58 ±0.14	0.64 ±0.15	0.60 ±0.16	0.66 ±0.14	0.986	0.406
反应时	2 768.59 ± 322.32	2 867.29 ± 558.10	3 144.38 ± 424.78	2 928.49 ± 474.53	1.849	0.149

续表

基线	隔间 1 = 空白;2 = 嗅 + 视;3 = 嗅;4 = 视				F	P
	1	2	3	4		
α 波	21 702.74 ± 3 948.19	21 408.65 ± 3 921.49	21 872.24 ± 4 477.08	20 830.43 ± 2 851.80	0.212	0.887
β 波	17 011.92 ± 4 234.83	16 471.50 ± 3 859.51	15 440.56 ± 2 604.56	15 060.89 ± 1 758.18	1.143	0.340

注:表中数据为平均值 ± 标准误差。

(2)不同组别刺激物对大学生工作注意力和生理指标的恢复影响

为了探索不同刺激物对大学生工作注意力和生理指标的影响差异,我们将 4 个被试组分别做了前后配对 t 检验。结果表明,总体趋势上来看,5 min 的自我放松对工作疲劳感的缓解和工作效率的提升均有改善、脑电 α 波和 β 波的活力也均有所提升(表 5 – 17),从效应量进一步分析可以看出,在众多指标中,大脑的 α 波的前后变化差异更显著(Cohen's d =0.724),其次是工作任务的正确率有着更显著的提高(Cohen's d =0.616)(表 5 – 18)。

表 5 – 17　配对 t 检验分析结果前测

基线	配对		差值后测	t	P
	前测	后测			
正确率	0.62 ±0.15	0.71 ±0.19	−0.09	−4.768	0.000 **
反应时	2 927.19 ±462.72	2 814.98 ±441.99	112.21	2.051	0.045 *
α 波	21 453.52 ±3 767.44	25 397.39 ±5 336.85	−3 943.88	−5.611	0.000 **
β 波	15 996.22 ±3 279.31	18 005.44 ±4 780.54	−2 009.23	−2.997	0.004 **

注:表中数据为平均值 ± 标准误差; * 表示处理间差异显著(P <0.05); ** 表示处理间差异极显著(P <0.01)。

表 5 – 18　效应量分析

基线	平均值差值	差值 95% CI	df	差值标准差	Cohen's d 值
正确率	−0.09	−0.130 ~ −0.053	59	0.149	0.616
反应时	112.21	2.760 ~221.657	59	423.682	0.265
α 波	−3 943.88	−5 350.436 ~ −2 537.314	59	5 444.878	0.724
β 波	−2 009.23	−3 350.929 ~ −667.522	59	5 193.811	0.387

(3)不同组别的各指标恢复效果差异

用单因素方差分析进一步比较各组别的放松前后恢复差异,由表 5 – 19 可以看出，在正确率的提升方面，闭眼休息的空白对照组效果提升最好（均值提升0.14 ±0.18），3 组提升效果最低（均值为 0.04 ±0.19）；反应时的指标中，空白组的提升效果也是更显著（均值为 121.02 ±366.24），而 3 组和 4 组不但没有提升，反应时反而下降，尤其是 3 组的反应时明显增长（ −469.43 ±430.38）；在脑电波的两项指标变化中，可以看到空白组的脑电 α 波、β 波均有所下降，但是其他 3 个组别的被试者脑电波均有所提升，同时可以看到，3 组的被试者通过闭眼闻香的放松后，脑电 α 波、β 波均有显著提升（表 5 −19，图 5 −14）。

表 5 −19　方差分析结果

基线	隔间 1 = 空白；2 = 嗅 + 视；3 = 嗅；4 = 视（平均值 ± 标准差）				F	P
	1	2	3	4		
正确率	0.14 ±0.18	0.08 ±0.08	0.04 ±0.19	0.11 ±0.11	1.300	0.283
反应时	121.02 ± 366.24	40.47 ± 394.03	−469.43 ± 430.38	−140.90 ± 247.00	7.697	0.000 **
α 波	−517.41 ± 3 662.54	4 786.01 ± 4 456.03	7 035.50 ± 5 986.75	4 471.40 ± 4 817.11	6.597	0.001 **
β 波	−1 995.37 ± 3 423.24	2 590.47 ± 4 791.36	6 156.03 ± 6 277.40	1 285.76 ± 1 752.84	8.838	0.000 **

注：表中数据为平均值 ± 标准误差；* 表示处理间差异显著（$P < 0.05$）；** 表示处理间异极显著（$P < 0.01$）。

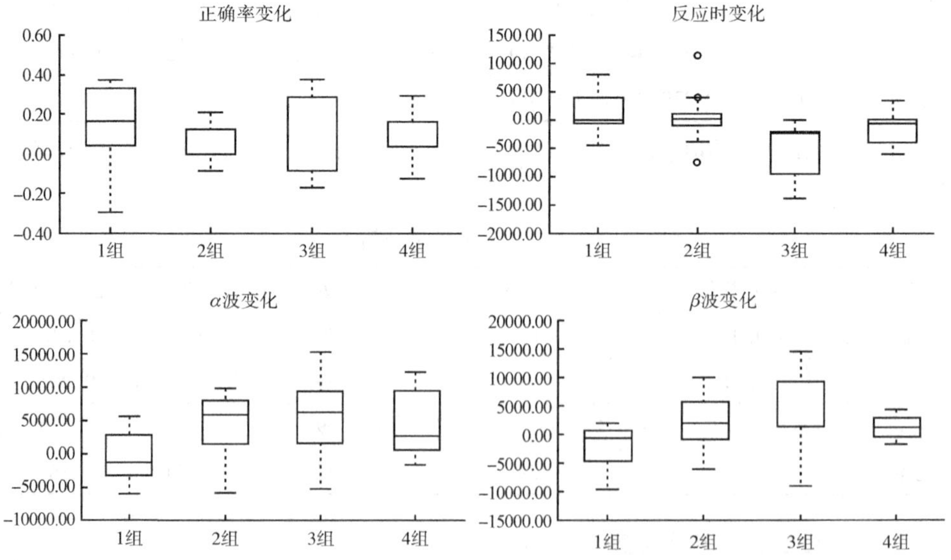

图 5 −14　4 个组别分别在正确率、反应时、α 波、β 波的前后变化箱线图

进一步采用 LSD 事后多重比较的方法研究各组数据的差异，由表 5－20 可以看出，在正确率方面，各组无显著差异；在反应时方面，可以看到 3 组（闻香）后反应时明显短于其他组；在脑电 α 波方面，1 组明显低于其他 3 组；在脑电 β 波方面，除了 2 组和 4 组之间无显著差异，其他各组均存在显著差异。

表 5－20　LSD 事后多重比较结果

基线	组别①	组别②	平均值①	平均值②	差值（①－②）	P
正确率	1	2	0.136	0.081	0.056	0.308
	1	3	0.136	0.036	0.100	0.069
	1	4	0.136	0.114	0.022	0.682
	2	3	0.081	0.036	0.044	0.414
	2	4	0.081	0.114	－0.033	0.539
	3	4	0.036	0.114	－0.078	0.155
反应时	1	2	121.022	40.474	80.548	0.549
	1	3	121.022	－469.427	590.449	0.000 **
	1	4	121.022	－140.904	261.926	0.055
	2	3	40.474	－469.427	509.901	0.000 **
	2	4	40.474	－140.904	181.379	0.180
	3	4	－469.427	－140.904	－328.523	0.017 *
α 波	1	2	－517.410	4 786.009	－5 303.419	0.004 **
	1	3	－517.410	7 035.500	－7 552.910	0.000 **
	1	4	－517.410	4 471.401	－4 988.810	0.006 **
	2	3	4 786.009	7 035.500	－2 249.491	0.205
	2	4	4 786.009	4 471.401	314.609	0.858
	3	4	7 035.500	4 471.401	2 564.099	0.149
β 波	1	2	－1 995.368	2 590.475	－4 585.843	0.006 **
	1	3	－1 995.368	6 156.034	－8 151.402	0.000 **
	1	4	－1 995.368	1 285.762	－3 281.130	0.045 *
	2	3	2 590.475	6 156.034	－3 565.559	0.030 *
	2	4	2 590.475	1 285.762	1 304.713	0.419
	3	4	6 156.034	1 285.762	4 870.271	0.004 **

注：* 表示处理间差异显著（$P<0.05$）；** 表示处理间异极显著（$P<0.01$）。

用 Pearson 相关性分析进一步探索恢复前后差值和学生的年龄、专业、性别之间的关联，研究结果发现，在各项数据中，只有反应时，脑电 α 波、β 波和学生的组别有显著相关性，其他无显著相关（表 5－21）。

表 5－21　Pearson 相关性分析

	隔间 1＝空白；2＝嗅＋视；3＝嗅；4＝视	年龄	专业	性别
正确率	－0.063	－0.211	0.082	0.050
反应时	－0.375 **	0.220	－0.032	－0.250
α 波	0.354 **	0.292	－0.211	－0.031
β 波	0.304 *	0.110	－0.187	0.029

注：* 表示处理间差异显著（$P<0.05$）；** 表示处理间异极显著（$P<0.01$）。

5.2.2.7　讨论与结论

在这个研究中，我们发现通过 5 min 的不同方式的放松，对于被试者的工作注意力缓解、脑电 α 波和 β 波均有所提高，这与 Kahn 等（2008）的研究结果是相似的，即人们在处于轻度压抑的状态时，看到外界自然景观的被试者的心率要比只能看到白墙面的被试者的心率降低的速度更快，并且随着观察时间的增加，其心率恢复效果越好。在脑电 α 波方面，空白对照组明显低于其他 3 组，同时在脑电活力方面，3 组的恢复效果最为显著。这一研究结果和 Hyun－Ju 等（2010）的研究结果是有一定的共同之处的。在 Hyun－Ju 的实验中收集了松林的气味并在实验中模拟真实的松林环境，同时对被试者的脑部和自主神经系统进行了检测，结果表明，松林的味道可以增强人的情绪、判断和感知能力，具体而言松林香气具有鼓舞人的情绪状态和减低困惑感的效果。但是同时值得注意的是，2 组（闻香的同时观看图片）并未呈现出最显著的恢复效果，也许是因为多维的感官刺激反而消耗了被试者的注意力而导致的。

根据以上实验数据的实证结果，可以得出观看自然景象、闻桂花的天然香气可以帮助人们从工作注意力疲劳中恢复过来，并且桂花的天然香气相比于单纯的视觉感觉刺激会更有助于大脑放松、增加脑波活力。因此，在室外的复愈场所中选择种植一些既具有观景效果，又有着天然香气的植物可以更好地帮助人们放松。

第6章 陕南特色休闲康养农业应用与探索

6.1 特色产业为主导——商洛市西川木耳休闲康养农业园规划

陕西省商洛市柞水县位于秦岭南麓，地理环境优越，山清水秀，年均空气质量良好，优良天数在335 d以上。这独特的气候条件为柞水黑木耳的生长提供了理想的环境。柞水黑木耳的栽培历史悠久，黑木耳质地软嫩，个大肉厚，口感鲜美，且富含营养，在市场享有盛誉。截至2019年，该县的黑木耳栽培规模达到7 500万袋，产鲜耳达3.5万t，总产值达2.25亿元。与2017年相比，栽培规模增加了4 000万袋，产量增加了1.8万t，总产值增加了1.15亿元，增幅分别达到114.4%、105.9%和104.5%，柞水黑木耳产业持续健康发展，为当地经济做出了显著贡献。

本项目以"秦川林居，心愈往之"为主题，聚焦木耳产业，深入挖掘其丰富资源内涵。在强调旅游观赏的同时，依托复愈性环境的两大理论，在原有的休闲农业基础上，进一步增添休闲复愈功能，旨在充分发挥当地食用菌产业的独特特色和深厚文化底蕴。希望通过农业、旅游业与自然环境协同建设，实现经济、健康、生态、文化传承的四重效益，追求在当地社区和环境中创造更为可持续、有益的发展。

本专题通过资料查阅和实地调研，对商洛市西川木耳休闲园的旅游资源、场地问题、区位因素、市场条件、特色产业、文化资源等进行深入分析。在此基础上，结合复愈性环境与中医养生理论，以及当地食用菌培育文化，进行特色组团设定、节点设定、道路规划、游线设计和旅游模式设计。针对柞水县下梁镇的产业现状，提出了康养产业与乡土文化共建模式、康养产业与生活共建模式、康养产业与生产加工方式共建模式。综合考虑康养产业、乡土文化以及生产加工方式共建，旨在促进项目基地旅游业可持续发展的同时，实现产业升级与经济增收。

6.1.1 基地条件

6.1.1.1 项目区位及建设背景

本项目位于商洛市柞水县下梁镇西川现代休闲农业示范园，总规划面积为 15 hm^2，其中重点设计范围占 7 hm^2。示范园坐落于秦岭南麓，距离柞水县城 4 km，处于半小时经济圈内，交通网络便捷。项目充分融入秦岭的自然美景，临近老庵寺村、沙坪村、老马坪村等秦岭文化名村（图 6－1），为项目提供了丰富的历史和文化底蕴，为休闲农业示范园增添了独特的人文魅力。

(a) 陕西—商洛　(b) 商洛—柞水　(c) 项目基地

图 6－1　区位分析

当前，城市居民亚健康问题较为显著，社会对健康养生的需求不断增加，城镇化建设的高速推进激发了人们对田园生活的向往。传统农业应顺应社会潮流，转变为多功能农业，而休闲农业也在这一背景下蓬勃发展。在供给侧结构性改革和脱贫攻坚战略的推动下，商洛市的休闲农业发展面临着三大机遇。首先，全国范围内休闲农业已经成为大众旅游消费的热门选择。陕西省休闲农业行政部门于 2011 年发布了 100 个休闲农业精品点，其中商洛市拥有 11 处，占全省的 11%。这包括 3 处休闲农庄、2 处农业园区和 6 处农家乐，整体呈现出蓬勃的发展态势。其次，政府对休闲农业产业开发和城镇建设政策倾斜，鼓励建设绿色生态的乡村旅游产业链（杜黎宏和曾宪川，2018）。第三，商洛市拥有丰富的农业景观元素和多样的农田类型，具备典型的秦巴山地的农业景观。柞水县天然康养资源丰富，具有广阔的开发潜力（图 6－2）。

该县位于九山半水半分田的土石山区，地形的独特性赋予其独具魅力的种植文化，植被覆盖率高达 78%、森林覆盖率较高。目前，该县已成为全国休闲农业与乡村旅游示范县，拥有 4 处省级现代农业园区和 6 处县级园区。为促进现代农业的发展，该县还积极引入工业企业参与现代农业开发（经济结构见图 6－3）。

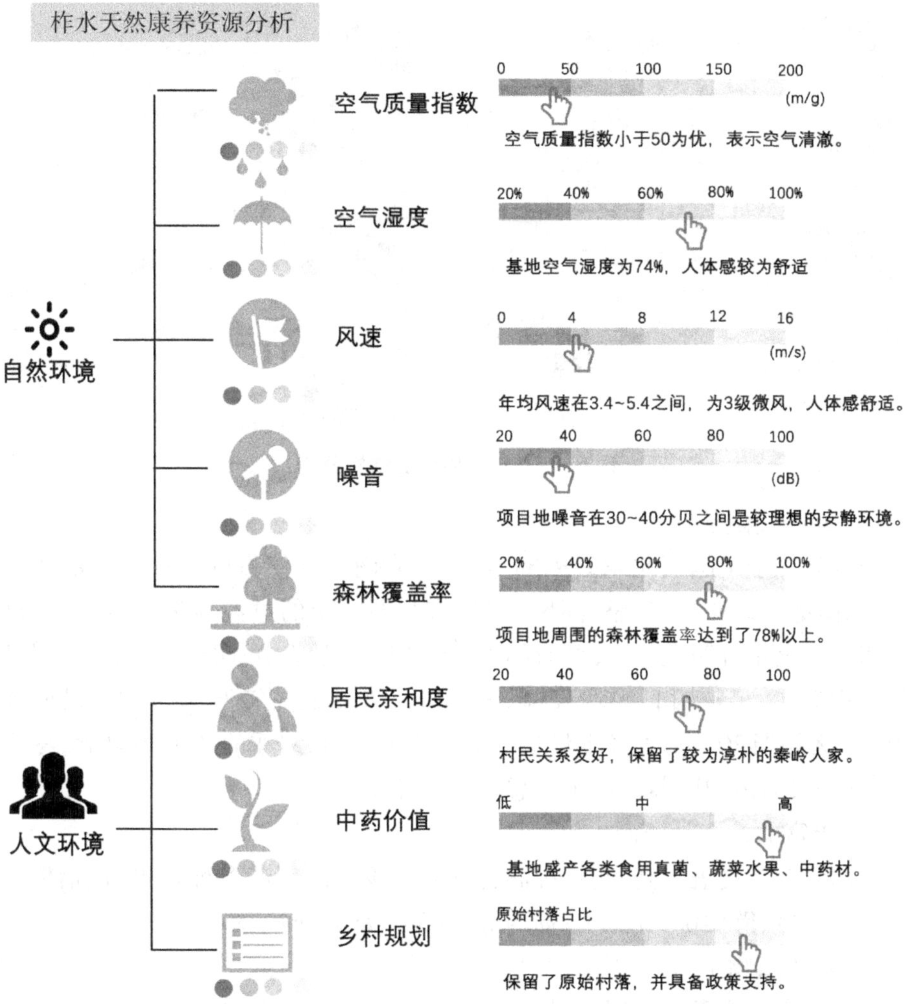

图 6－2　柞水县自然康养资源分析

在国务院发布的《秦巴山片区区域发展和执贫攻坚规划》中强调:探索扶贫攻坚与生态建设的共赢机制。规划中提倡建立健全的生态补偿机制,并探索市场化生态补偿模式,以促进生态环境服务转化为经济效益和扶贫效益(韩世雄,2012)。商洛市柞水县下梁镇,作为秦巴山区的一部分,属于省级贫困县,同时也是国家和陕西省的重点扶贫镇,因此享受到了国家政策的大力扶持。

此地具备发展休闲康养农业的条件,这些优势条件为该地区休闲康养农业的发展奠定了坚实的基础,为实现农业、旅游、生态的协同发展创造了有利条件。

(1)区位优势显著

本项目毗邻柞水县城,近火车客货站和高速公路出口,南临柞水溶洞。

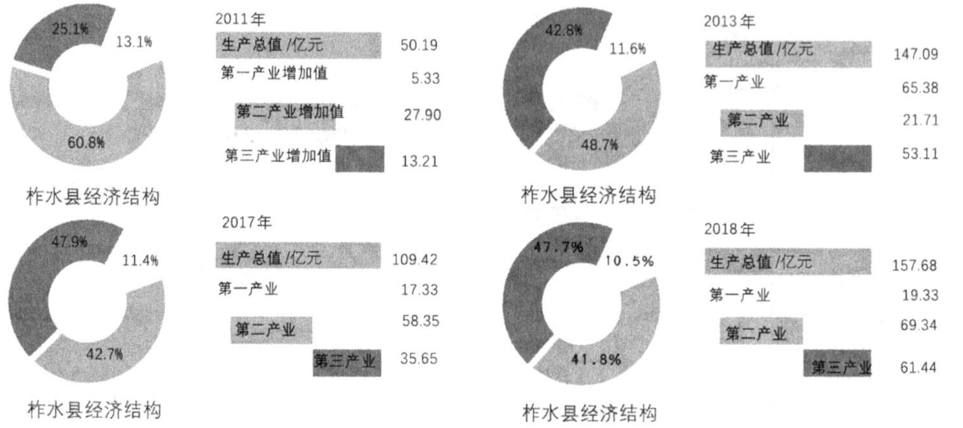

图6－3　柞水县经济结构分析

(2)宜人气候条件

柞水县处于中国西北东线内陆地区,兼有南北气候带的特征。北部属于暖温带,东南部属北亚热带,整体处于亚热带和温暖带的过渡地带,植被繁衍群落差异明显。全年日照充足,日照时间1 860.2 h,气温适中,四季分明,最冷时日平均气温0.2 ℃,最热时日平均气温23.6 ℃。极端最高气温37.1 ℃,最低零下13.9 ℃,无霜期209 d,年降水量742 mm(图6－4),夏季宜人而不酷暑,冬季温暖而不严寒,为休闲康养提供了理想的气候环境。

(3)丰富的林产品资源

柞水县森林覆盖率高,空气湿润且富氧。该地区盛产多种野果,包括桃、李、杏、石榴、大枣、猕猴桃、五味子、葡萄等,具备丰富的开发潜力。

(4)药用植物丰富

柞水县产出珍贵的食用菌,如牛肝菌、羊肚菌、黄丝菌等,目前以食用菌产业为特色,还有地儿菜、红香椿、石辣菜等名贵野菜兼具药用价值,为休闲康养农业提供了多样化的资源。

(5)上位规划支持

在2014年,柞水县被列为全国休闲农业与乡村旅游示范县。政府全面推进休闲农业和乡村旅游发展,致力打造西安第二生活区和陕西休闲农业旅游最佳目的地,为休闲康养农业提供了全方位的支持。

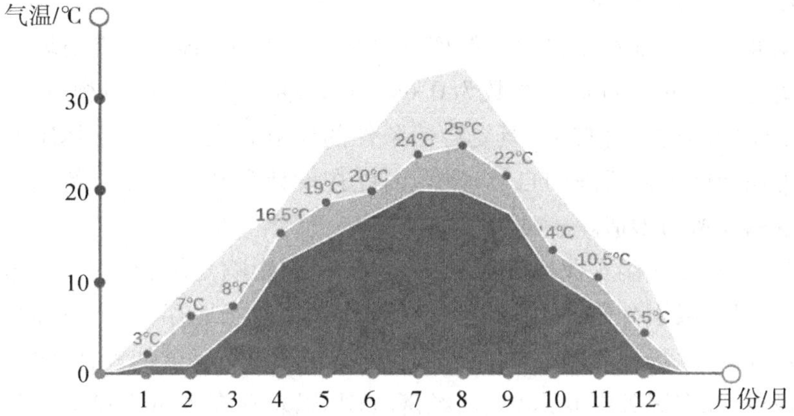

(a)气温

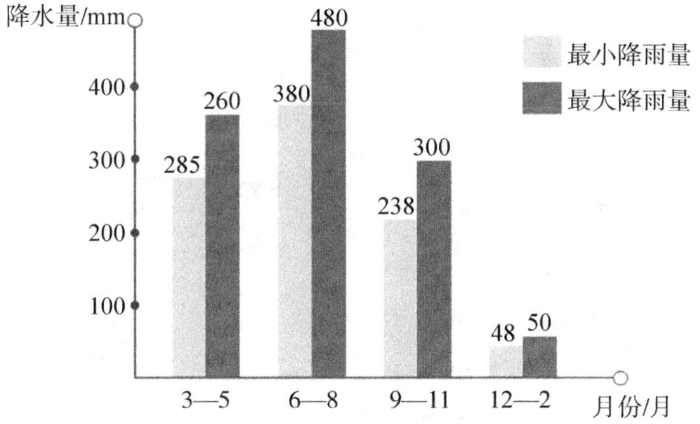

(b)降水量

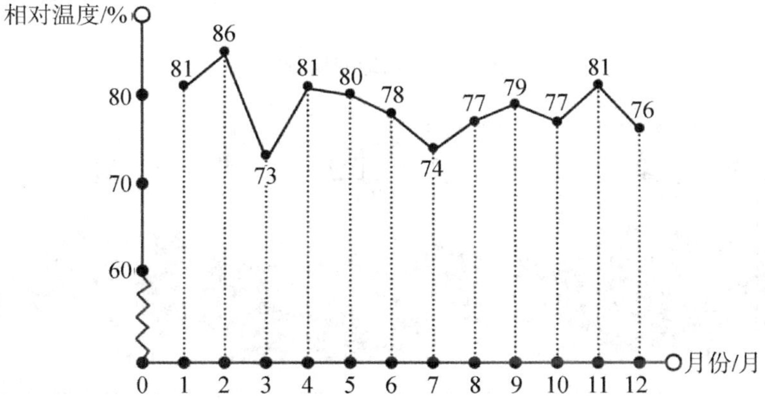

(c)相对湿度

图 6－4　气候分析

6.1.1.2 场地现状

根据商洛市休闲农业空间离散度的分析结果显示，各精品点与城市中心的平均距离为58 km，空间离散指数为0.64。这表明各精品点分布相对较为分散，受市场区位的制约相对较少，但受自然条件的影响较大。商洛市休闲农业的主要吸引力在于优美而恬静的自然环境，因此在设计和开发中需要特别注意自然农业景观的保留与塑造。

目前，柞水县休闲农业以农家乐为主导，但其影响范围较为有限，休闲项目相对单调，难以吸引外来游客。根据现场勘查发现，场地存在一系列问题，包括农田完整性破坏、场地利用率低、场地缺乏规划、景观美感度低等，同时当地社会问题也显著，如农民务农收入单一、经济贫困，以及存在大量空巢老人和留守儿童（图6－5、图6－6）。

图6－5 场地问题分析

图6－6 场地现状分析

规划区主要属西川流域河谷地形，包括山地、林地、水系、农田、商业用地。规划区以商业用地和旱地为主，周边以林地为主，规划范围内存在少量质量稍差的民居房，并有一处占地 0.68 hm^2 的温室大棚用于培养黑木耳，缺乏配套基础设施。范围内交通道路包含一条南北贯穿的柏油主路，依山而建，场地现存三座桥梁和一处水坝。

6.1.1.3　市场分析

该景区面对的客源主要分为核心客源、重点客源、机会客源三类。核心客源主要包括陕西南部主要城市、西安市以及陕西邻近省份客源，覆盖四川省北部、河南省西部、山西省南部等地区。重点客源涵盖了与商洛市毗连的城市和县区，如湖北省十堰市、襄阳市、随州市，以及重庆市和甘肃省陇南市客源等。机会客源相对较为分散，主要包括我国东部和南部地区客源，以及少数西北地区客源。

6.1.1.4　下梁镇及周边问卷调查

采用线上问卷的形式，一共收回了 63 份问卷（$n=63$），所有问卷均为有效问卷，问卷有效率 100%。根据问卷调查结果（表 6－1），约 60% 的体验者对于休闲农业呈基本了解态度，但对于休闲农业的观光频率不高。此外，大多数的体验者更倾向于欣赏休闲农业中的农业风貌和农家风俗。在体验项目方面，近 90% 的体验者熟悉采摘园形式，但对于农事体验、度假村、民俗文化节等项目了解较少，也反映出了当前休闲农业项目形式较为单一的问题。总体而言，体验者对休闲农业的整体感受方面呈较积极的态度。对于当前的不足之处主要集中于内容单调、基础设施不完善、发展理念落后。

表 6－1　体验者当地对于休闲农业的态度汇总

类别	选项	回复数量/个	占比
了解程度	十分了解	9	14.29%
	基本了解	38	60.32%
	不了解	16	25.40%
观光频率	经常去	10	15.87%
	偶尔去	28	44.44%
	没去过	12	19.05%
	自身为农民经常参与农事活动	13	20.63%

续表

类别	选项	回复数量/个	占比
景观吸引点	特色农村农业风貌	22	34.92%
	与在城市中不同的开阔视线	9	14.29%
	有趣的农家风俗	21	33.33%
	与外界联系少,可以脱离世俗的打扰	10	15.87%
	距离近,交通便利	1	1.59%
所了解的形式	采摘园	51	80.95%
	农事体验	18	28.57%
	农家乐	45	71.43%
	度假村	30	47.62%
	民俗文化节	30	47.62%
	观光农业	20	31.75%
整体感受	健康的	49	77.78%
	生态的	46	73.02%
	悠闲的	45	71.43%
	放松的	40	63.49%
	淳朴的	37	58.73%
	田园的	40	63.49%
对康养型休闲农业的态度	喜欢	41	65.08%
	一般	22	34.92%
	不喜欢	0	0.00%
不足之处	内容单调,缺乏特色	42	66.67%
	基础设施不完善,交通不便	43	68.25%
	资源不丰富,风景不优美	26	41.27%
	发展理念落后,管理不科学	39	61.9%
	其他	2	3.17%

6.1.1.5 项目 SWOT 分析

以下采用 SWOT(strengths weaknesses opportunities threats)分析法对下梁镇休闲农业示范园的内外部情况进行了评估(表 6－2),并根据分析结果提出了相应的策略(图 6－7)。

表6-2 项目SWOT分析及应对策略

内部特点	外部特点	
	优势条件	制约因素
	康养资源、交通便利、中药材资源、自然优势、民俗人文、政府扶持	现有优良资源未得到开发
机遇条件	SO战略（依靠内部优势并利用外部机遇）	WO战略（利用外部机遇并克服内部劣势）
政策支持；脱贫致富；市场资源；特色农产品	充分利用家庭旅游、养生度假、休闲农园等市场优势；明确服务定位；打造舒适环境空间	注重绿色生态；对场地精准定位，发掘康养资源
威胁因素	ST战略（依靠内部优势并回避外部威胁）	WT战略（减少内部劣势并回避外部威胁）
自然灾害；周边旅游产品的冲击	充分发挥下梁镇独特的农业景观和丰富的中药材资源，以复愈性环境为主题，结合当地浓郁的特色和壮丽优美的自然环境，着力打造该村镇的知名度	创建初级、中级和高级三个层次的旅游方式，以促进游客的消费和滞留，吸引合作开发

6.1.2 项目规划理念

6.1.2.1 复愈性环境原理

本项目是指以疗愈保健为主要功能的主题性农业园区。这类休闲农业在设置农业观光和农园休闲体验的基础上，为顾客提供康体健身、农事劳动、养生项目、膳食滋养等活动。通过参与这些活动，人们在身体、心灵、精神方面得到调理与更新，长期参与可以增强人的抗压能力与免疫力，有助于减少亚健康状态。

本项目以“秦川林居，心愈往之”为主题，强调休闲农业的功能，并贯彻复愈性环境的两大理论和特征。项目将复愈性环境概念引入休闲农业（图6-7、图6-8），实现复愈性环境与休闲农业的融合（图6-9）。还应用了其他辅助复愈性环境的疗法，进一步提升场地的科学复愈功效。通过充分发挥当地食用菌产业的特色和文化，实现农业、旅游业、自然环境协同建设，带来经济、健康、生态、文化传承的四重效益。

图 6-7　设计思路呈现

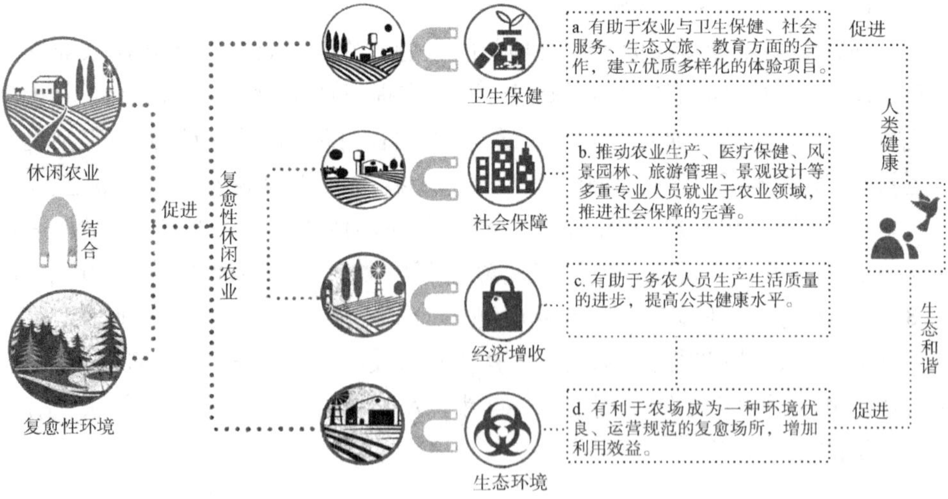

图 6-8　复愈性环境概念引入休闲农业

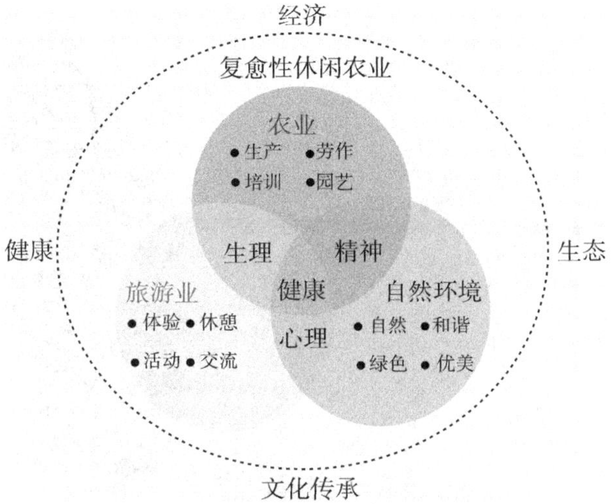

图 6－9　复愈性环境融合休闲农业示意

6.1.2.2　“三产”融合策略

通过近十年柞水县经济结构的分析，该县“三产”之间是相对割裂的状态。该县正积极努力实现由以第一产业为主导向多产结合的经济模式转变，并在这方面取得了一定成果。因此，在设计中应继续推动拉长农业产业链，提高战略意识，打造品牌效应，将康养产业转化为驱动力量，提出康养产业与乡土文化共建模式、康养产业与农民生活共建模式、康养产业与生产加工方式共建模式，旨在激活场地经济与文化，促使康养产业与其他产业形成有机互动，达到经济与文化共同繁荣的目的。

6.1.3　景观规划布局

6.1.3.1　整体布局

在原场地基础上，借助北斗星的形状对全域进行设计，形成一轴、二心、六区、多点的空间结构。一轴指复愈康养轴线；二心是指以菌菇单一产业向多功能产业转变为核心和以健康养生为核心这两个重要领域；六区指依托场地的 6 大功能组团，包括入口接待组团、中医药科普组团、农菌体验组团、运动休闲组团、菌菇学习社交组团、疗养居住组团；多点则是各组团中的特色节点，如药香公园、盲人花园、二十四节气广场、菌菇游戏台、菌菇观景塔、中医药博物馆、木耳展馆、宅香居等（图 6－10、图 6－11）。

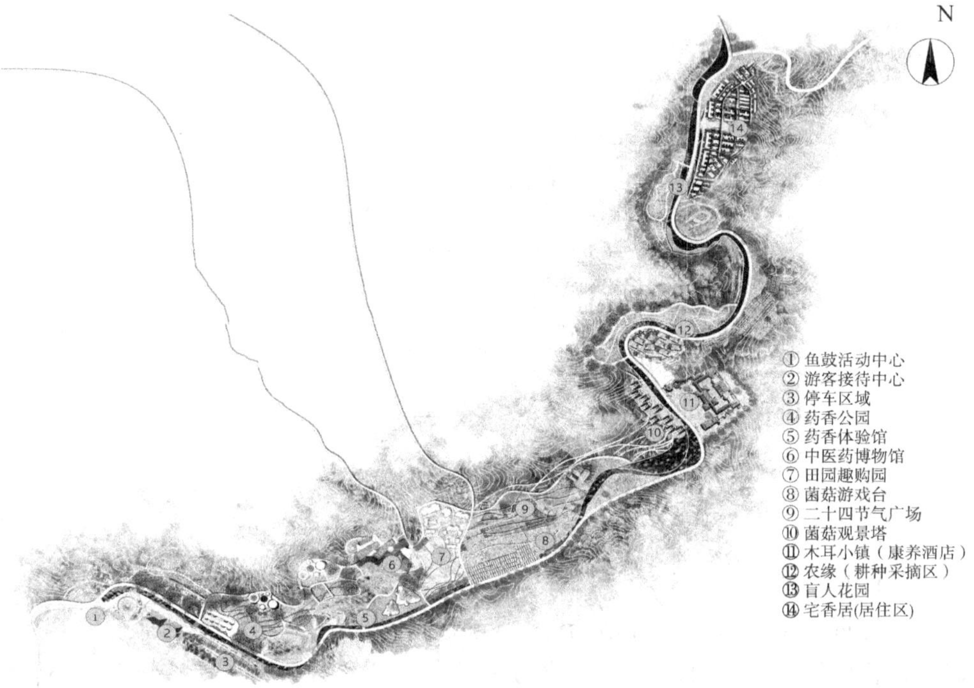

图6－10 景区总平面图

图6－11 景区鸟瞰效果图

6.1.3.2 特色功能组团

(1)游客接待组团

游客接待组团位于景区入口处，总占地面积14 033 m^2，该区域配套停车场、游客服务中心、公共卫生间、自行车电动车租赁站、中医文化广场，并特意设置了渔鼓中心建筑为村民提供活动场所，可用于举办渔鼓节、提供渔鼓教学和表演，该建筑为该地区特色的渔鼓艺术的发展提供一定程度的支持和保护。该组团不仅是景区的门户,也是游客的集中区域,需要满足形象展示、交通导流、游客咨询、森林疗养师服务等功能(图 6－12)。

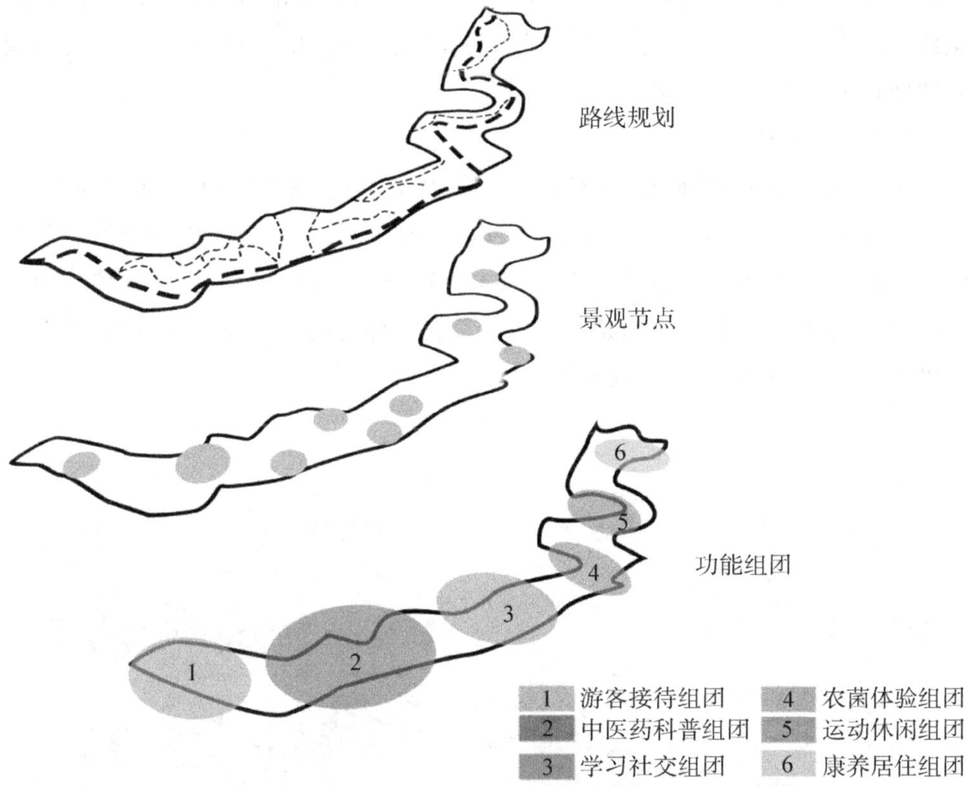

图 6－12　景区结构分析图

(2)中医药科普组团

中医药科普组团占地 35 630 m^2(图 6－12),组团包括药香公园、药香体验中心、中医药博物馆 3 处景点,既是可融入景区的节点又是可独立经营的草药科普基地,属于园区的第一核心区域,主要弘扬和宣传中华民族传统中医药文化。药香公园内种植 21 种中草药植物,并配备相应指示牌和文化讲解服务,为满足全龄段游客对景观的需求,还设计了亲子活动器械区,体现了复愈性景观的兼容性。药香体验中心建筑外观呈三角形,在文化传承的同时兼具设计感,体验中心聘请专业调香师为游客提供香薰教学、香囊制作、精油涂鸦等体验服务。中医药博物馆建筑外观新颖雅致,以菌类药物为展示重点,陈列中医古籍文献、药材标本、经络图示等馆藏,也可以承接学术会议,提供多媒体展示。整个组团可为对中医药和制香有兴趣的顾客提供服务，是景区亮点之一。

(3)农菌体验组团

该组团占地31 820 m^2(图6－12)，是园区的第二核心区域。其主要功能是保护和宣传当地食用菌栽培工艺，同时在农产品加工和销售过程中注入游客体验价值。这个区域包括二十四节气广场、菌菇游戏台、田园趣购园、木耳大棚观光四处景观节点。

(4)运动休闲组团

运动休闲组团占地面积12 350 m^2，具备体验农耕、观光眺望、拓展素质功能。设计了农缘(耕种采摘区)、登山活动入口、盲人花园、菌菇观光塔四处景观节点(图6－12)。菌菇观光体验塔(图6－13)高17.3 m，外形螺旋向上，整体呈蘑菇形状，与菌菇文化相契合。菌菇观光塔是复愈性环境的软性吸引物，可以吸引顾客攀爬，观赏景观的同时，活动身体。

图6－13 菌菇观景塔效果图

农缘区的收费方式是按照体验时长划分，对于长期参与或居住的游客提供按周和按月收费服务，费用主要用于指导游客种植、栽培、采摘农作物。通过进行农事劳动，游客获得有益的身体锻炼并放松心情。盲人花园属于关怀型景点，为盲人带来独特的味觉和触觉体验。此外该组团包含3 h登山步道入口，游客能从此处进入步道区，在其中探索秦岭奥妙，体验登山运动。

(5)学习社交组团

学习社交组团占地2 130 m^2(图6－12),设有君养堂建筑群,由一间学术讲堂和四间园艺教室组成,可用于中医学术交流、园艺疗法活动、养生课程活动等。该区域配备专业理疗团队,平日可用作游客体验园艺、插花、手工等项目的场所。

(6)康养居住组团

康养居住组团占地31 150 m^2,由木耳小镇(养生酒店)和宅香居(复愈公寓)两个建筑节点组成。木耳小镇酒店主要面向短住高端游客,在提供住宿和餐饮的基础上提供SPA、美容、药浴、石板浴、温泉浴等养生项目(图6－12)。宅香居公寓在原有民居的基础上,仿照陕南特色民居竹木房建设,形成三合院形式的底层公寓区,主要服务对象是居住3 d以上的顾客,可暂住和长住。公寓包含专业老年人疗养用房,并设置健身房、瑜伽室、图书台、观星角、儿童益智空间、心理咨询室、理疗室等功能区。公寓整体还以香薰辅助营造良好的疗养氛围,住宿区采用传统木质装修风格,舒适宜人,不设电视机和其他电子设备。此外,有专业疗养师带领顾客进行夜间身体放松、夜读活动和晨间机体唤醒、坐禅活动。

6.1.3.3　景区道路布局

道路规划受地形影响较大,主路依河谷蜿蜒而行,整体道路系统是一轴＋自由式的布局模式,以由南向北的县级道路为主轴,向两侧伸展,形成串联式的路网形式。

6.1.4　特色康养景点

6.1.4.1　药香公园

药香公园位于景区南部的中医药科普组团内,配套有公共卫生间、休闲座椅以及儿童游戏器械,公园选取可药用且具备观赏价值的植物进行绿化设计,结合各类药材的功效、生长周期、可入药部位进行了指示设计。游客在此游览时,既能学习和观赏中医药植物(表6－3),又可享受休闲散步的乐趣。在公园不远处设有药香体验中心(图6－14、图6－15),游客在游玩之余可以亲自感受创作的乐趣,这有助于激发人们的间接吸引力,促进注意力恢复。

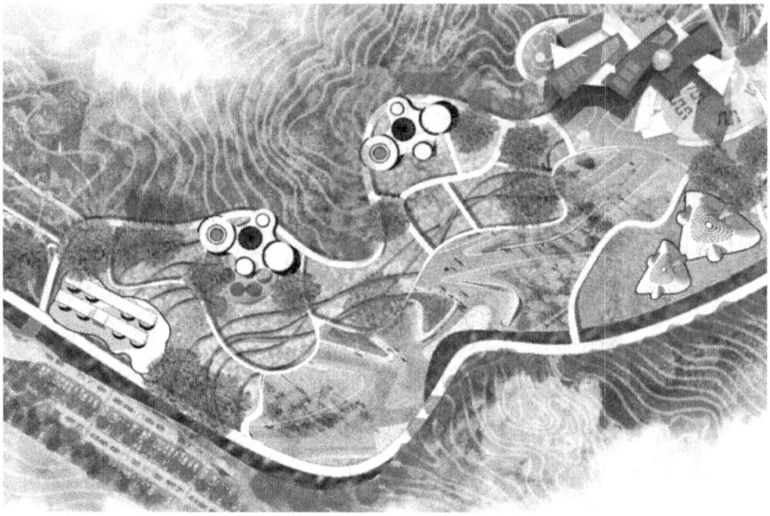

图 6－14　药香公园平面图

图 6－15　药香公园效果图

表 6－3　药香公园观赏药用植物种类及功效

植物名称	药用价值
鸳鸯茉莉	叶、皮可清热消肿
金针花	富含丰富胡萝卜素
皱叶薄荷	又称吸毒草，可吸附空气中的有害物质
佛手花	根、茎、叶、花、果可入药，清热止咳，治胃病、气管炎等
红木槿	清热止咳、利水、调经

续表

植物名称	药用价值
月季	活血调经
金银花	清解血毒，治疗发热、发疹、咽喉肿痛
文竹	根可入药，有润肺功效
玉竹	根茎入药润肺止咳、生津养胃、清热润肤
迎春花	花、叶入药，可解热利尿，治发热头痛、小便热痛、肿毒恶疮、跌打损伤、创伤出血
八仙绣球花	全株供药用，抗疟疾、心热惊悸、烦躁
菊花	菊花水煎醇沉制剂对离体兔心有显著扩张冠脉，增加冠脉流量的作用
百合	清火、润肺、安神
十大功劳	根和茎入药，治肠炎、痢疾、肺痨咳、咳血潮热
全身香	理气止痛、调经解郁之
芍药	根入药，可治血散瘀、凉血止痛
牡丹	清热凉血，活血化瘀
无情草	除风止咳，可治疗风湿骨痛、小儿吐乳、皮肤湿疹

6.1.4.2　田园趣购园

田园趣购园属于农菌体验组团，在原有村落格局和耕地的基础上，融入城乡互动的设计理念，将传统商业集市格局与“陕南民居 + 耕地”的基底相结合，打造户外风光式的田园集市，为游客提供乡村耕种体验、农产品加工教学、农副产品销售服务（图 6 – 16）。

图 6 – 16　田园趣购园效果图

耕种体验的收费方式是按照体验时长划分，体验过程中，乡民为游客提供教学服务，收获的食品归体验者劳动所得，游客在参与园艺劳动中身心愉悦，进而恢复注意力。此外，对传统民居设计进行提升（图6－17），形成下坊上宅的形式，一楼用于农副产品加工和贮藏，二楼用于住宿和休闲，游客在一楼可以现场观看谷物和菌类加工的过程，购买新鲜无公害的蔬果、谷物、菌类、草药。该节点具有季节性，会依据季节变化调整栽植和销售的农产品，具有体验、购买、科教三重功能。

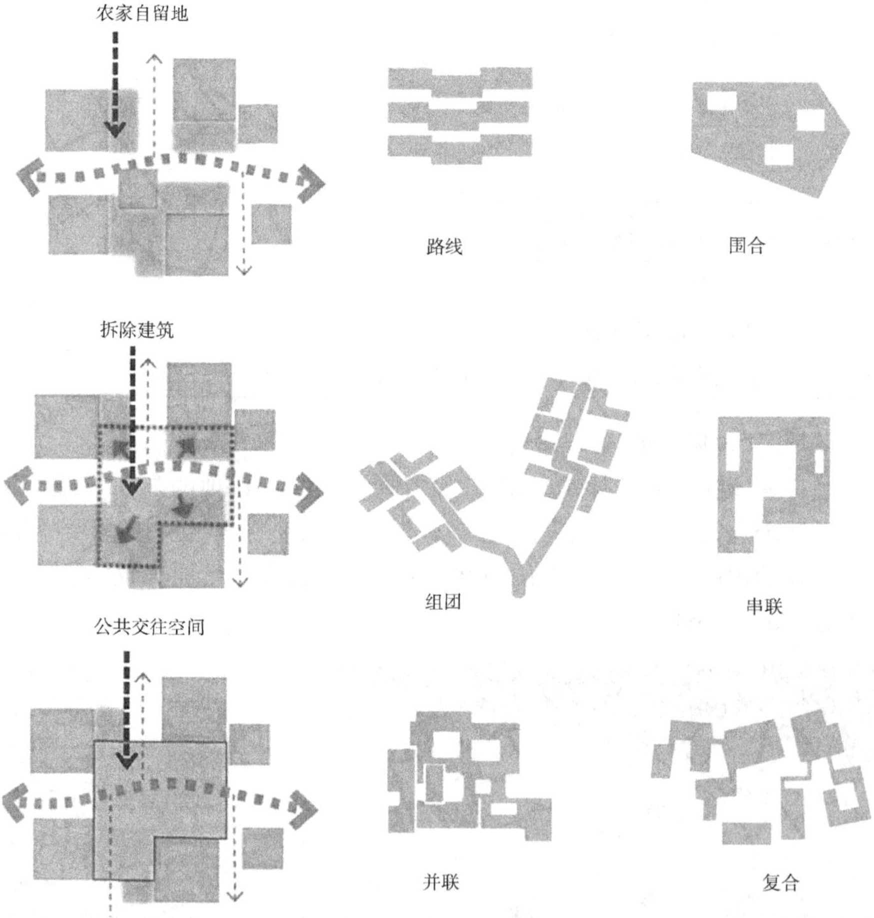

图6－17　民居改良推演

6.1.4.3　二十四节气广场

二十四节气是中华民族传统文化的重要组成部分，也是珍贵的农业文化遗产，其起源可以追溯到距今约2 400年前的先秦时代，经过汉朝不断完善，至今依然作为理念运用于农业。除此之外，二十四节气与中国传统养生和饮食文化密不可分,内涵深厚,被广泛研究和应用。在 2001 年,我国专家学者将二十四节气整理成册,并成立了专门的学科。作为休闲康养农业园区,自然要将这份瑰宝融入场地,弘扬和宣传其文化内涵和科学理念,为游客提供丰富的文化体验同时,还有助于传承和发扬中华传统文化。

二十四节气广场(图 6 - 18、图 6 - 19)属农菌体验组团,以菌菇游戏台相对。广场的入口设在节点南部,映入游客眼帘的是二十四节气主题展馆,用于展示古籍和节气养生文化。整个场地采用曲折的道路将其划分为二十四个小块,分别对应二十四节气,在每个小块的入口处设置了景墙作分隔和修饰,雕刻了各个节气的农耕习俗和饮食运动宜忌。植被方面注重植物的季相变化,按照植物开花结果的月份,分别配置在代表各节气的小块,以营造良好的节气氛围,如在立春、雨水、惊蛰、春分、清明、谷雨小块分别配置竹笋、迎春、海棠、牡丹、马蔺、黄刺玫等。场地具备 VR 人工智能解说和种植演示,为游客提供更加直观和科学的讲解体验。二十四节气广场不仅具备科普性,还兼具游憩性和文化性,是本园区的重要节点。

图 6 - 18　二十四节气广场效果图

6.1.4.4　盲人花园

复愈性景观的设计需要体现关怀性,因此,为了满足残疾人群与亚健康人群的需求,本项目在运动休闲组团中特别设计了相应的善意景观盲人花园(图6 - 20、图 6 - 21)。

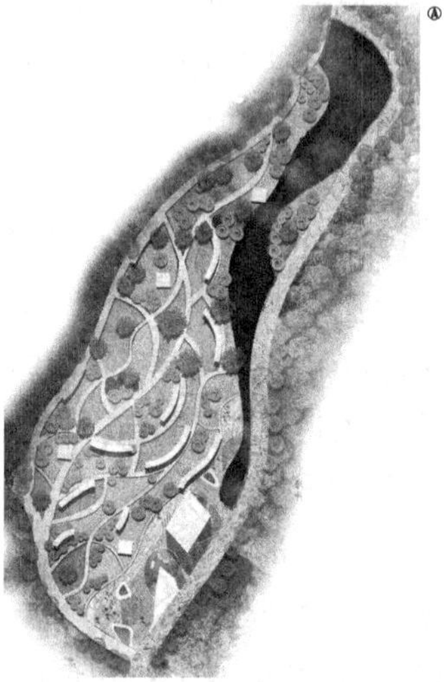

图 6－19　二十四节气广场平面图

图 6－20　盲人花园平面图

图 6－21　盲人花园效果图

盲人群体由于自身条件限制和相应教育、社会机制不完善，无法正常学习、工作和交流，许多人可能存在一些心理问题。因此，设计盲人关怀性景观，可以为盲人提供游憩与社交环境，使其感受到多姿多彩的世界，这对正常人来说，也是一种独特而令人惊喜的体验。

该节点占地面积 1 876 m^2，呈细长的肾形，南北长 94 m，东西宽 17～26 m，尺度较小。道路是游憩步道与无障碍通道二合一，形成“8”字形环状单行步道，采用塑木盲道、红砖步行道和扶手栏杆，路宽 1.5 ～2.0 m，方便轮椅通行。在安全防护方面，主路周围设计了扶手栏杆，方便视障人群与行动不便的人群游憩，主路采用红砖、卵石、塑木，打造颜色别致的路面，对色弱和轻度视障人群有一定的提示作用。在分区方面，以主路串联了入口空间、芳香植物区、触感植物区、倾听区和亲水空间，形成一个有机连接的空间布局。

入口处设计了树干编钟和标识牌，吸引人参观体验，营造善意的景观氛围。芳香植物区配置了桂花、槐树、茉莉、芍药、香椿、薄荷、樱花、苦楝、海桐等季节性香花香叶植物。触感植物区包含叶、枝、花、果等各种触觉要素，叶的接触范围可以使人通过触摸感受到叶形、叶脉、叶平整度、软硬度、厚度等，枝的接触范围可以使人通过触摸感受枝条的粗细、平滑度（粗糙度）、柔软度（坚硬度）、韧性等，花果的接触范围设置了花果触感独特的植物，如合欢、猕猴桃、石榴、樱桃等。倾听区设计了竹林与 3 处竹木小屋，提供庇护和冥想空间，游客可以从中感受竹林听雨，同时该区靠近亲水空间，可以在此聆听溪水流淌的声音。

本节点设计是一种创意性研究与尝试，为整体复愈性环境增添丰富多彩的元素。

6.1.4.5 菌菇游戏台

复愈性环境的设计应具备吸引力、社交性、兼容性、眺望性与庇护性等特征，结合场地的食用菌培育文化，本项目设计期望以建筑融合景观的方式，传达一种独特的功能与体验。

在农菌体验组团本项目设计了菌菇游戏台，该节点占地4 554 m^2，南部保留了一处木耳培育大棚，北部设计了6座以菌菇形状为灵感的二层休闲小屋。这些小屋以租赁模式运营，高7.3 m，平面呈不规则六边形，立面呈上宽下窄的格局，占地面积为8 m^2，契合菌菇文化在主题并赋予场地吸引力。每座菌菇房设有阁楼，供游客眺望欣赏风景，一、二层空间可以用于社交、餐饮、冥想，也适合儿童攀爬游戏。菌菇房内部设置换气设备和休闲游戏设施，保障游客的安全与便利，每座房屋外部有2 m左右的灰空间，游客可以从中进行野餐、游戏、休闲、摄影活动。

园区的道路系统采用花岗石搭配卵石铺装，将6座菌菇房和木耳大棚巧妙地连接在一起，采用花岗石搭配卵石铺装。在植物环境的规划中，乡土草本、一二年生花卉、侧柏、水杉相互搭配，共同构建了一个具有田园氛围的游乐园。值得一提的是，菌菇游戏台（图6-22）是复愈性环境理念与乡村文化、产业相结合的一次有益尝试，成了整个园区的重要节点。

图6-22 菌菇游戏台效果图

6.1.5 “三产”融合策略

6.1.5.1 康养产业与乡土文化共建模式

康养产业与乡土文化共建模式的设计理念在于将复愈、文化、生产三者结合,合理运用当地丰富的康养资源(森林、中草药、食用菌),将食用菌培育、谷物蔬果种植、渔鼓艺术文化和柞水十三鲜美食文化融入游客和村民的生活,实现三者的有机融合。

在实施过程中,以复愈性环境原理结合乡村体验式开发,进行养生与菌菇文化宣传,借助专业疗养团队,帮助游客参与自然疗养活动。通过改良民居,开发田园乐购风景式田园超市,实现特产与农副产品的体验式销售。同时,配合线上线下宣传和新媒体运用,达到提升场地知名度、实现经济增收的目的(图6-23)。

图6-23 康养产业与乡土文化共建模式示意

6.1.5.2 康养产业与生活共建模式

通过改良民居,打造宅香居、木耳小镇酒店、菌菇游戏台等设施,配合专业疗养项目,构建了一日游、二日游、三日游和长居复愈生活的多样化模式。将康复活动与养生习惯融入景区游客与村民的生活,形成长期的健康效益和持续的景区活力,运营方式见图6-24。

6.1.5.3 康养产业与生产加工方式共建模式

景区将传统的草药种植升级为综合性的“草药种植+观赏+科普”形式,结合药香制作、精油调配、膳食教学和体验等活动,提高场地与中药资源的综合利用率,同时为景区带来更多的经济价值(图6-25)。

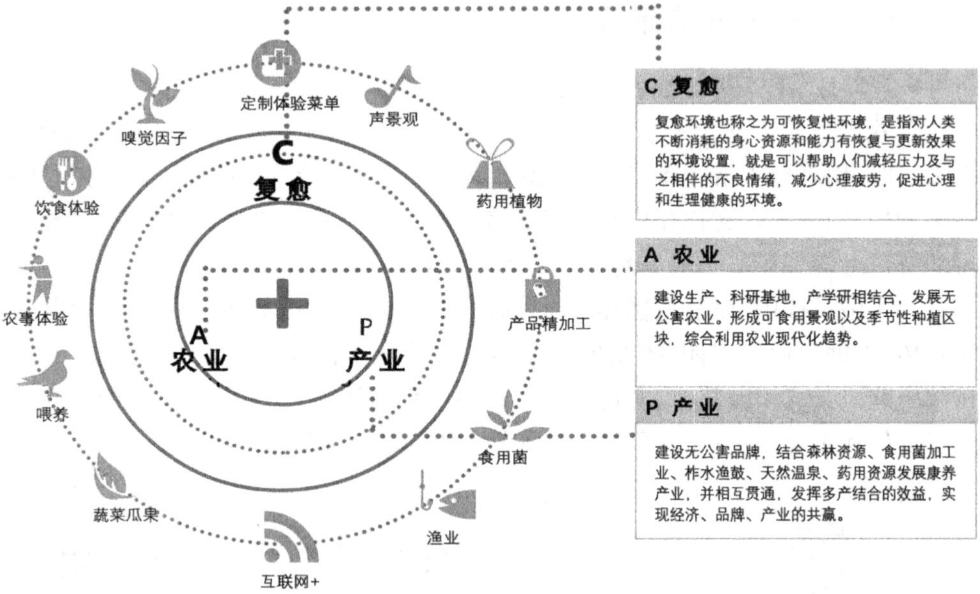

图 6-24 运营方式

将传统的农副产品种植加工升级为田园趣购模式，开放式农场供游客体验耕种乐趣，提供谷物和菌类产品的现场加工与现场销售服务，保障食品安全的同时使游客体验农趣，通过租赁土地并售卖农产品，景区可获得经济收益。在果木种植、鱼塘养殖和森林产业方面，结合森林养生活动，提供林业休闲、科教文化和运动项目，以提高森林资源的综合利用率。

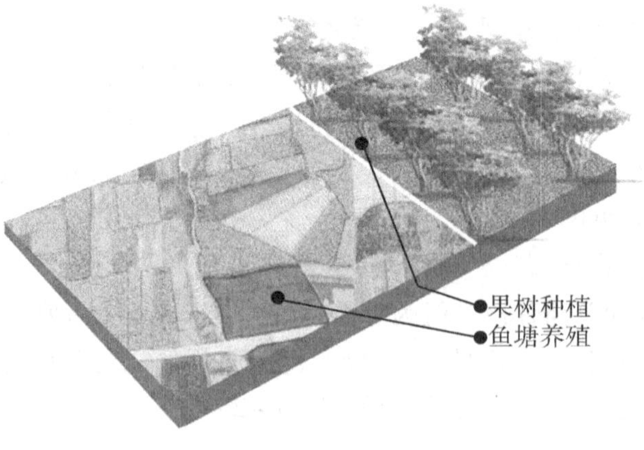

图 6-25 康养产业与生产加工方式共建模式示意

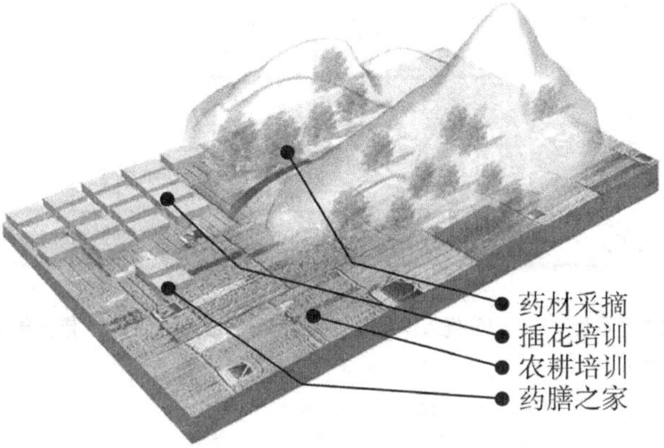

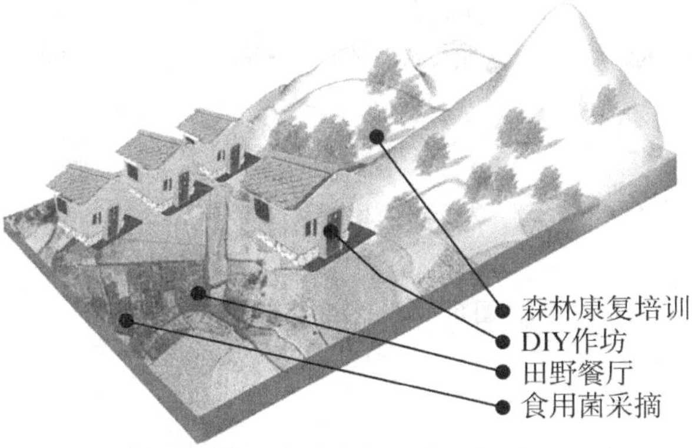

图 6－25　康养产业与生产加工方式共建模式示意

6.1.6　特色康养游

依据游客的游玩时长与需求，设计一日游、两天一晚、三天两晚和长住（一周至两周）等多种康养游线规划。依据中医 24 小时健康法则，为游客定制活动和旅行策略，包括套餐课程、实习课程和自由课程（图 6－26）。例如，一天内从早到晚依次设定：唤醒瑜伽（或太极、剑术）、森林散步（或田园漫步、登山）、插花（制香、艺术精油画、手工）学习、田园料理、田园作业（耕种、采摘）、观星交流、身体清零（温泉浴、石板浴）、围炉夜读。当然，也可以根据游客的需求单独提供某个项目，以适应一日游的顾客。

这样的体验可以使游客沉浸在验凿井而饮，耕田而食，日出而作，日落而息的田园生活中，这种宁静的体验有助于让焦虑的心情平静下来，对身心起到恢复作用。

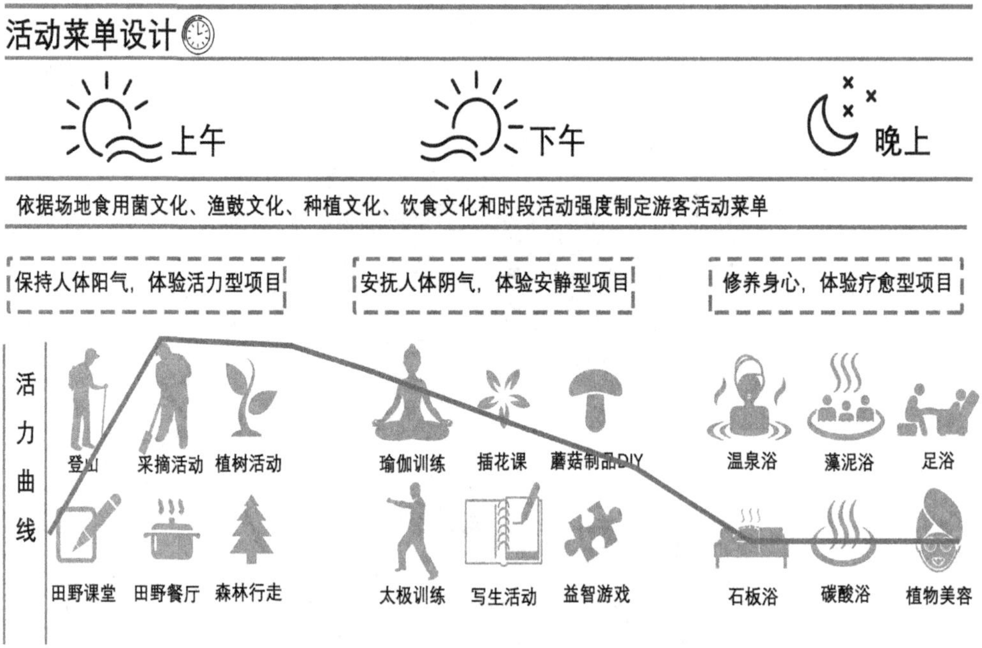

图 6－26 特色旅游模式

6.1.7 结论

本专题以商洛柞水西川现代休闲农业示范园景观规划设计为主线，提出将复愈性环境理论有机地融入休闲农业中，并巧妙结合中国传统养生文化，设计出适用当地的，能够宣传中草药、食用菌、中医药文化的休闲农园，充分展示当地独特的农业资源。在此过程中，特别注重将复愈性环境的两大理论与秦岭地区的农业生产和中医文化相结合，以确保设计方案既科学合理，又贴近地域特色。

经过调查和统计数据，当前国民亚健康问题较为普遍，许多人开始意识到身体健康是金钱无法购买的珍贵财富。面临巨大压力的人群对复愈的需求包括但不限于：美丽的风景、亲近自然的体验、适度的运动、远离繁忙的城市、学习社交机会以及提升个人价值与参与式游憩等。实验证明，恰当规划设计的复愈性环境能够有效满足这类需求，产生良好的康复效果。

结合多数群体的收入水平、中国旅游业发展趋势、农业供给侧结构性改革的浪潮，探索新型休闲农业模式，结合园艺疗法、花卉疗法、森林疗法等，提出了休闲康养农业的范式，并总结了其发展机遇和优势条件，复愈性环境既可以促使农业多功能转变，也能应市场的发展需要。因此，该理论可以为未来休闲农业的相关设计提供有价值的参考。

单纯的复愈性环境并不足以吸引游客参观。在做好景区宣传的同时,须融合场地的文化和特色产业,构建具有特色的休闲康养农业,这样一来,不仅能够提升景区的吸引力,还能够增强游客的代入感与参与性。

结合当地的经济条件和产业现状,本设计提出了康养产业与乡土文化共建模式、康养产业与农民生活共建模式、康养产业与生产加工方式共建模式,倡导三产融合策略。通过这一模式,在提升场地知名度的同时实现经济增收,有助于当地农业经济的可持续发展。

6.2　特色农业文化为主导——汉中市佛坪山茱萸康养农业园规划

6.2.1　研究背景

山茱萸是佛坪县历史脉络的"延续者",具有悠久的农业文化遗产,承载着丰富的历史脉络,是该地区农业生产和文明传统的重要代表。经过多个世纪的沉淀,劳动人民在耕耘和文化传承中创造了独特的农业生产方法和系统性文明价值观。

佛坪县的山茱萸,作为全国农业文化遗产,具有有着悠久的历史、深厚的文化底蕴和显著的经济开发价值,是乡村振兴中一项重要的农业种植系统和文化遗产资源。早在 1983 年,佛坪县就被多个部门命名为中国山茱萸三大培植基地县区之一。得天独厚的自然地理环境与秦岭垂直气候相结合,形成了优越的自然生态栖息系统。这不仅为各类动植物提供了良好的生存环境,同时也为佛坪山茱萸创造了相宜的生长条件,使其具有卓越的品质。在这一特殊的地理背景下,基地内的山茱萸产品表现出优质、高营养等特点。

佛坪山茱萸种植区拥有复合生态体系特征,为了使当地村民合理利用土地资源,通过科学有效研究当地的地理环境,将山体划分成两个主要部分:山体上半部分为山茱萸种植区,山脚下为农用耕田。山体上半部分的山茱萸种植区,为人们提供丰富的农业资源,山脚平坦地块被开垦成田地,有利于引水浇灌,促使农作物健康生长,同时也方便在田间运载人畜粪便。这种丛林—河—村庄—耕地的构造构建了人与自然高度融合的场景,展现了构造合理、功能完整、价值多样、自身调治能力强大的复合型农业特性。

然而,在当前高速城镇化进程中,佛坪山茱萸种植区面临着新的挑战。传统与现代的交融使其陷入停滞不前的境地,亟须在转型与发展的重要时刻寻找新的路径。

本研究通过分析佛坪山茱萸农业文化遗产历史、整体系统和价值，深入探讨了其在保护中发展的机遇、挑战和窘境，探求可持续山茱萸农业遗产保护与发展路径与方法，为推动相关农业文化遗产资源型的保护发展提供借鉴。通过文案研究法和实地调研法等多种手段，对佛坪山茱萸农业遗产资源、生物多样性、种植意义、生态功能、山茱萸文化体系、景观格局、产业发展现状与问题等方面进行分析、梳理与总结，对山茱萸农业遗产进行了综合深入研究，结合乡村振兴概念，从农业遗产、景观资源、民俗风貌等方面进行整体保护、推动传承、适度开发，以传承山茱萸文化与产业为目标，推动保护和发展。通过“遗产旅游”和有序开发，建立健全的保障机制，实现对佛坪山茱萸农业文化遗产的全面保护和当地经济的协调发展。最终目标是转化“农业文化遗产”为“生产力”，为佛坪县沙窝村打造美好乡村，实现“山茱萸保护、产业发展、农业增收、生活美好、生态保护”的综合目标。

6.2.2 基地现状与问题解决策略

6.2.2.1 区位条件及上位规划

位于陕西省汉中市佛坪县沙窝村，场地总规划面积为 23 hm^2，其中山茱萸种植区占据 6 万余亩。基地地理位置优越，距离熊猫谷景区仅5.1 km；而沙窝村距离佛坪县城仅 12 km。此外，村庄靠近主要公路，交通十分方便，且村庄自身景观资源良好，特色明显。

佛坪县在“十三五”期间通过空间布局，充分依托自然地理和资源条件，结合交通网络、城镇建设以及美丽乡村建设等因素，以产业发展为主线，以城乡建设为重点，着眼于创建“一心、一带、四板块”的产城融合发展布局。该规划旨在实现山水生态城镇与绿色生态产业有机融合，为地区的可持续发展奠定基础（图 6－27）。

（1）“一心”

以佛坪县城为核心，加快县城基础设施完善与建设，并提升城市功能，以再次提升城市承载力。规划中包括建设生态休闲养老公寓，着重发展现代服务业，如商贸物流、旅游服务、科技文化、金融保险、文教卫生、养生养老等。主打产业方向为旅游产品、绿色休闲食药开发加工为主的绿色工业，以此打造全县经济发展核心。

（2）“一带”

“一带”指的是椒溪河生态景观带，旨在让生态旅游贯穿全域，着重开发生态文化旅游、秦岭生态农业、秦岭绿色工业及以“互联网＋”模式为主要的未来型商务物流服务业，规划中着眼于打造南北纵向秦岭生态旅游带、秦岭南麓最美风光带以及绿色产业经济带。

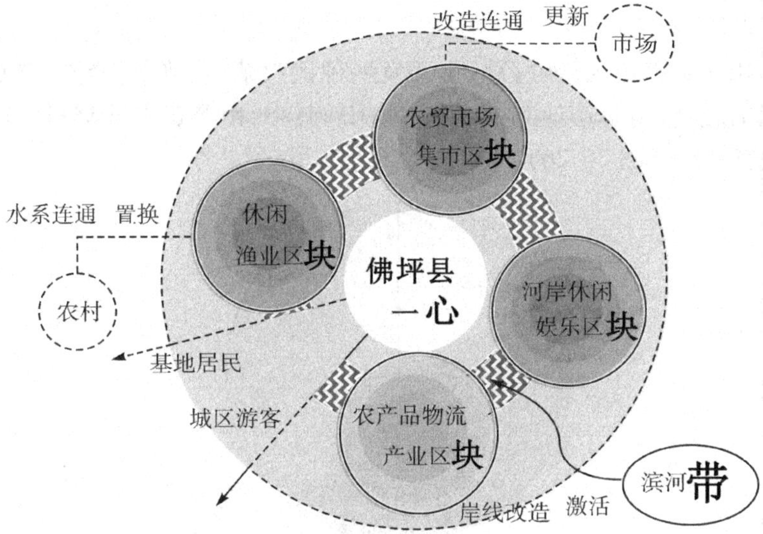

图 6－27　佛坪县发展布局

(3)“四板块”

“四板块”包括东北部生态旅游产业板块、西北部生态文明保护板块、中部旅游服务配套产业板块和东南部滨水游乐及农副产品交易板块。这一划分旨在整合资源、发展特色产业，促进各个板块的协同发展。

①东北部生态旅游产业板块。以长角坝镇北部为发展重点，依托优良的自然生态资源环境和先前建设的旅游资源，重点发展观光旅游休闲度假、乡村旅游、户外运动、自然探秘等生态旅游产业。同时，围绕旅游产业连片发展林下产业、中药材产业、竹产业，以及特色养殖业，以养殖冷水鱼为主。

②西北部生态文明保护板块。以岳坝镇为发展重点，依托卓越的自然生态资源和野生动物保护工作，主要发展以自然探秘、科普考察为主的高端特色旅游业和林下特色种养业。

③中部旅游服务配套产业板块。以袁家庄街道办、西岔河镇、长角坝镇为发展重点，依托县城区扩容提质和境内交通主干道沿线集镇区域，围绕旅游产业配套发展商贸物流、特色餐饮、乡村民居、养生度假、自然教育、农业观光以及以“互联网＋”模式为主的现代服务业和以旅游产品、绿色食药开发加工为主的绿色工业。

④东南部滨水游乐及农副产品交易板块。将发展重点聚焦到大河坝等地，

依托引汉济渭三河口库区，大力发展以环库景区、滨水度假、水上运动为主导的滨水旅游产业。同时，将陈家坝镇、石墩河镇确定为发展的重点区域，加速打造成农副产品生产基地和集散交易中心。

6.2.2.2　场地现状

佛坪山茱萸种植区（沙窝村）主要发展种植山茱萸、猪苓、蜂蜜、红豆杉等产业，同时涵盖经济树林产业和 10 家农家乐。其中，山茱萸在沙窝村的产业结构中占比高达 39%（图 6－28）。

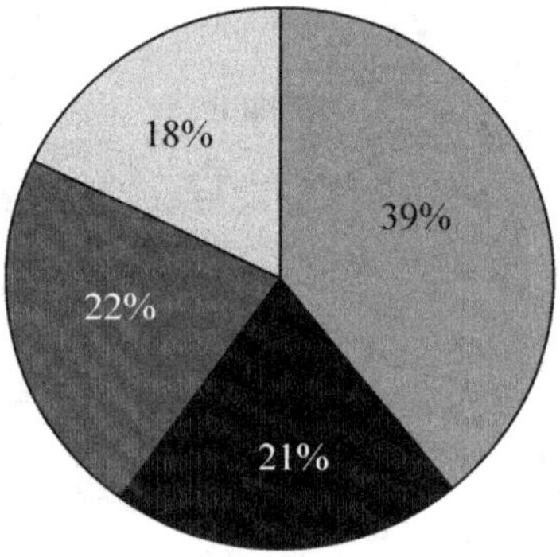

图 6－28　沙窝村产业结构

乡村居民点主要呈带状分布在西侧，总计 210 户。村中的主要道路分布在东侧，总体宽度在 0～4.5 m。村庄现存的公共服务设施包括村委会（配备小广场和少量活动设施）、卫生所、25 军红军遗址、天王殿寺庙（附带小广场和少量活动设施）以及一家小商店。

在现代风貌建筑院落中，主体建筑以“坡屋顶、抹白墙面”为主，少部分为红砖墙面，现代风貌的建筑院落在村子中最为普遍；在传统风貌的建筑院落中，主体建筑则以“坡屋顶、青瓦、泥土墙面”为主，这样的建筑院落则相对较为罕见。该村主要的河流为两河，夏季是丰水期，水深 1.0～1.5 m，水量足以淹没整个河道。秋冬为枯水期，水量较小，水深 0.5～1.0 m。

景观资源可大致分为 3 类。首先是农业景观资源，沙窝村拥有万亩山茱萸示范区，示范区总面积超过 60 000 亩，种植了约 40 万株山茱萸，且这些植株种类多，品质优越。整个示范区每年产出山茱萸约 200 万 kg，创造的产值达到 1 000 万元。其次是自然景观资源，沙窝村位于主要河流两河的边缘，地势高低差异较大，最高点位于北侧。整体而言，沙窝村整体景观呈现出“两山夹一川”的山水格局。这种自然地理环境不仅赋予了沙窝村优美的自然风光，也为农业景观的发展提供了良好条件。最后是人文景观资源，沙窝村在抗战时期涌现了许多革命先驱,为革命事业作出了巨大的贡献,成为红军的革命根据地。在整体环境中,当地村庄居民也深受红色文化的熏陶。

6.2.2.3　佛坪县现存问题与解决策略

(1)生态环境问题与解决策略

尽管村庄的环境区位优越,生物多样性丰富,但由于污水排放问题,水体受到污染,净化设施效率不尽如人意,存在多种污染源,例如村庄废水直接排入两河里,对水环境质量造成了一定的影响。

为应对这一问题,本方案采用了生态保护的设计理念,运用一系列景观生态学技术构建海绵村庄系统。该系统可以有效控制农业用水中的农药排放,旨在保护自身环境的同时,充分发挥其保护两河水质的作用。通过这种创新性的方法,期望解决村庄生态环境问题,为水体提供更为清洁和健康的生态环境。

(2)村落景观落后问题与解决策略

村民傍水而居,日常活动与水做伴。然而,村落的滨水空间体验性较差,公共设施缺乏宜人的空间,基础设施也相对匮乏。

为解决这一问题,一方面跟进基础设施建设,细化规划公共空间,以提升村落整体的生活品质;另一方面,注重生物多样性和景观山水结合,打造丰富多彩的乡村景观。这不仅能够满足不同层面游客的弹性需求,为他们提供多样的乡村体验,也能够丰富景观层次,同时在游客中打造良好的口碑,从而激活整个场地,促使村落景观焕发活力,为居民和游客提供更宜居、宜游的环境。

(3)佛坪山茱萸农业文化遗产发展问题与解决策略

首先,面临的第一问题是品种混杂,良莠不齐。目前,山茱萸种植区内涵盖了多个品种,但很多山茱萸经过长时间的实生繁育和野生改良,品质参差不齐,部分种类性能出现较大差异。佛坪县现有不下十多种山茱萸,不同种类之间及同一种类内部均存在着较大的差别。为解决这一问题,亟须建立良种选育系统,精选适宜本地区种植的山茱萸品种,以确保种植区内的品质统一且高效。

其次,面临空心化严重、发展动力不足的挑战。传统山茱萸种植获得的收益难以维持生计。据走访调查,很多离开村落的青壮年常年在外务工,回到乡村从事农业生产的意愿较低,村内青壮年不断流失,加重老龄化问题,村落生产生活缺少活力和发展动力,传统民俗活动和文化遗产的延续基本上也遇到困境。为激发生产生活活力,应当通过创新的方式吸引年轻人回乡,促进传统文化传承和发展,以保持山茱萸产业活力。

第三,产量及价格波动大。山茱萸的结果周期性使得产量不稳定,大年山茱萸产量高而市场收购价低,小年产量低市场收购价却高,不同年份市场价格的波动明显,当地农民栽植山茱萸的动力也深受市场影响。为应对这一挑战,需要建立市场稳定机制，通过合理规划和市场调控手段，缓解市场价格剧烈波动，提高农民收益水平。

最后是技术力量薄弱，服务质量欠缺。原住民对新技术的接受能力有限，培养人才的能力相对较弱，导致村庄的技术水平滞后。为改善这一状况，需要加强技术培训，提升原住民对新技术的认知和应用水平，同时加强服务体系建设，确保技术支持跟得上实际需求。

综上所述，为提高山茱萸的质量和年产量，亟须建立适宜本地区的良种选育系统，在种植区进行集约化种植，做好新建园区的规划统筹等工作，以确保产品品质一致且高效；积极采取措施吸引年轻人返乡，培养新一代农业从业者，推动传统文化的传承和创新；建立市场稳定机制，通过市场调控手段缓解价格波动，提高农民的收益水平；加强技术培训，提升原住民对新技术的认知和应用水平，确保技术支持与实际需求同步。通过这些手段，全面推动佛坪山茱萸农业文化遗产的可持续发展，实现农业产业的绿色、健康、稳定发展。

让开发与保护相辅相成，实现在开发中保护，在保护中传承。通过在佛坪山茱萸遗产地开展“遗产式旅游”活动，将农业遗产作为核心，保持当地农民原有生产方式的同时，既能提升农民的收益，又有助于留住原住民。通过提升游客流量，带动当地经济发展，可以有效地延续农业遗产（图6－29、图6－30）。这种有机融合的模式不仅促使村庄在旅游开发中获益，还为农业遗产的长远传承提供了可持续的经济支持。

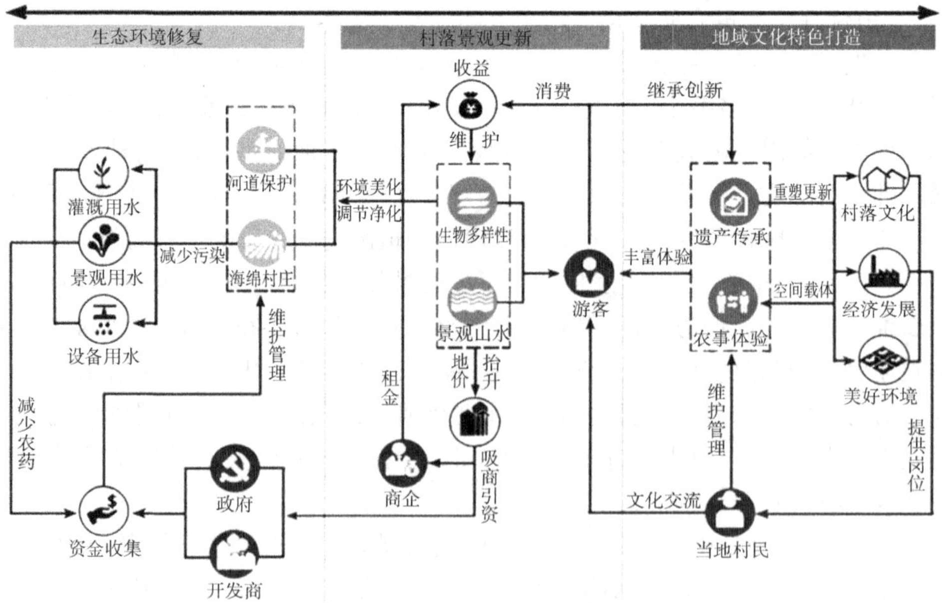

图6－29 解决策略

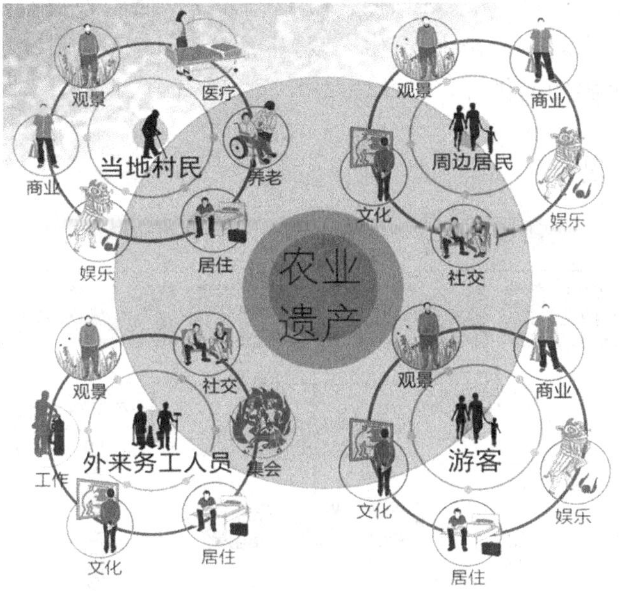

图 6 – 30　以农业遗产为中心吸引人流

近年来，乡村旅游接待客游数呈稳步增长的趋势（图 6 – 31）。在整体环境欣欣向荣的背景下，山茱萸农业遗产旅游开发逐渐取得一些成绩。然而，作为全国重要的农业遗产，其内含的价值极为巨大，一旦遭受不当的生态开发，将会导致严重损失。观光农业作为一种比较有效的推进延续性的旅游模式，在这一过程中发展起来的附属产业为农民提供了就业机会和更多收益。因此，发展以山茱萸为主题的康养旅游具有潜在价值，不仅可以促使农民更积极地参与遗产保护，还能为当地经济做出积极贡献。

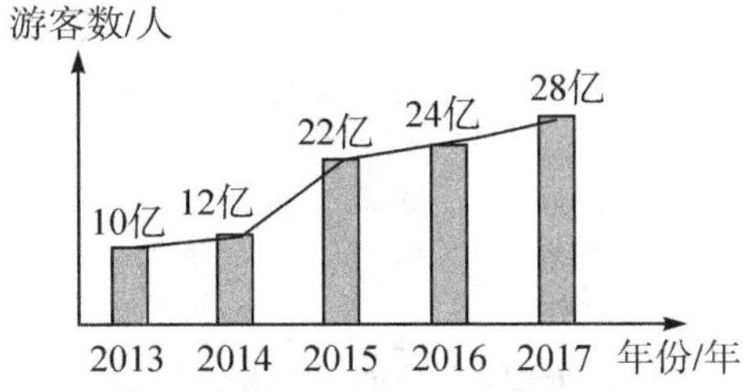

图 6 – 31　乡村旅游接待游客数

6.2.3　总体规划设计思路

生态文明目标在于构造一个以可持续社会经济政策为支柱的环境友好型社会，实现经济、社会和环境共赢，在规划框架中，生态文明扮演着不可或缺的角色，如同整个规划的方向盘。规划框架（图 6－32）以遗产为核心，以三线交织打造佛坪的独特魅力。这三条主线，生态线、生活线和生产线，贯穿于整个园区中，共同构筑起一个美丽的佛坪。

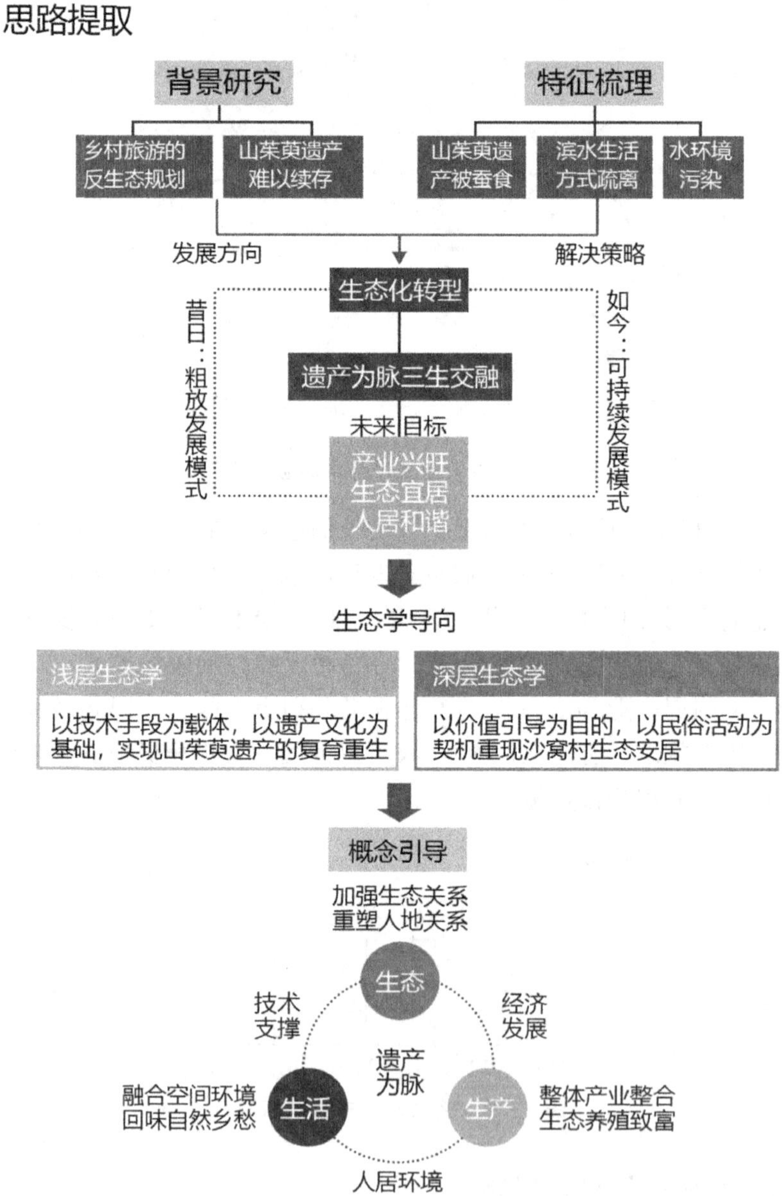

图 6－32　设计思路

生态线（遗产为魂）通过动态山茱萸保护、山茱萸文化演绎和活化山茱萸体验，表达对遗产的延续以及尊重。引入山茱萸景观、山茱萸生态和山茱萸环境“三方融合”的理念，提出“以山茱萸延续为主线”的优化策略。这一策略以保护现有树种为前提，以特有山地气候为载体，同时激发其他生态效能，形成良性循环、互为作用的整体生态系统（图 6－33）。

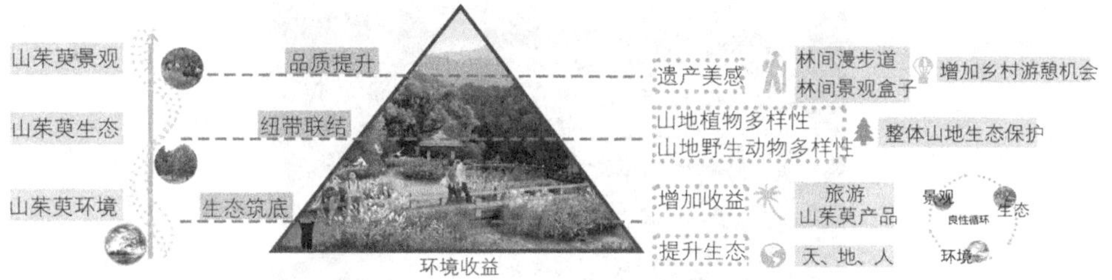

图 6－33　“三方融合”整体生态系统

通过生活线（遗产为梁），将遗产还于民，通过近茱萸、触茱萸、戏茱萸的融合，打造农业文化遗产自然体验馆。在生产线（遗产为源）的基础上，以遗产文化为核心，以山体为载体，在保持生态本底的前提下，建立“遗产景观＋传统风貌＋自然风光”并行的体验式旅游模式。整体结构包括三条主线、一张绿色织网、六大主题功能片区和二十四处主题场所（图 6－34）。场地的整体平面图可参见图 6－35。

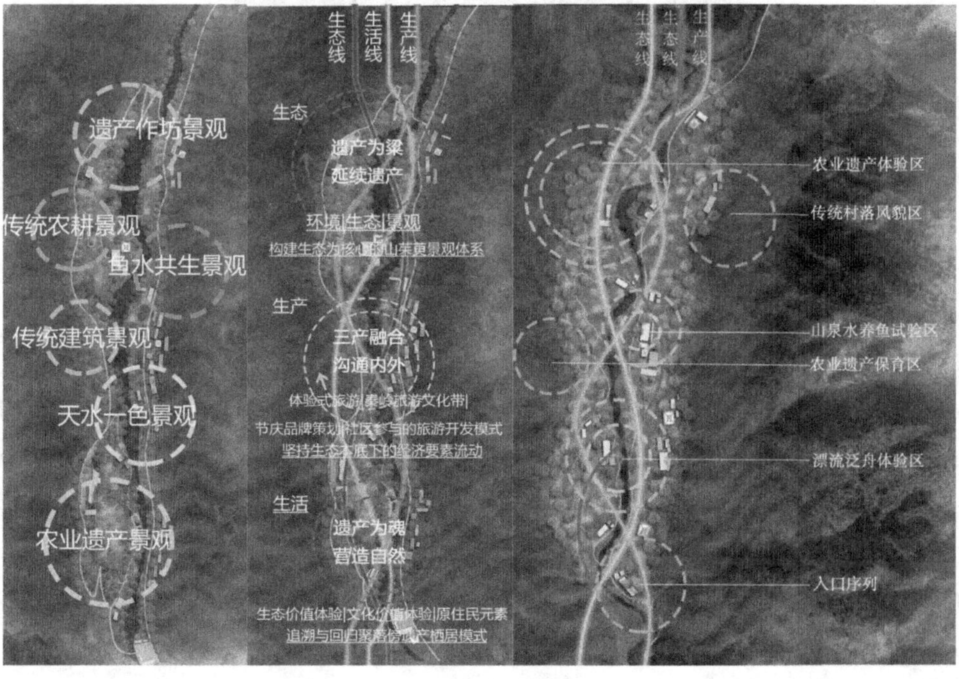

图 6－34　总体结构

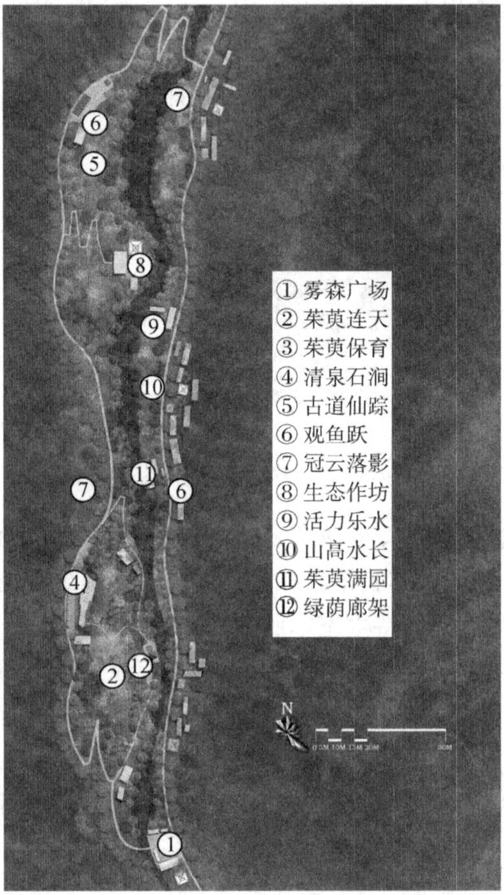

图 6-35 场地总平面图

6.2.4 主题定位及功能

6.2.4.1 生态线——遗产为魂

针对佛坪山茱萸农业文化遗产，提出了动态山茱萸保护、山茱萸文化演绎、活化山茱萸体验三大策略。这些策略旨在通过对现有山茱萸和相关要素的保护和再利用，实现动态的遗产保护；通过修复山茱萸遗产点和文化演绎，重现其历史文化价值；设置体验耕作、遗产博物馆、林端栈道等项目，活化游客在遗产公园内的体验，复兴山茱萸农业文化遗产，重新展现山茱萸农业遗产价值，传承这一独特文化。基于深层生态学观点，采用浅层技术手段进行生态保育（图 6-36、图 6-37）。在进行生态修复的同时，致力于打造生态科普名片，创造自然生态科普的独特形象（图 6-38）。

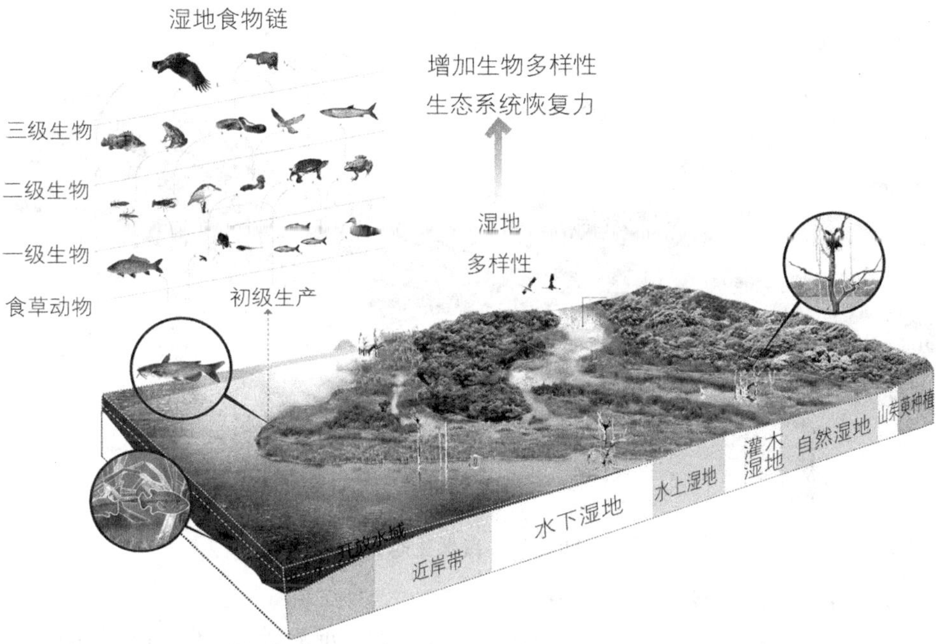

图 6－36　山茱萸景区湿地结构

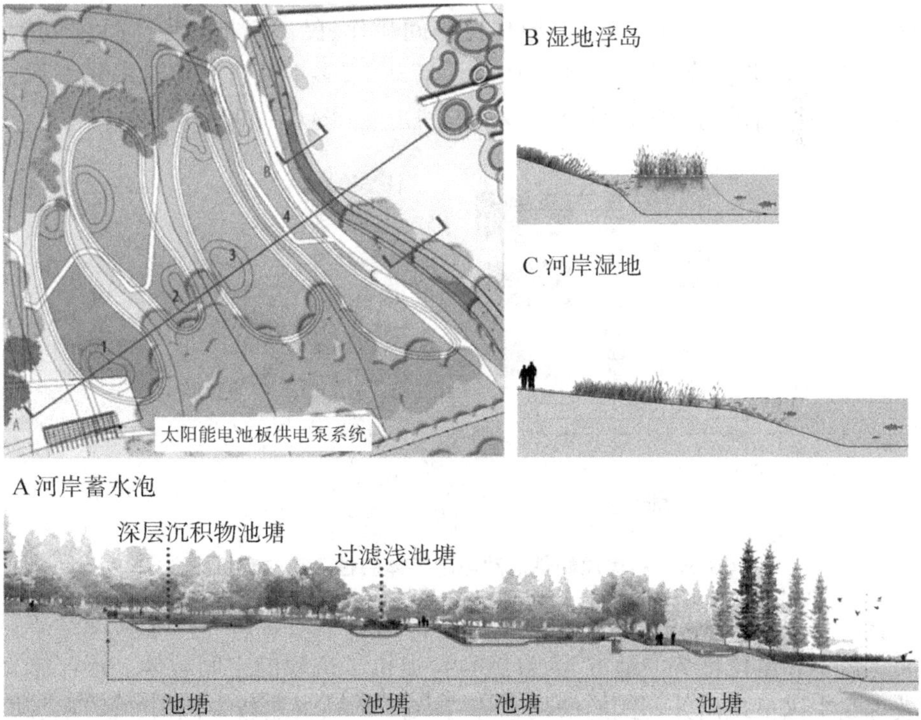

图 6－37　生态修复手段

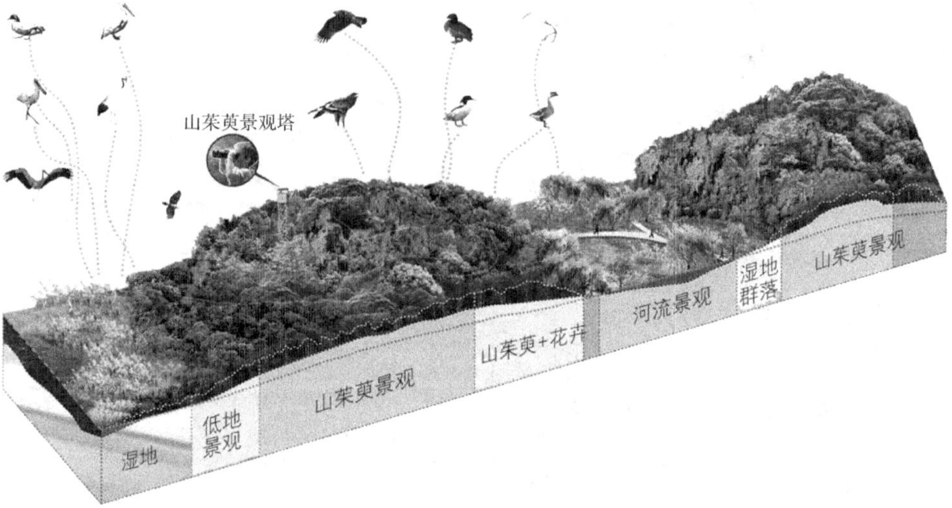

图6－38 自然生态分析

6.2.4.2 生活线——遗产为源

生活线还遗产于民，通过“近茱萸”“触茱萸”“戏茱萸”融合，打造林间栈道、林间活动节点、手工产品等，形成自然的文化遗产体验馆。村民作为传承遗产的载体，以“原住民元素”为主题，以原住民田间耕作、民俗祭祀等原生性活动为导向，让游客从游艺健身、寓教于乐等体验性活动中，多重感官地体验民俗乡风，促进村民原始性活动与游客体验性活动的有机融合（图6－39）。

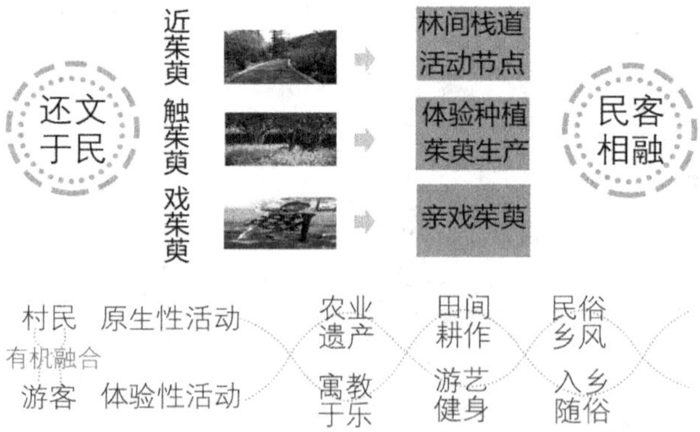

图6－39 村民原始性活动与游客体验性活动的有机融合

自然教育功能的置入在佛坪山茱萸种植区这个拥有得天独厚场地资源、丰富文化传承和区位优势的地方，为自然教育提供了理想的空间载体。近年来，自然教育在中国呈现出井喷式的增长趋势（图6－40），自然教育机构的涌现反映了公众对自然教育的迫切需求。深层生态学观点为自然教育提供了理论支撑。在丰富人们精神生活、增加农民就业机会以及促进游客与村民活动融合的体验式旅游背景下，自然教育得到了更为广阔的发展(图 6－41)。

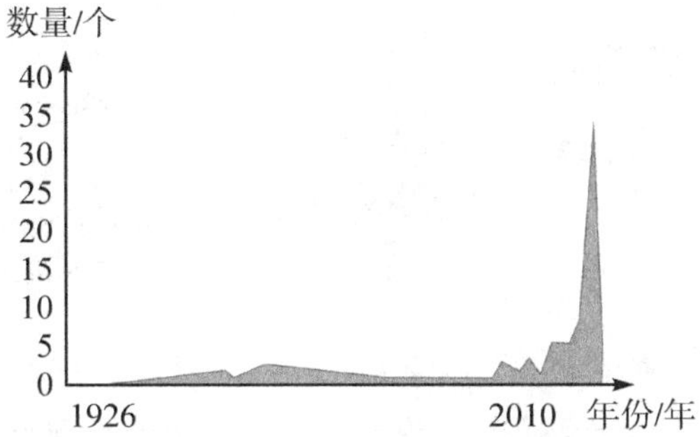

图 6－40 自然教育机构的数量

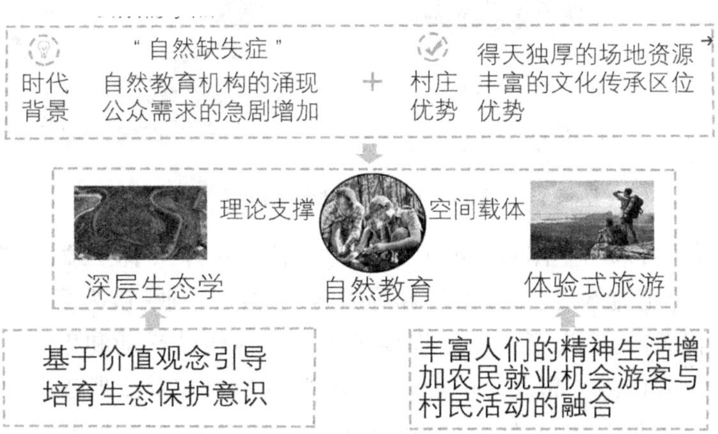

图 6－41 自然教育对乡村的积极作用

借助村庄悠久的农事生产历史，将休闲农业与自然教育相融为一体，推动农业经营方式的创新，提出农耕文化课堂，打造农事体验、都市农夫、作物科普等活动节点，使游客亲身参与，感受并学习农业文化遗产的精髓。在这一过程中，结合山茱萸美食制作与加工，让游客更深入地体验文化遗产传承的脉络，打造富有深度的山茱萸文化课堂。这不仅延续乡愁，更是对传统习俗的继承和发扬，为农村地区的可持续发展注入了新的动力。

6.2.4.3 生产线——遗产为源

以遗产文化为基础，以山体为载体，在坚守生态本底的前提下，打造"遗产景观＋传统风貌＋自然风光"并行的体验式旅游模式。同时提出"生产＋"模式，通过重组产业结构，使第一、二、三产业相辅相成，实现融合发展，进一步丰富了旅游模式的内涵与广度(图 6－42)。游客在欣赏美景的同时，还能深度参与当地的生产活动,感受传统手工艺的魅力。

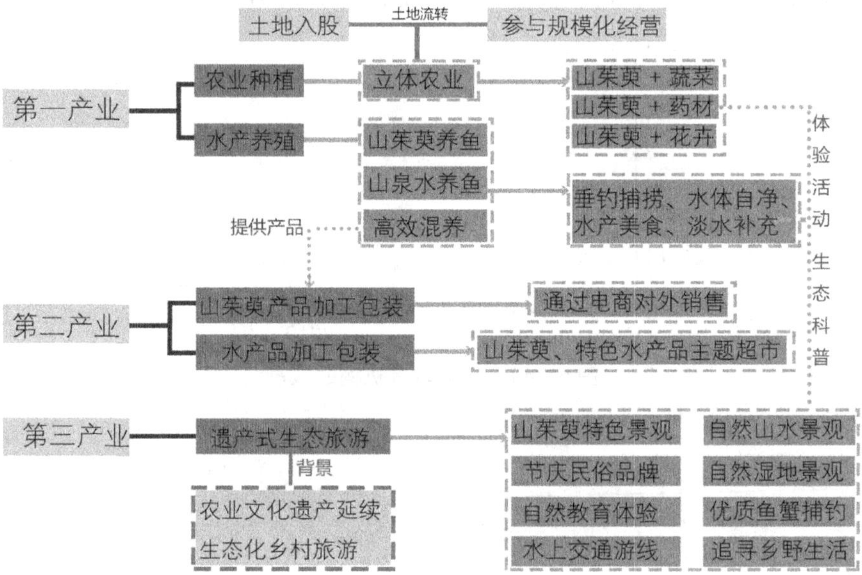

图 6-42　三产融合示意图

第一产业中,采用立体农业的方式,结合"林 + 花卉""林 + 蔬菜""林 + 中药材"以及水产养殖流水养鱼、高效混养等措施,丰富了产业链,为第二产业的产品加工提供了优质产品,为第三产业提供了丰富的体验性活动和生态科普自然空间。第二产业的特色产品通过电商对外销售,并通过茱萸主题工艺品超市进行推广。在第三产业中,生态化乡村旅游延续了山茱萸农业文化遗产,为体验式生态旅游提供了支撑,包括山茱萸遗产景观、山茱萸养生产品、山茱萸文创产品、自然湿地景观、自然教育体验、水上交通游线、优质鱼蟹垂钓、节庆民俗品牌等特色景观体验。通过对产业结构重组,第一、二、三产业相辅相成,实现融合发展。土地流转模式的多元化则通过形成农村合作形式来统一组织山茱萸生产。在此过程中,借助佛坪县政府的推动以及能人大户的引领,形成农村合作形式,组成山茱萸生产合作组织和销售服务合作组织。村民可通过参与规模化经营、土地出租、土地入股等方式赚取佣金收入、租金收入、分红收入等。这种多元化的土地流转模式使得村民可以根据个人情况选择不同的挣钱方式(图 6-43),从而获得可持续且长期的经济收入。

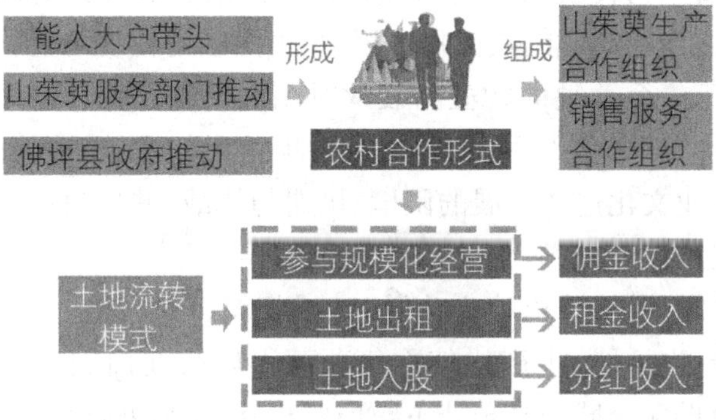

图 6－43　土地流转模式多元化

养殖模式多元化(图 6－44)是通过建立人工湿地,集中处理立体农业及精养鱼塘产生的养殖污水。经过处理后用于农业灌溉和补充养殖淡水,从而形成生产生态良性循环。在这一模式中,对两河进行部分截流,形成小池塘,构建流水生态圈养区与净化区,这一措施能够有效收集残饲粪便,施于田间提高产量产值,同时净化区可将养殖污水就地自净。截流形成的池塘达到流水养鱼的效果,解决了水资源和养鱼蟹产生的自身污染等问题。

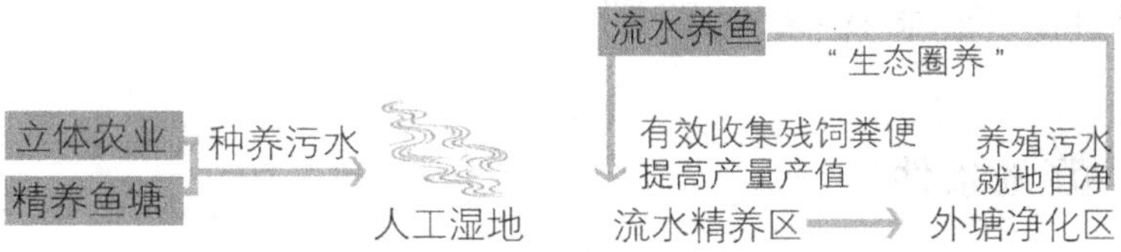

图 6－44　养殖模式多元化

社群共同加入的生态型旅游开发模式,得益于佛坪县政府的组织协调,乡村制定了旅游环境保护责任制度,监督村庄生态环境建设和保护工作。同时,与周边乡村协调实施佛坪旅游文化带的建设方针,形成区域性的协同发展。为提升村民文化素质和经营水平,可以加强与科研学术机构合作,积极推动科研机构与村民进行交流沟通,提供专业指导,帮助村民更好地开展乡村旅游,并提高他们的文化素养和环保意识。村民在此过程中不仅能够了解到新发展理念,学习到实用的经营方法、提高文化水平,还能更深刻地认识到环境保护的重要性。这一系列举措为佛坪山茱萸种植区的可持续体验式旅游奠定了坚实的基础。

6.2.5　结论

近年来,乡村旅游呈现蓬勃活力,接待游客数量不断增加。然而,在这一快速发展的过程中,随着经济效益提升,生态资源的过度消耗引发了一系列生态环境问题，同时也对乡村传统文化的延续提出了挑战。佛坪县的山茱萸作为全国农业文化遗产，在当前高速的城镇化进程中，正面临着传统与现代交融中停滞不前的困境，正处于一个关键的转型与衰败时刻。如何保护和善用这张展示中华遗产精神和农业遗产文化的国家名片，是一项重大的考验。因此本研究分析评价佛坪山茱萸农业文化遗产发展的困境、机遇与挑战，并探讨佛坪山茱萸农业遗产的可持续发展路径与方法。

通过系统性规划设计，以遗产为脉、三线相织，巧妙塑造出秀丽佛坪。三条主线——生态线、生活线、生产线使百年茱萸得以崭新面貌，变身为遗产公园。遗产游览漫步道贯穿全域，与24处主题场所相互交融，共同演绎新旧融合、层次丰富的空间场所。公共活动空间及重点设施巧妙分布，遗产特色遍地脚边，成为身边的一部分。在富有韵律变化的地形中，人们激发出对生活的无限遐想，在焕发新生的遗产中与百年茱萸建立起亲密联系。在遗产公园里，人们可以漫游、嬉戏，尽情享受遗产地的自然乐趣。综上所述，以“遗产景观”为主线，引领佛坪遗产美学，呈现出丰富多彩的文化遗产与自然风光的和谐交融。

6.3 自然资源保护与利用为主导——汉中市洋县朱鹮湿地保护区康养农业规划

6.3.1 场地条件

洋县坐落于陕西省西南部，地处汉中盆地东缘，北依秦岭，南靠巴山。洋县龙亭镇地理位置优越，位于汉中盆地东缘，汉江北岸，秦岭脚下。镇内有蔡伦纸文化博物馆、蔡伦墓祠和镇江寺等多个引人注目的旅游景点。

大龙河项目场地位于洋县龙亭镇张王村、楚家村、堰坝村以南，镇江村、关家坡村以北，圆顶山以西，汉江北岸。这一地域集聚了多样的自然和人文景观，为游客提供了丰富的旅游体验。

大龙河项目场地位于秦岭南北分布线，受北亚热带内陆性气候的影响，这里四季分明，季节变化显著，年均降水量800 mm，主要降水期为7—9月，年均气温在16 ℃左右，年最高气温可达37 ℃，最低气温 -4 ℃（图6 -45）。这种宜人的气候为各类动植物繁衍生息提供了适宜的环境条件。

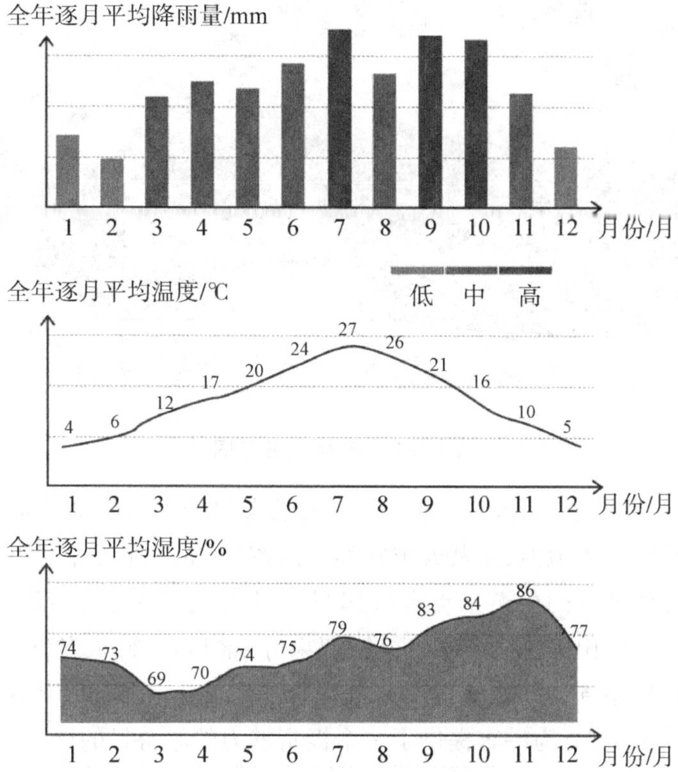

图 6－45　自然气候分析图

龙亭镇交通便利，境内有两条县道，其中贯溪至长溪公路长 5 km，杨湾至华阳公路全长 6 km，村级水泥路长 56 km，为当地居民提供了便捷的交通网络。

大龙河是龙亭镇境内最大的河流，全长 9 km，发源于长溪镇，最终汇入汉江，此外还有龙王潭水库，为当地提供了丰富的水资源。

地理上，龙亭镇位于秦岭脚下，汉江以北。地形多样，丘陵和平川相结合，地势北高南低，平均海拔 472 m。在境内，海拔 750 m 的五香山是最高的山峰。

该地区的植物种类丰富，包括多种高大乔木类植物，如银杏、冷杉、香樟和红豆杉等，植物种类包括 72 科、152 属、321 种。在林药资源方面，涵盖了杜仲、厚朴、天麻和绞股蓝等 469 种。该地区还以小麦、油菜和水稻为主的粮食作物为特色，同时还有花生、高粱、玉米、黄豆和薯类等农作物。野生动物种类众多，包括鸟类 30 余种、昆虫类 30 余种、兽类 20 余种、鱼类 15 种、两栖爬行动物 10 余种，其中，涵盖了 6 种国家一级保护动物和 11 种国家二级保护动物（图6－46）。

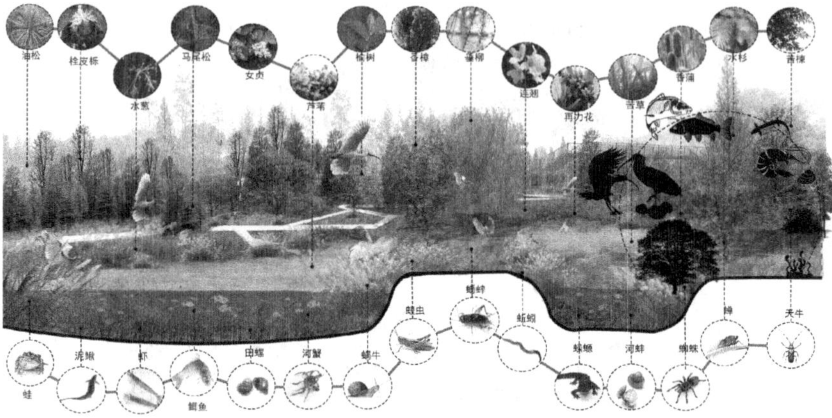

图 6－46　动植物分布图

洋县地处汉江之滨，蓝天白云下，青山翠水勾勒出一幅如诗如画的美丽画卷。在这片秀丽的土地上，蕴藏着丰富的旅游资源，涵盖了多个可开发的旅游项目。目前已对外开放的旅游景点有朱鹮梨园景区、华阳景区、蔡伦祠、长青自然保护区、黄金峡、青山关、盛唐开明古塔、智果寺、梁马寺、智果寺（图 6－47）。游客在洋县可以领略到自然之美和人文之韵的完美结合。洋县以其独特的地理位置和丰富的旅游资源，为游客提供了一个极富魅力的旅游目的地。

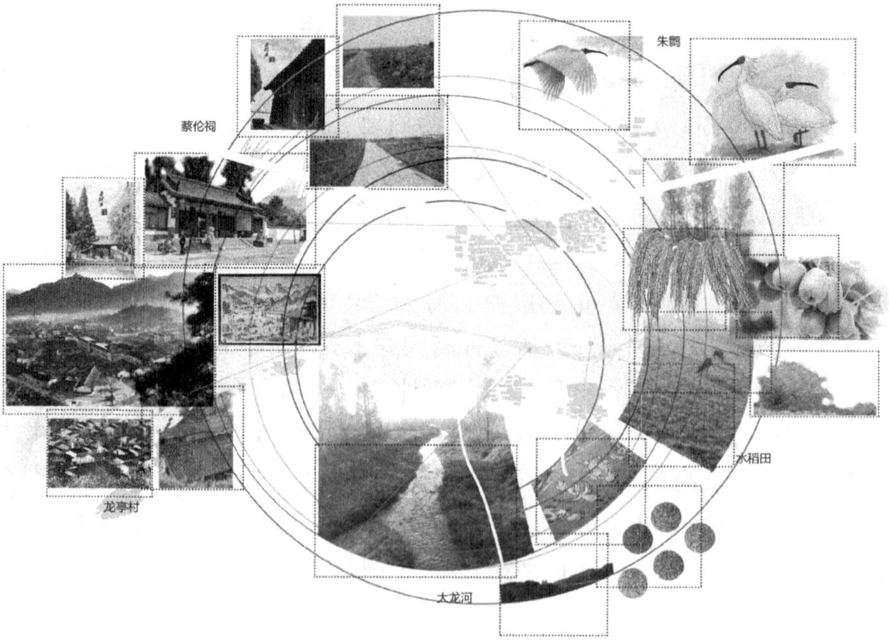

图 6－47　现状分析图

6.3.2　场地存在问题及对应策略

6.3.2.1　设计场地概况

设计基地位于龙亭镇南部,距离洋县县城 9 km。大龙河是境内最大支流,河道长达 9 km,起源于长溪镇,最终汇入汉江河,以及龙王潭水库。设计方案选取大龙河道约 4 km,贯跨北边 108 国道与西汉高速公路,河道南侧紧邻秦岭,西南方向注入汉江。

选取的大龙河场地具有河流稀少,环境破坏的特点。此处的农田面积广阔,由于当地居民为了提升庄稼产量而改变传统农业方式,导致冬季水田地块面积缩减,这对朱鹮等野生动物的觅食地造成了一定威胁(图 6－48)。

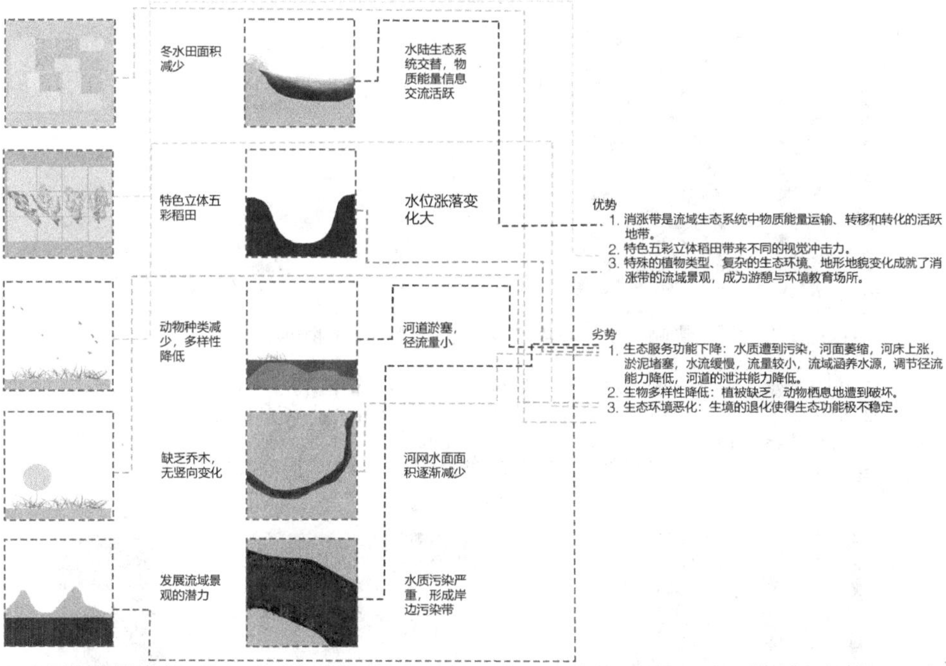

图 6－48　优劣评估图

6.3.2.2　存在问题及对应策略

本场地环境现状存在众多问题,针对这些问题,需要制定相应的策略逐一解决。研究主要从挖填方、净水系和生境营三个方面展开对现状的分析,并提出对应策略(图 6－49)。

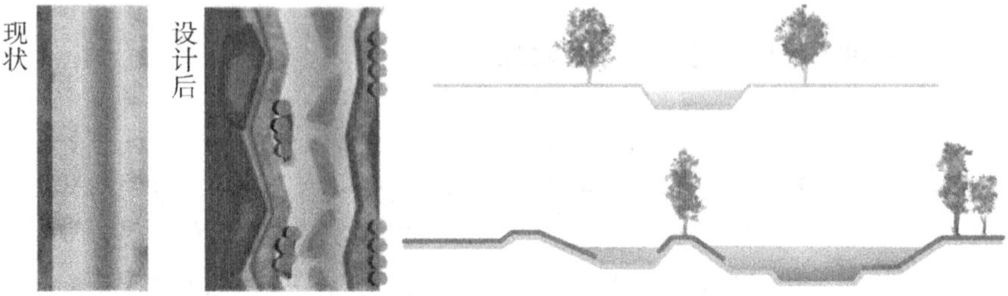

问题：场地河道渐于狭窄，水流缓慢，流量较小。流城涵养水源、调节径流能力降低；河道的泄洪能力降低。
挖填方：
1. 河道需拓宽，产生大量土方，堆岛形式，土方就地解决平衡土方。
2. 驳岸弯曲，井在河床局部形成深水泡，将水流变缓。
3. 留岛方式将河道大乔木保留。

(a) 挖填方

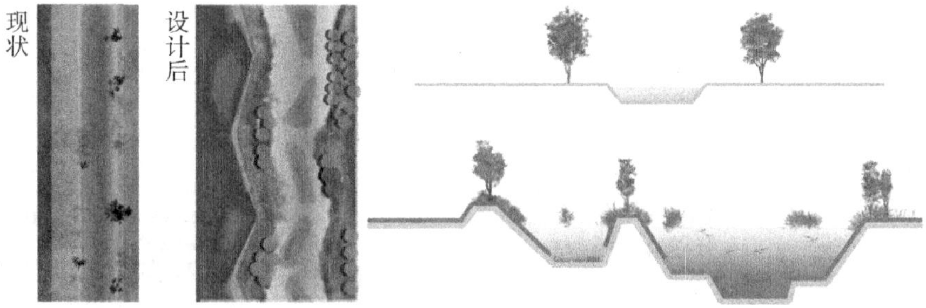

问题：受人为活动影响，生活垃圾排放，水质较差，生物链不完整。
净水系：
1. 土壤要素。湿地土壤对水中悬浮颗粒的吸附和沉降作用。
2. 植物要素。在水生植物群落完整基础上，保持净化能力在季节上的衔接。
3. 动物要素。鱼类、虾类、蛙类以及其他湿地植物多样性。
4. 微生物要素。土壤中的微生物配合植物吸收降解污水中的有害物质。

(b) 净水系

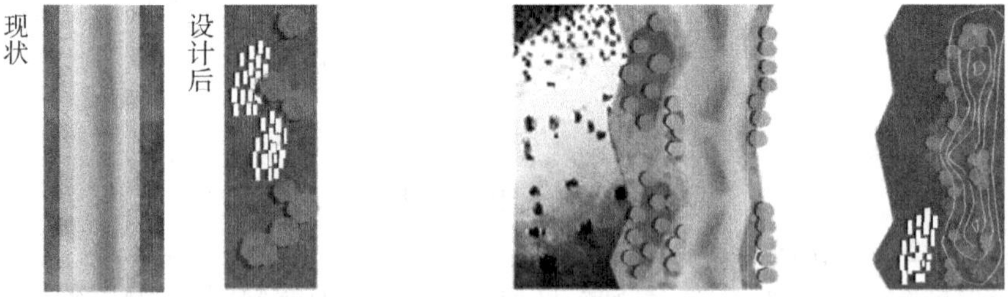

问题：场地庄稼用地多改为旱地，冬水田大量就减少，地势平坦，缺乏竖向变化，空间单调。朱鹮栖息地生境遭到破化。
生境营：
1. 夜宿生境（栖树高大、茎粗、冠层厚）。
2. 觅食生境（零水田、河滩湿地）。
3. 营巢生境（接近居民点）。

(c) 生境营

图 6－49　问题与策略分析图

场地河道逐渐变狭窄，河床抬高，水流缓慢，流量较小，导致流域水源涵养和调节径流能力降低。针对这一问题，首先，需要对河道进行拓宽，产生的大量土可通过堆岛的方式就地解决，形成自然而有机的平衡土方。设计弯曲的驳岸，在河床局部形成深水泡，使水流变缓，同时，采用留岛方式保留河道中的大乔木，有助于维护水域的生态平衡，促进生物多样性增加。

人为活动引发生活垃圾的排放，导致水质下降，生物受损。解决这一问题的策略涉及多个要素。在土壤层面，可充分利用湿地土壤对水中悬浮颗粒的吸附和沉降作用，提高水体的净化效果。在植物层面，保持水生植物群落完整性，提升植物的净化能力，并增加不同季节的植物以确保在季节上衔接景色。在动物层面，增加鱼类、虾类、蚌类以及其他动物，丰富水域的生物多样性。此外，通过利用土壤中的微生物与植物协同作用，可以更有效地吸收和降解污水中的有害物质。

场地地块多为农田用地，种植水稻、小麦、油菜等作物。大乔木数量较少，导致生态空间缺乏竖向变化，显得单调。朱鹮栖息地生境也遭到破坏。应对策略首先是需要保护并引入高大、茎粗、冠层厚的乡土树种，同时建设良好的夜宿生境，为朱鹮提供适宜的栖息环境。其次，可以通过扩展冬水田面积，维护河滩湿地，创造更丰富的觅食环境。在植物种植方面，注重马尾松林、次生疏林的营设，有助于创造适合朱鹮营巢的生境。

6.3.3　设计总则

6.3.3.1　设计原则

(1)朱鹮的生境打造

根据朱鹮的食性、活动空间、营巢空间分布等特点，充分考虑其觅食、栖息、繁衍等方面的特殊需求，精心设计和打造适宜其生存的环境。

(2)朱鹮的觅食场维护

在了解朱鹮的觅食特点的基础上，应当在保证周围环境良好的前提下，合理配置食物源，特别在冬季这一食物匮乏的时期，必须确保冬季水田地块的面积，以满足朱鹮的食物需求。通过科学的农田规划和管理，可以有效维持冬季食物资源，为朱鹮提供可靠的觅食场所。

(3)生态效益提升

现存点化分布的朱鹮栖息地需要得到合理规划，通过植物绿色群落规划、水系改造、地形处理等多种措施，使其成为一个连续性且完整的生态系统，增加朱鹮栖息地的数量和连通性，最大程度发挥场地区域生态效益价值。

(4)活动区域划分

朱鹮对人类干扰的忍耐距离有中警戒距离和惊飞距离,针对距离的不同,必须进行合理规划,以减少对其生活的不良影响。科学规划朱鹮栖息地区域与人类活动区域,可以达到最佳的和谐共处效果(图6-50)。

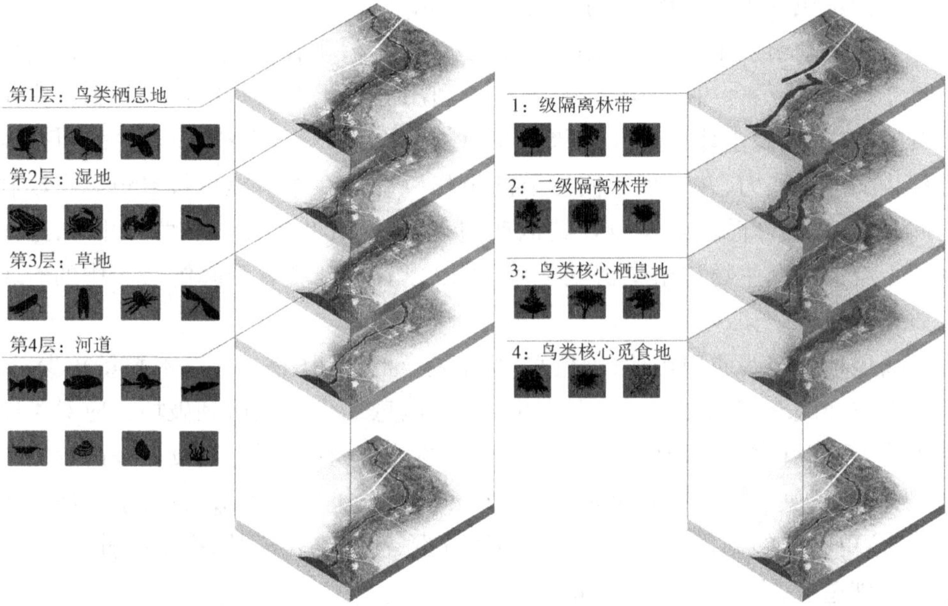

图6-50　生态系统分析图

6.3.3.2　设计理念

在对大龙河现状进行深入研究基础上,结合场地的独特特色,总体规划秉承了“3E”(ecological、evolution、entertainment)模式的设计理念。首先通过恢复河道生态环境、重拾传统水田种植以及丰富竖向空间的设计,旨在实现生态平衡,为朱鹮提供更为适宜的栖息场所。其次,规划中着重挖掘农耕文化,并建设特色稻田景观,为游客提供了集教育与娱乐于一体的农耕文化体验基地,进一步增强对农耕文化的认知。最后,规划满足人类亲近自然、体验田园时光需求,设计具有吸引力的景观和人性化的空间,使游客能够在这片自然环境中放松身心,尽情感受大自然的美好。规划不仅注重生态保护和文化传承,还致力于提供令人愉悦的休闲娱乐体验,以满足当代社会对自然与文化的多层次需求。

总体而言,通过贯彻“3E”设计理念,旨在实现生态、文化和娱乐的有机融合,从而创造一个可持续发展的、富有活力的大龙河生态文化景区。

6.3.4　朱鹮湿地保护区康养农业园总体设计

6.3.4.1　规划结构

根据场地的地理条件、朱鹮对人类干扰的忍耐距离以及景观设计理念，本设计构建了“一核心、两带、三板、十四景”的总体规划结构（图 6－51、图 6－52 和图 6－53）。

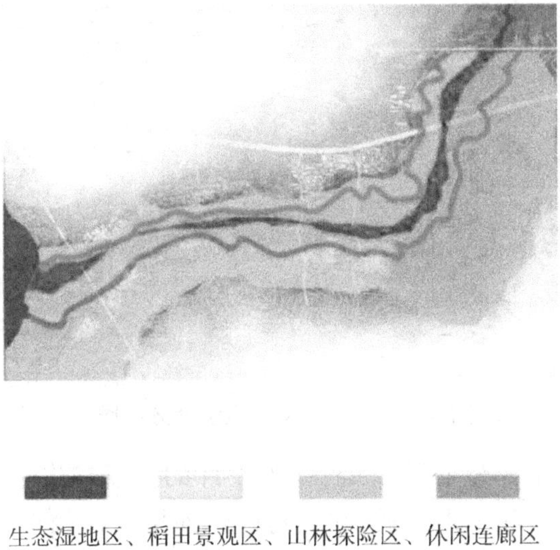

图 6－51　规划分析平面图

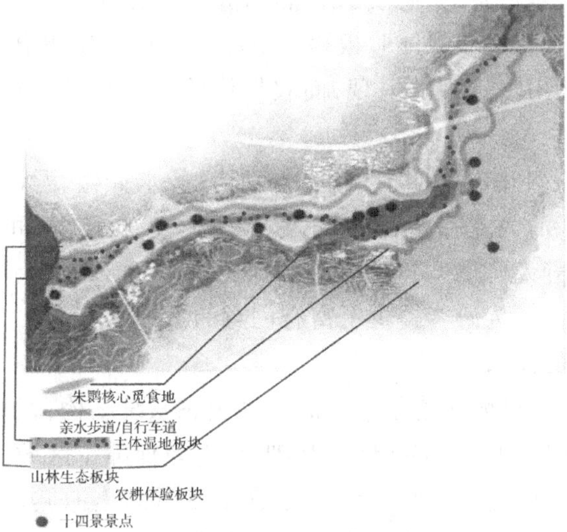

图 6－52　功能分区图

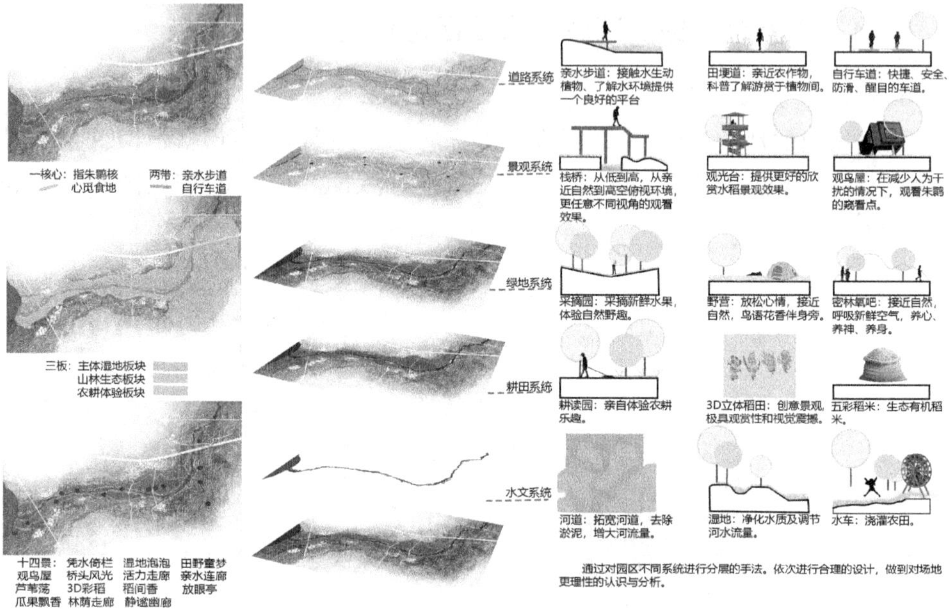

图 6－53　规划及层级设计分析图

“一核心”是指朱鹮核心觅食地，作为设计的焦点和生态保护的核心区域。“两带”包括自行车道和亲水步道，它们巧妙地连接起特色景观节点，形成有机、井然有序的公园总体布局。自行车道为游客提供了便捷的交通方式，而亲水步道则使他们更贴近水域景观，感受大自然的静谧与美妙。“三板”涵盖了主体湿地板块、山林生态板块和农耕体验板块。主体湿地板块强调湿地生态保护，山林生态本块强调自然山水景观的呈现，而农耕体验板块则通过互动的方式展示传统农耕文化。

“十四景”是设计中的十四个景点，分别为：凭水倚栏、湿地泡泡、田野童梦、观鸟屋、桥头风光、活力走廊、亲水连廊、芦苇荡、3D 彩稻、稻间香、放眼亭、瓜果飘香、林荫走廊和静谧幽廊。这些景点以丰富多彩的形式展示了大龙河生态文化景区的特色和魅力，为游客提供了富有创意的参观体验。

6.3.4.2　功能分区

大龙河朱鹮湿地公园构建了一个健全的生态系统结构，在提高其生态功能、自我维持功能及水质和生物多样性的基础上，有效保障了区域生态安全，为朱鹮提供了理想的栖息环境。其次，本设计结合了具有本土地域特色的五彩水稻景观，同时满足了人们的各种活动需求。公园的功能分区包括生态湿地区、稻田景观区、山林探险区、休闲连廊区，为游客提供了多元化的体验和活动选择。

6.3.4.3　总体布局

大龙河朱鹮湿地公园的总体布局如图 6－54 所示。

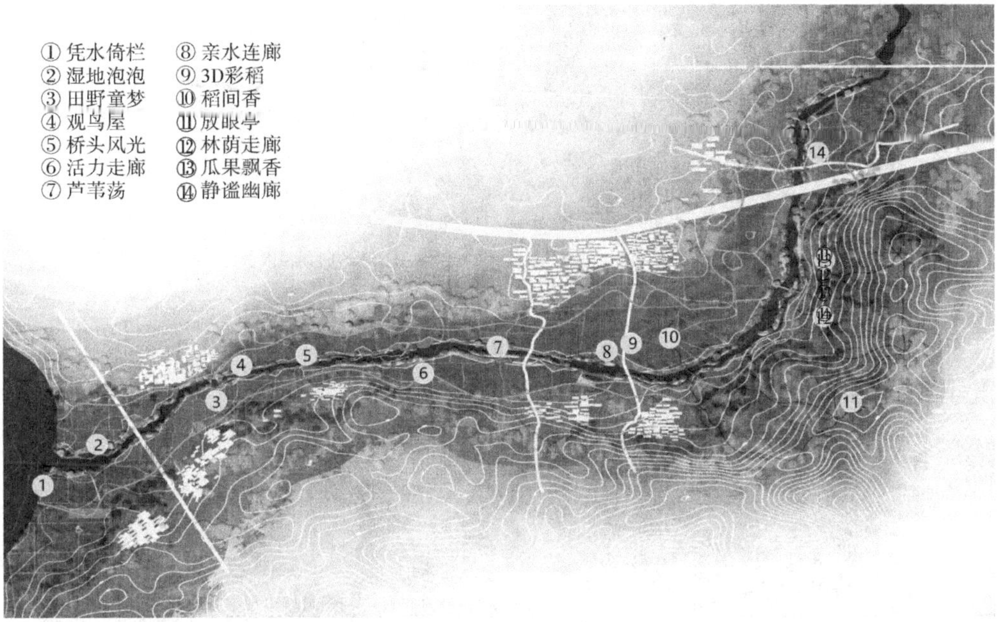

图 6－54　总体布局平面图

6.3.5　分区详细设计

6.3.5.1　生态湿地区

湿地景观带依托大龙河河道，打造一条生态水系湿地。通过湿地自我调节维护生物多样性，吸引朱鹮在此栖息，不仅为整个区域带注入了生机，同时展现了植物自然生态景观的独特魅力。

在湿地景观带中，以树岛和湿地泡泡应对水位变化，调节河水径流，为水生植物和水生动物提供了理想场所。通过集聚土壤、植物、动物、微生物四要素，进行物理过滤、生物吸收和化学合成与分解有毒有害物质，实现净化水系的目的。整体湿地可以在不同季节水位变化中维持生物的丰富度，达到维持生态平衡的目标。

在低水位时期，草本沼泽初露以及冬水田为朱鹮提供了觅食地。在常水位时期，河道沿岸出现丰富的次生小物种，适当的水量促进了季节性植物及水生鲫鱼、虾、螺、泥鳅等动物繁衍生长，为朱鹮提供多样化的食物资源。在高水位时期，河水漫过大多地形，此时通过拓宽河道和填挖土方建设的树岛便发挥了重要作用，潜水植物得以生长，生物多样性发生变化，对朱鹮食物丰富度影响相对较小(图 6－55)。

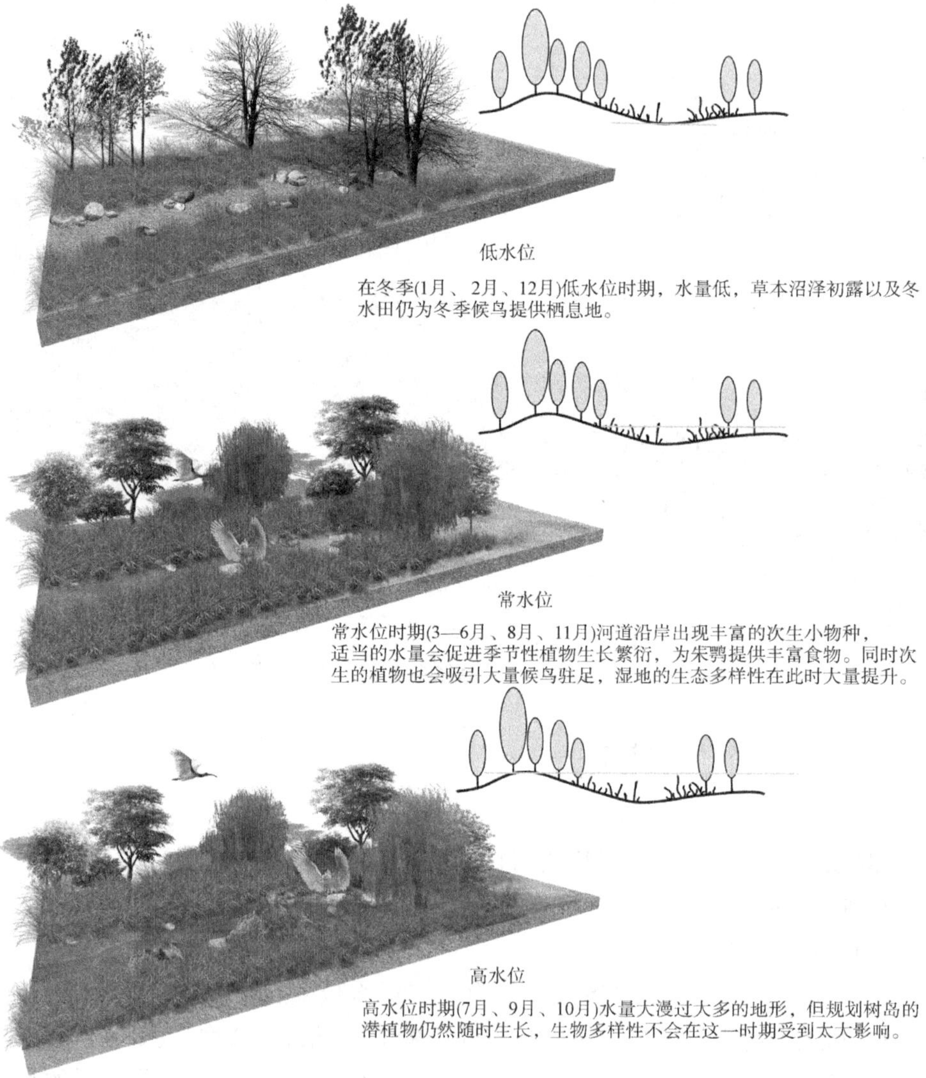

图 6－55　水位分析图

滨水空间的景观环境尤为重要，是设计中独特的组成部分，为人们提供一个舒适、休闲、怡人的亲水环境。由于其带状的亲水空间受到大龙河水流的塑造，形成了蜿蜒的道湾和舒缓的坡岸等多样的空间性。这种形式具有较强内聚性、引导性及序列性，可以有秩序地布局沿岸节点。

在连接水与岸之间的界面设计中，针对河道驳岸的不同形式，采用了生态木捆、生态石笼和生态栅栏墙三种不同的生态驳岸处理方式，为在生态层面进行有效整治和创造出良好的驳岸效果奠定了坚实的基础(图 6－56)。

图 6－56　亲水游步效果图

6.3.5.2　稻田景观区

稻田景观带的设计意在展现宁静的田园乡村风光,以特有彩稻为设计灵感,在充分尊重本土景观和环境基础上,利用当地建筑木质材料,打造绿色、生态、与周围环境相协调的设计。

彩稻景观以五种不同色彩水稻品种为基础,通过在种植前用计算机绘制 3D 立体水稻景观,巧妙展现了水稻的多彩特色。这种创新而富有艺术感的景观设计不仅为当地蔡伦纸文化及秦岭四宝(朱鹮、熊猫、金丝猴、羚牛)进行了宣传,而且为游客提供了一场具有冲击力的视觉效果。

稻田中交错的田埂路,以还原和模仿的方式,为游人提供层次丰富、趣味性强的游览路线。特色节点“田野童梦”以“我的菜地我做主”为口号,将认领田地、瓜果采摘相结合,以稻作景观特色为主进行布局规划。这种农事体验类景观不仅可以展现村落传统农耕文化,还能运用地域沿革下的农耕传统耕种形式吸引游客进行体验。对现代都市游客而言,这是回归自然、放松减压、享受慢时光、滋养心灵的理想场所。

所有活动以二十四节气及农耕八节为基点,设计规划出不同时节人们参与不同活动的农事体验(图 6－57)。主要体验项目包括园艺习作的整地(粗耕、细耕、盖平)、浇灌、育苗、耕种、施肥、除草、捉虫、收成等。通过这样的设计,实现教育与娱乐融合,加强传播和发扬传统农耕文化效果(图 6－58)。

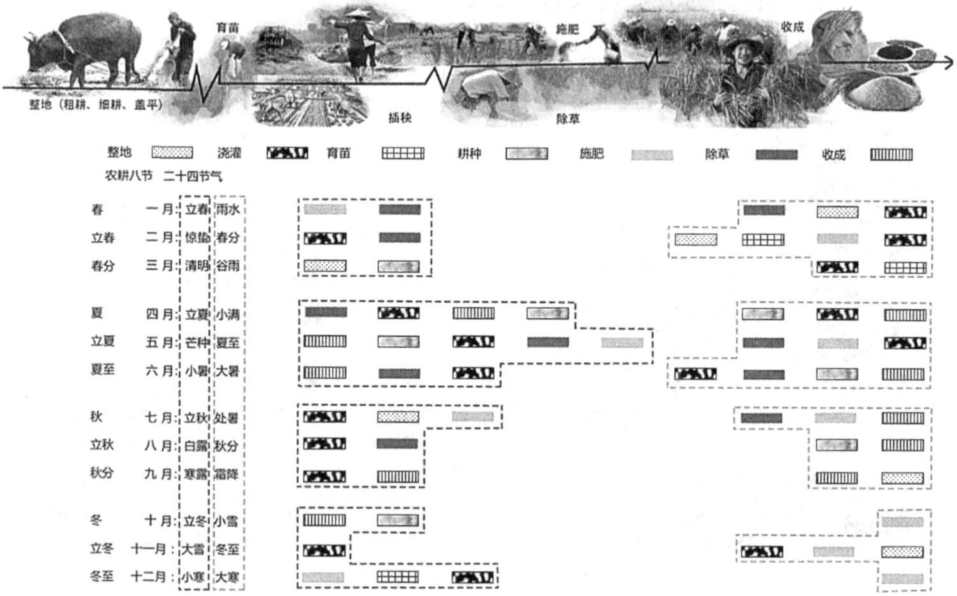

图 6－57 农事活动时间轴

图 6－58 稻香间效果图

稻田景观采取有机种植方式，摒弃了化肥农药的使用，在应对水稻虫害问题时，朱鹮成了水稻的忠实保护者，通过捉食蝗虫来呵护水稻。这种和谐的相互合作使两者共同达到了最佳生态系统循环，实现了自然生态系统的自我调节，展现了人与自然和谐共生的美好画面（图 6－59）。

图 6－59　农事体验效果图

6.3.5.3　山林探险区

山林探险区以攀爬探险功能为主，整体设计追求打造原始林木景观效果，呈现出幽静的植物景观。设计中考虑到游客的体验，铺设了舒适整洁的旅游步道，设置了传统风格的休憩放眼亭，为游人提供了宜人的放松空间。这里是游客漫步、俯视赏景、呼吸新鲜空气、聆听自然鸟鸣声的绝佳去处。

在山林探险区，林木的种植是有计划的，并逐步过渡，以形成稳定的乡土植物群落。这些植物为鸟类提供栖息地，特别是选择了本土浆果类植物，吸引鸟类筑巢。通过五年周期性改进，从最初在地上播种乡土植物和其他树种，到整体建设绿色系统，地表植物的丰富度得到了显著提升，但是在这个时期，植被的竖向变化可能还相对较小。五年后，速生树种如楸树、苦楝、白蜡、油松等快速生长，形成疏林灌木丛，加强了整体上的竖向变化。十年后，部分速生树种可能会死亡，逐步补种慢速生长的树种，使整体群落系统得以稳定，并丰富了竖向变化。二十年后，整体形成一个稳定的原生态系统。本设计对生态系统有计划且可持续的规划和管理，为鸟类提供栖息地，也为区域内的生物多样性和生态平衡做出了积极贡献（图 6－60）。

瓜果飘香节点充分利用原有农田肌理，果林以种植当地特色樱桃、猕猴桃、梨为主，并适度引进其他果树品种，形成了大面积的采摘果园区。在采摘果园中，设置了几处休憩廊架和休闲农舍，游客可以在这里亲自采摘和品尝各种生态水果，尽情体验大自然的乐趣。

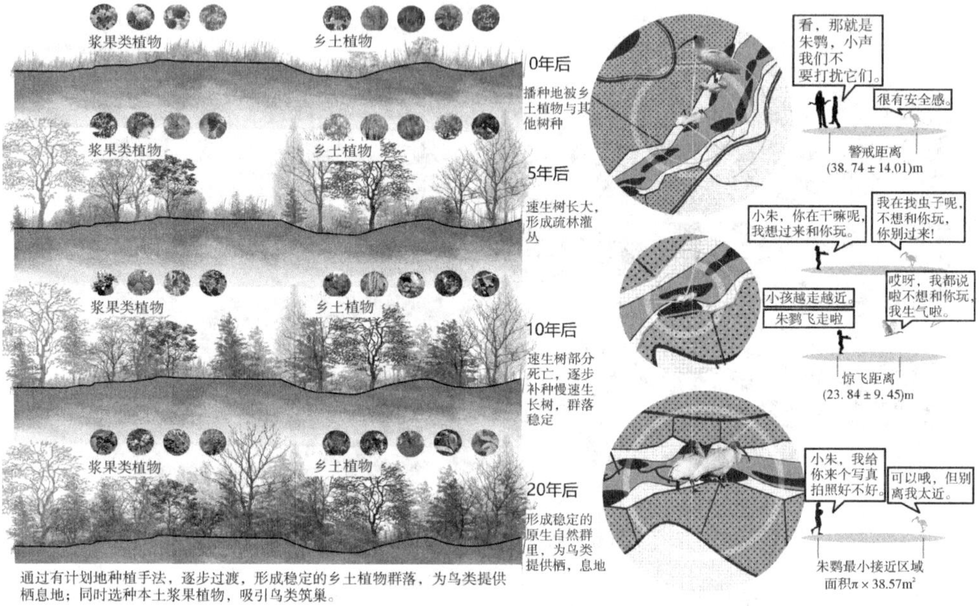

图 6－60　防护绿地及朱鹮对人干扰忍耐度分析图

6.3.5.4　休闲连廊区

休闲连廊区以自行车道为主体，沿大龙河及稻作田两岸分为两带（图 6－61）。以低碳、环保、休闲为理念，为游客提供了一个快速游览园区的方式。同时，为周末以家庭为小单位人群提供了一个感受自然野外营地、放松心情的便捷场所。自行车道采用透水性彩色沥青作为装饰面，其中代表激情的红色车道就像两条红色彩带飘逸在公园中，为整个区域增添了活力。红色沥青车道具有弹性的表面，深受儿童喜爱，同时能在游人骑行时提供更好的防滑性、安全性和醒目性。这一设计旨在创造一个多功能、环保、有趣的休闲区域，满足不同人群的需求。

图 6－61　自行车游道效果图

6.3.6 景观设计详情

6.3.6.1 景观视线分析

景观视线分析图如图6-62所示。

图6-62　景观视线分析图

6.3.6.2 道路及交通设计

(1)出入口

考虑到场地的现状和设计需要,在东南西北四个方向共设置了五个开放性入口,其中包括两个在西面和北面的开放性入口。

(2)道路

在进行道路交通设计时,要根据空间大小和人员使用情况,考虑适宜尺寸、合适材料及质地。在园路规划上,要充分考虑游客的行为特征和游览路线,依照地形地貌的要求,将分布点化的景点有机地连接起来,形成功能完备、景观性强的交通路网面。

(3)园路

①公园一级园路。作为园区的主干路,宽度为3 m,从各个路口延伸至江边,沿路设置景观节点,表面采用红色沥青饰面。

②公园二级园路。设计为游步道,宽度为1.5 m,园路线段多迂回曲折,引导游客前往不同景观点,增加游客游览时间,提供游客多角度欣赏景观的视角,表面铺设透水砖。

③公园三级园路。田埂道以网状铺设于稻作田中,为游客提供近距离接触自然、参与生态农业的机会。

6.3.6.3 驳岸设计

场地现有的驳岸包括自然驳岸和稻田驳岸，场地植被稀疏，种类单一，缺乏竖向变化，植物层次丰富度较低。

由于需要开挖拓宽河道，考虑到大龙河水位变化幅度变化相对较大，水位在一年中7—9月相对较高。因此，在驳岸设计中，强调了固土和泄洪功能，选择了具有生态环境优势的处理方式，主要采用生态木捆、生态栅栏墙，辅以生态石笼。最终的驳岸将呈现以下五种驳岸类型：稻田＋河水、自然驳岸＋河水、木栈道＋河水、木桥＋河水、水平台＋河水，使驳岸成为场地中的生态亮点（图6－63、图6－64）。

6.3.6.4 观景栈桥设计

观景栈桥设计充分考虑了保护自然景观，生态木质观景栈道走廊巧妙地蜿蜒在水稻田之上，为人们搭建了一个可以从不同方向获取独特感受的场景效果（图6－65）。这条栈道走廊不仅提供了欣赏周围自然美景的机会，还为游客创造了休息停留的地方。在这里，游客无论从高处俯瞰，还是从低处仰望，都能够体验到心旷神怡的感觉。这样的设计旨在为游客提供心理和生理上的联想及共鸣，让人们在欣赏美景的同时，也能够深刻感受自然的魅力。

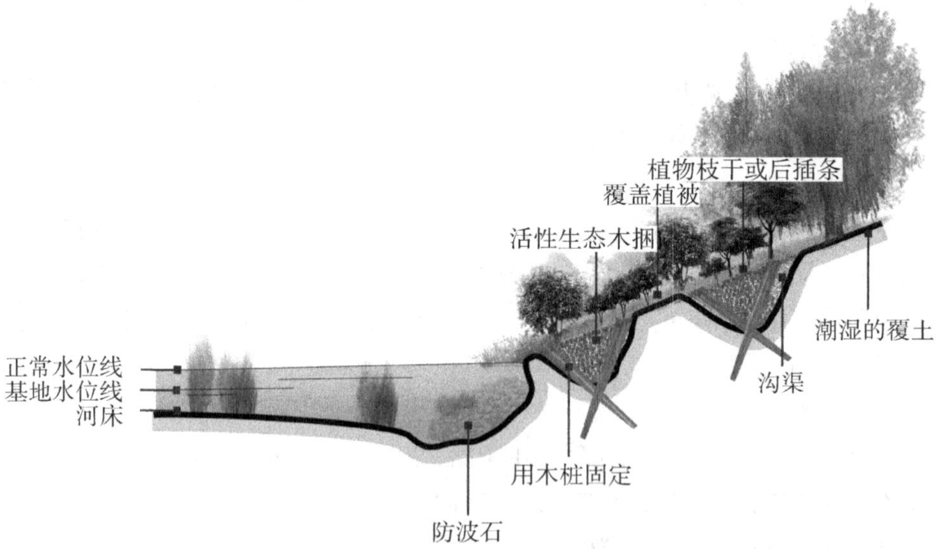

（a）生态木捆

图6－63 生态驳岸处理方式展示图

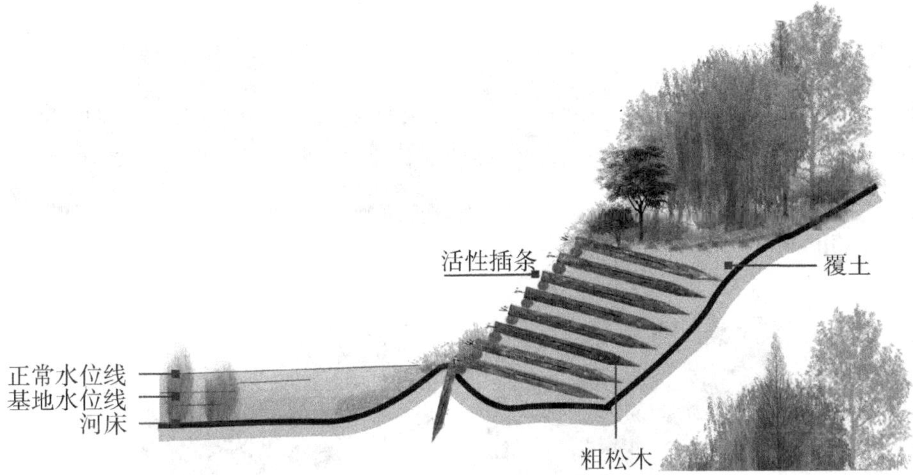

（b）生态栅栏墙

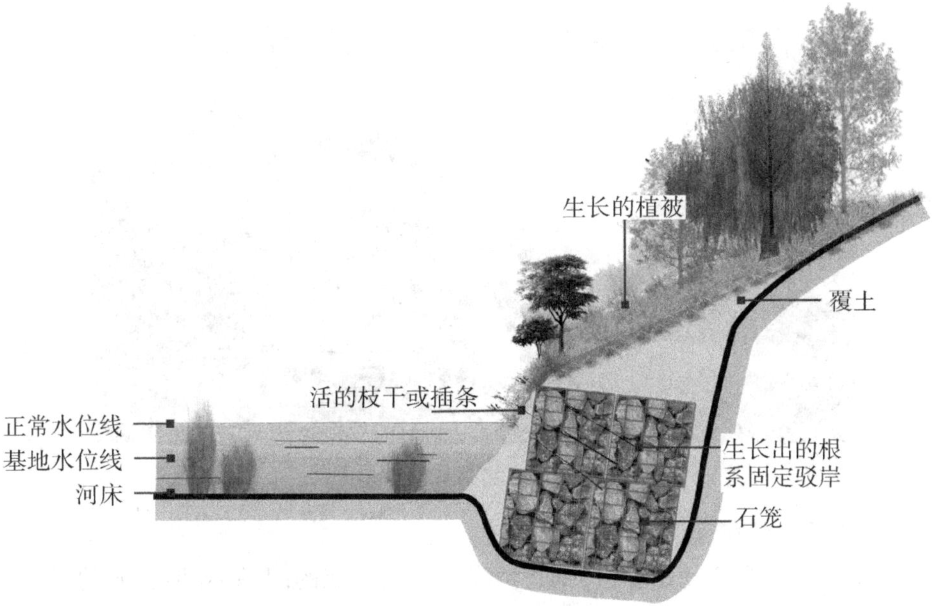

（c）生态石笼

图 6－63　生态驳岸处理方式展示图

图 6－64　驳岸类型展示图

图 6－65　游览栈道效果图

6.3.6.5　观鸟屋设计

为了减少人为活动影响，特别是由噪声干扰造成的问题，湿地公园的设计需要有效地隔离人类活动与鸟类活动。在设计中，将游客的活动区域进行集中隔离，并在大龙河浅滩湿地树岛中分散设置 5 个观鸟屋。在观鸟屋周围种植大量植物，这样不仅对观鸟屋进行了遮蔽，还减轻了噪音对朱鹮的干扰（图 6－66）。观鸟屋设计以本土建筑木材为主要材料，可以更好地融入自然环境。建筑主体四周全面包围，前、上、左、右均设有通透窗户，每个观鸟屋可以为 2～3 位游客创造多角度观鸟效果。由于人们天生有窥探的心理，在四周植被茂密之下，为游客设计了一个优越的窥鸟点。同时，在河道中同样设置鸟岛，为朱鹮等涉水鸟类营造觅食地。亲水平台的游览点也多设置在远离朱鹮觅食地的边缘地带。此外，通过限制活动面积以及设计园路宽窄，有效减少了游客人流量，从而减少了游客对鸟的干扰。

图 6－66　观鸟屋效果图

6.3.6.6　植物设计

公园绿化树种的选择不仅要考虑植物的地域分布和特色，还需充分考虑植物的自然分配规律。在选择树种时，以乡土树种为主，引进树种为辅。选用具有经济价值和观赏价值高的植物，以充分展现当地自然的乡村景观，旨在保持长久生态效益和景观效果，同时保持生态平衡。

在本设计中，采取了保留和维护当地乡土野生植物的策略，如野生龙须草（蓑草）、白茅、黄背草、鹅观草等。同时，为了丰富湿地环境，引入了一些新的植物种类，包括银杏、柳树、榆树、白蜡树、栓皮栎、马尾松、红豆杉等，以打造生态多样性更加丰富的大龙河湿地。在选择绿色植物时，要注重考虑它们的抗病性、抗虫害性，以便维护和管理。在植物配置上要特别注重速生与慢生树种结合，速生树种能够在绿化建设的短期内迅速形成绿化效果，而慢生树种则能够保持较好的景观效果和维持长期的生态平衡。此外，在设计中注重常绿树木与落叶树木结合，以实现四季皆景的设计理念，使公园在任何时候都能呈现出美丽的自然风光。

6.3.7　结论

本设计的基地对象为陕西省汉中市洋县龙亭镇大龙河地块，以湿地公园中朱鹮保护为切入点，同时在总结梳理湿地公园设计的控制体系的基础上，明确了以保护朱鹮为前提的规划设计限制条件。设计结合了当地特色水稻景观，通过创造游憩平台，实现在保护朱鹮栖息地的基础上，满足人类生产、游憩等活动需求。设计的目标是创造合适的游憩平台，使得公园不仅是朱鹮的栖息地，同时也是人们进行生产和休闲活动的理想场所，实现人类与自然的和谐共生，为湿地景观的可持续发展提供了全面而综合的参考方案。

第 7 章　陕南面向不同人群休闲康养农业探索

7.1　面向老年人的安康市平利县龙头茶园康养农业

安康市平利县龙头村 2014 年入选中国最美乡村和中国美丽田园榜单，具有绝佳的天然条件和丰富的康养资源条件。该地区除了有已建成的 2 400 m 康养步道外，还有一所大规模的养老院，吸引着陕西省内外老年人来此度假、康养。

本专题基于对陕西省安康市平利县龙头村实地调研的基础上，充分考虑所在场地特点与背景，通过循证性的设计方法来进行规划康养园。康养园是包含休闲农业、旅游观光、康养复愈等功能的综合地区，设计可从村落建筑空间、自然生态空间和循环农业等方面着手，找到符合生态康养园的规划设计方法，对场地现存问题进行探究并找到激活城镇康养潜力的手段，最后设计生态康养园，以探究生态循环下有机提升康养人居环境的更新策略。本专题针对当前社会上我国老年人口的现实需求，以其场地使用人群的实际需求为根本点出发，进行规划设计，并为其他乡村生态康养综合体的规划设计提供新的思路。

近些年来，随着生活水平的提高，单纯的养生早已无法满足现阶段居民对于提高生活质量的需求，而康养园的设计与建造不仅是这一问题的解决途径之一，更是针对当前社会持续老龄化现象的解决方案中不可或缺的一部分。社会上兴起的康养旅游作为一种备受青睐旅游产业的衍生旅游产品，最初是指与医疗健康相关的旅游产业，即依托于医学产业而兴起的旅游产业，它集合了健康生活、休闲、放松、旅游、社交、锻炼、家庭出游、养生等功能。通过康养旅游业的发展，可以带动龙头村整体有序的协调平衡发展，需要对龙头村打造生态康养园，而要想通过营造村落休闲康养达到乡村振兴的新模式需要注重与休闲农业的结合。

循证性设计是在实证性研究的基础之上参考有效数据研究，进行设计的一种设计方法。园林与绿地是人与自然共生的场所，环境与人类的情感与精神密切相连，优秀的景观环境甚至可以起到促进社会稳定的作用。在目前的景观设计领域中，确实会存在着设计与实证研究关联性较弱的问题。循证性设计应用于当前的景观设计中，两者结合将会为景观场地的使用者带来更适宜的体验。此研究的意义不仅在于可以为休闲农业的发展提供一定的经验，还可以通过康养园的设计整合乡村特色资源进而推动当地城镇化进程。首先，在生态康养园的总体规划中要充分体现因地制宜这一核心内容，全面合理规划场地设计，通过挖掘场地深层次的文化塑造主题形象，促进平利县龙头村未来的绿色生态发展。在龙头村功能的体现上，根据龙头村现有的康养资源属性、山清水秀的景观特点和村落特色梯田环境，在保持原有场地四周高、中间平坦的自然地形和原有完整生态链的基础上，考虑到龙头村以及和其相似的康养园主要发展方向的村落，在整体设计建造中采取措施，实现园区不同功能的分区规划，保证其现有的农业种植区域有一定的保留，同时设立观光农业旅游区和科教功能区。此外，本设计也体现了对农业结构的调整和边缘地区工业化的发展，注重结合龙头村本地特有的产业基础，充分体现出生态旅游的场地特色。

7.1.1 区域概况

7.1.1.1 区位分析

本场地位于陕西省安康市平利县的龙头村（图 7－1），龙头村位于古仙湖景区，是国家 AAA 级旅游景区，距县城 5 km，陆空交通网络相对发达，交通便利（图 7－2）。龙头村周边有笔架山自然风景区、化龙山国家级自然保护区、女娲山风景区、南宫山国家森林公园、千家坪国家森林公园等丰富的旅游资源（图7－3）。

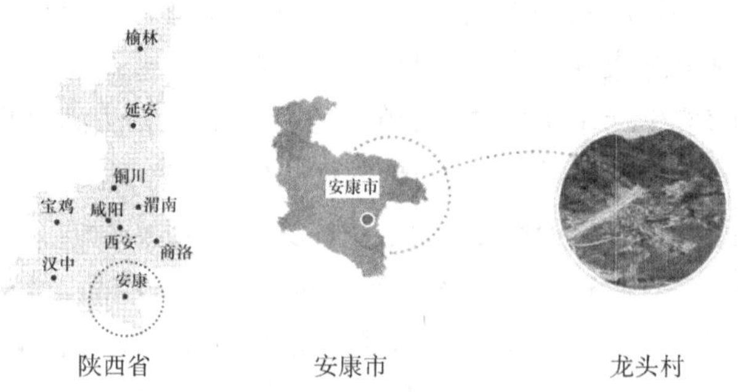

图 7－1 场地位置

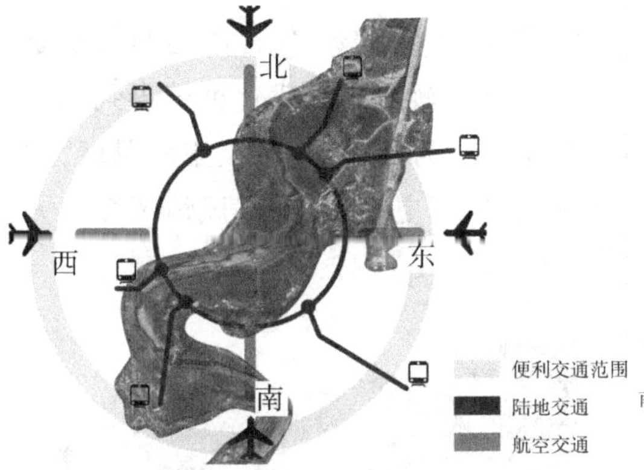

图 7－2　周边交通

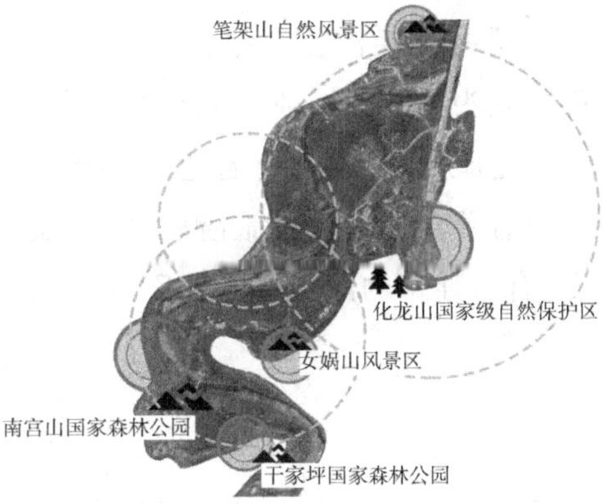

图 7－3　周边旅游资源

7.1.1.2　气候分析

龙头村气候宜人，呈现出明显的季节性变化特征（图 7－4），属亚热带大陆湿润性季风气候，全年气候较为温和，全年日照充足，晴朗天数多，四季分明，适宜行动不便的老年人群进行康养。

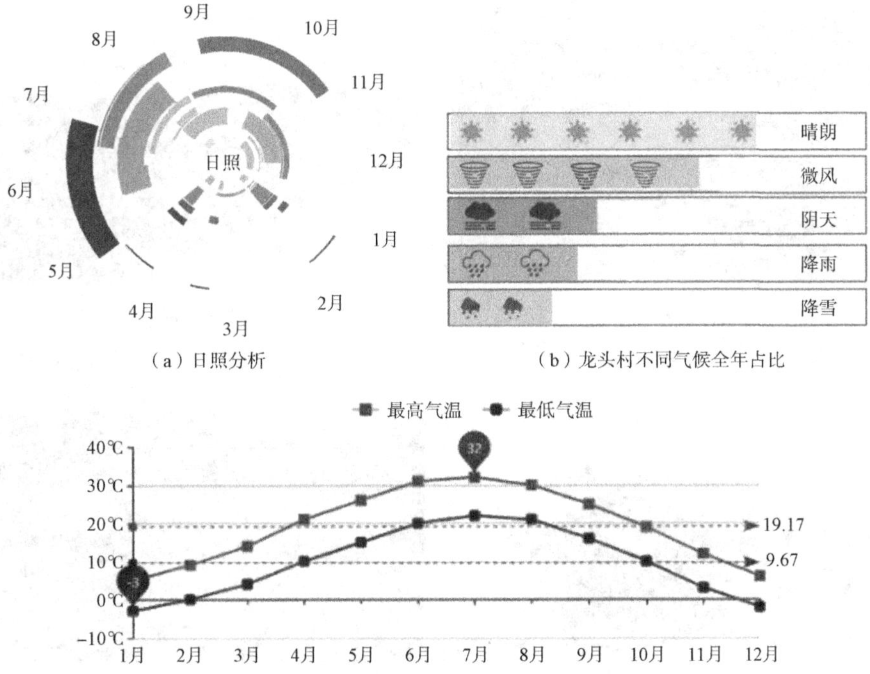

（a）日照分析

（b）龙头村不同气候全年占比

（c）月均气温变化

图 7－4　龙头村气候分析

7.1.1.3　旅游资源分析

龙头村森林覆盖率为75.66%，林木绿化率为74.3%，有着优越的自然条件。龙头村的种植业发展历程漫长，从民国时期逐渐走向现代化种植再到如今向着健康产业发展，有着悠久的种植历史文化。作为国家AAA级旅游景区，龙头村有着多种多样的旅游资源，涵盖了自然风光、历史文化、民俗风情等多个方面，有着独特的山川风光和田园风光（图7－5、图7－6）。

村落主街道

村落民居

休息区域

村落小品

村落入口处

茶园

图7－5　现场照片

龙头村的历史文化非常悠久，有着丰富的历史遗迹和文化景观，这里有传统的秦腔表演、扇鼓舞等民俗文化活动，还有着独特的农耕文化等传统文化（图7－7）。其次龙头村的旅游资源还具有很好的康养价值，可以为游客提供全方位的养生和休闲服务。这里具有独特的健身步道和垂钓活动，还建有专业的康养中心和特色休闲民宿，这些旅游资源可以吸引大量的游客前来参观和体验。通过对于场地的调研可以发现龙头村在周末以及节假日会接待一定数量的游客到来，此类游客到访的目的也大多是休闲、旅游、观光、康养活动等。

根据以上针对安康市平利县龙头村的调研情况，对龙头村内部进行康养园的设计。在过往的实验研究中表明人类可以从自然元素中也就是我们通常所说的植物与花卉、山川与河流等，获得康复与治愈的效果，利用这些景观可以为人们提供有益健康的环境。

图7－6　龙头村旅游资源分析

图 7－7　场地历史脉络

7.1.2　现状问题

根据当前对龙头村的调研情况来看,已存在一些旅游性质景观,例如民俗街、荷塘、民宿等。分布在龙头村场地中主要的景观资源有梯田景观、茶园景观、人文景观、农业景观等(图 7－8)。但现存的景观中存在着一些问题(图 7－9):无障碍设施建立不足、道路通达性差、场地文化没有体现、缺乏特色产品与销售于一体的步行街、茶园场地使用人群难以进入、垂钓场地尚未完全建立、部分场地地面裸露、老年人活动场地缺失等。

7.1.2.1　景观规划欠缺合理性

龙头村康复景观的设计与利用是促使中老年人以及部分特定疾病患者身体与心理健康,提升这部分群体的生活质量。但现有的龙头村景观缺乏整体且合理的规划设计,场地现状见图 7－10,各个景观节点分散于龙头村村内及其周边场地中,村落内部并不具备完善的一二三级道路,没有通达清晰的道路互相连接。龙头村现有景观节点主要以商业街、垂钓园、休闲园区几部分组成,这几部分可提供的内容与功能和使用人群尚不明确,暂时无法满足中老年人群所需的康养需求。

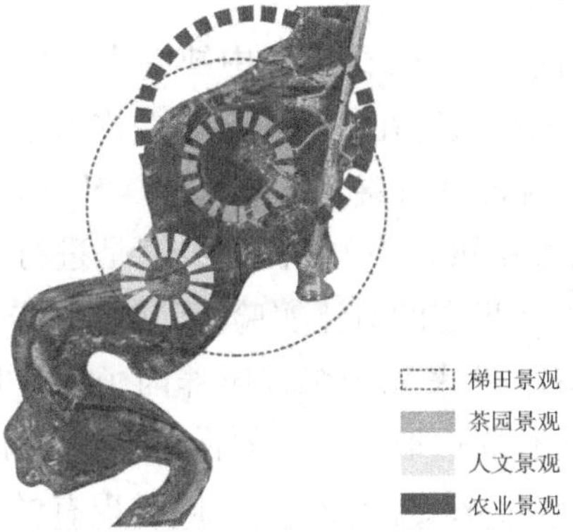

图 7－8　场地景观资源

图 7－9　场地现状问题

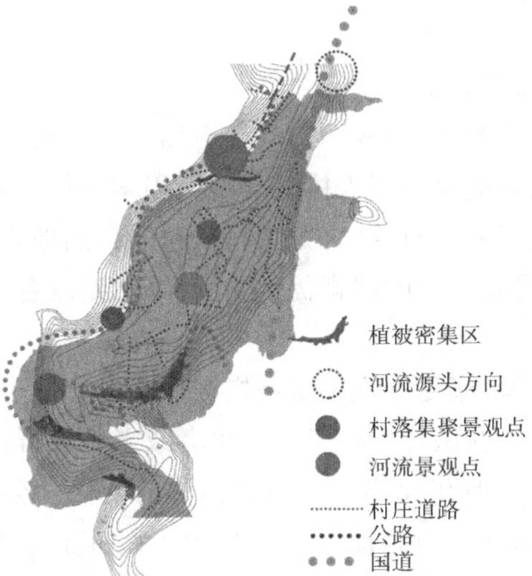

图 7－10　场地现状

7.1.2.2　基础设施不完备

由于龙头村的建设尚不成熟,在场地中缺乏大量的基础设施,例如座椅、照明、无障碍通道等,因此老年人群在使用中会存在许多不便利的情况。

7.1.2.3　特有康养资源没有得到充分且合理的利用

在李卿(2009)的研究中可以得知,森林步道是进行森林康养的主要形式之一,通过对城市步道和森林步道的对比实验,证实森林步道对人的生理和心理具有更好的舒适性,这些舒适性来源于森林康养因子的作用。平利县龙头村具有当地特有的康养资源,还有周边地区少有的梯田景观和茶园景观以及森林景观,这三者都可以为老年群体带来复愈性效果。同时现有的茶园中大量种植着桂花树,此场景将会在视觉和嗅觉两个方面给游客带来较为强烈的感官刺激。在当前的龙头村中, 新建的景观照搬其他旅游景区的形态与模式,因此这些具备当地特色的康养资源还未得到利用,场地现状还仅仅停滞在当地人的第一产业中。

7.1.2.4　生态系统在使用中未得到保护

由于龙头村当地优秀的自然环境资源吸引了大批游客到来,游客量不断上升,带动了当地的景观建设与经济发展,对当地的生态系统造成了一定的破坏。首先是由于游客量的上涨所产生的垃圾数量也不断上涨,而现有的龙头村并不具备完备的绿色处理垃圾能力。因此本设计中着重在农业垃圾与旅游业之间的循环性利用上增加可能性,期望在村落中形成闭环的整体循环农业结构。

7.1.3　设计策略

7.1.3.1　康复康养策略

与现有的景观环境相比,康养园的设计更加注重与切实的实验数据相结合,挖掘出设计场地中潜在的有利于人体的复愈性因素并加以利用。龙头村是人们进行康养活动的优良场所,设计结合龙头村优越的自然地理条件,通过景观的再设计将其在资源、环境等方面的因素优化,并最终达到复合型康养生活场所的目的(图 7－11)。

从传统意义上来说,康复景观主要是指存在于医疗卫生环境中的室外庭院。此种庭院可以有效缓解在医疗卫生机构中患者或老龄人群的身心压力进而达到促进病情恢复的功效。但在面临着人口老龄化的现代社会,康复资源的供需矛盾愈来愈突出,因此通常不再将康复景观局限于医疗卫生的内部场地。同时一些患者与老年人,以及每日忙于工作的过度疲劳人群,身体会呈现出典型的亚健康状态。康复景观的设计中可以满足不同人群的需求,在满足老年群体使用需求的同时,使中年甚至是精神压力较大的年轻群体,也可以在景观中汲取复愈的能力。其中老年人群的需求较多,可以分为对生理、心理、社交和活动等方面,其需求特点为安全性、舒适性与便捷性(图7-12)。范榕(2012)提出康复景观应该针对我国的现状构建起适合老年人的健康景观系统,其中可以包括居住区绿地景观、街旁休闲绿地景观、城市公园景观、市郊旅游以及景观疗养胜地。

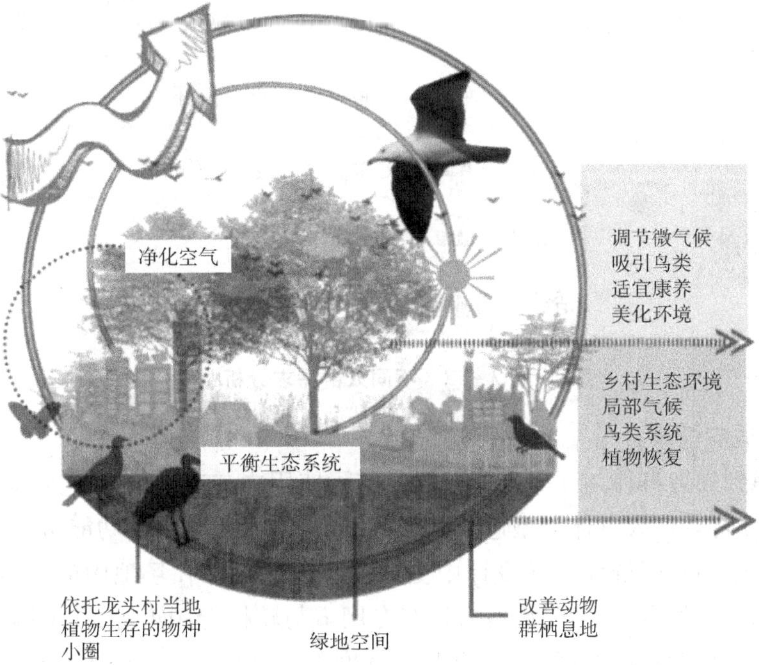

图7-11 场地循环链

在康复景观中,通过利用场地中存在的天然景观再配以营造合适的人文景观,着眼于人与自然之间所联系的复愈作用,进而疗愈使用人群的心理与提高身体的健康指数。康养康复策略主要包括安全性设计、适应性设计、复愈性设计、通用性设计以及五感复愈性设计。

(1)安全性设计

老年人群由于行动能力受限,在移动过程中容易跌倒。因此在康养园的道路设计上应尽量使通行变得更加平坦,在铺装的选择上也应使用较为防滑的材料。同时也要注意道路的排水设计,尽量降低阴雨天气积水的可能性。出于对人群安全性的考虑,在老年人进行活动的专区采用封闭性的设计,在老年人的活动区域边界种植遮蔽视线的乔木,预防老年人在神志不清醒的状态下因迷路而发生危险。由于高大树木在活动区域组成的边界可以形成天然的绿色生态屏障,在视觉和听觉上都可以起到阻挡外来干扰的良好效果,同时也可以营造出更加适宜老年人活动的静谧环境,尽量减少来自外界环境的不良刺激,保障老年群体在使用时的状态是沉浸而安心的。

图 7－12　不同人群需求分析

(2)适应性设计

考虑到失智群体与残障老年群体在实际使用中与普通的老年人群体需求不同,本设计将老年人群体类型进行细分再设计,使康复景观的功能可以同时适应老年人群中的不同群体。在设计中更加注重不同群体在场地中的适应性,例如增添功能不同的专用道路,设有自行车专用道与轮椅专用道等,在道路的设计上考虑到身体行动不便的群体,将道路的宽度控制在两个轮椅可以相向同行的宽度之上(图 7－13),使初次接触的老年群体也可以轻松地融入并使用康复景观。

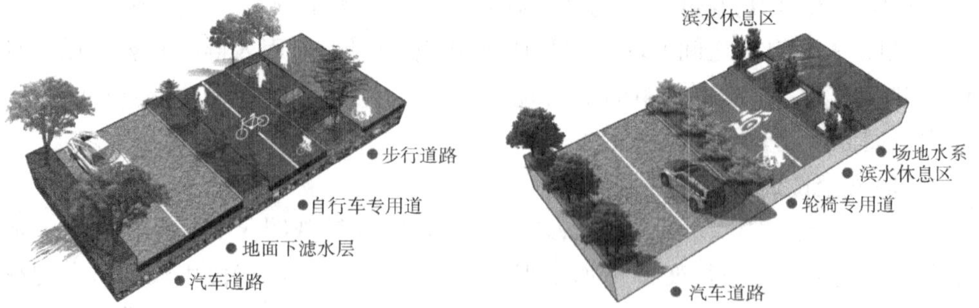

图 7－13　适老多功能步道设计

(3)五感复愈性设计

在以往的科学研究实验中可以得知,眼、鼻、口、耳、身体从五个方面使人感知外界。杨震宇等(2006)研究表明,人在严重噪声的环境之中工作以及生活,会对人体的身心健康造成极大影响，包括造成神经系统疾病、心脑血管疾病等，以及会加大人类患某些疾病的风险和概率，而在康养园中的五感复愈性设计则是在人类的五感中给予一定优质有效的刺激，让使用者感受到生理与心理上的放松与安逸。在龙头村的水文景观主要包括河流和湿地两大类，因地形变化大，河流呈现出不同的景观效果，形成天然的视听刺激。龙头村中茶叶种植园中种植着的大量桂花树，不仅在视觉上给予人复愈性刺激，同时在视觉与嗅觉上给人形成综合感受。

(4)通用性设计

通用性设计在老年人群体的康养园中起到非常重要的作用。在老年群体的视野中应尽量保持在视野范围中能够看见庭园及园路，从而起到导视的作用。在实际的使用中通用性不仅考虑到室外的景观空间，还应该考虑到路线是否通达，令老年人可以便捷地进行室外锻炼。

(5)循证性设计

Stichler(2009)指出，循证性设计的概念在 21 世纪初期才被提出，由医院建筑师、学者 Kirk Hamilton 首次提出。循证性概念的相关释义是："循证设计是在一个独一无二项目的关键设计决策中，与委托方一起严谨、准确、明智地利用现存的、由研究和实践产生的最佳实证，从而解决问题的过程"。在当前医学研究与景观研究都飞速发展的过程中，来源于医学的循证性研究与景观研究相结合的循证性设计将会拓展景观设计的思路，从而更加体现以人为本这一康养景观的核心理念。

在当下的景观设计中，园林景观设计师以主观审美感受为出发点进行设计。但在针对康养型活动而进行的景观场地中，只参考主观审美喜好与体验进行的设计在实际使用过程中会出现一些问题。因此，在与康复景观有关的设计中应当着重参考与运用循证性设计方法，也就是将康复景观的设计建立在进行过实证研究的基础上，使其系统地针对使用者的需求发挥景观的康复作用。循证性设计是在实证研究的基础之上，参考有效的数据研究进行设计的一种设计方法。当循证性设计应用于当前的景观设计中，将会为景观场地的使用者带来更佳体验。

在过往进行的实证性实验研究所产出的内容将会成为未来景观设计的基础。完整的循证性设计包括且不限于实证研究、实验数据分析、实地景观设计实践以及最终多方面评价反馈。通过不断地重复进行循证性的景观设计研究，可以使设计者们始终保持着批判的眼光去进行设计，借助反馈的数据不断进行设计的完善，在循环往复中也会提高整体的景观设计水平与最终呈现效果。

康养园的使用主体主要由老年人构成，所以应当重视老年人的需求，还要对老年人的行为模式进行分析，如老年人的行为模式具有规律性和长期性、共性化和个性化、活跃度和闲适度、私密性与集聚性等（图7－14）。而不是像以往的设计一样将景观环境的优美性、生态性和发掘场地深层的文化性作为优先设计准则。刘博新（2015）指出根据循证性的设计原则，康养园场地的设计应基于其实验研究，注重庭园空间特征评价、庭园的身心康复作用研究、庭园的使用状况调查。同时基于康养相关的科学演绎，更加凸显复愈性作用，对全方位提高使用者的生活质量与生活幸福度有良好的效果。同时针对提升实际使用状况的设计可以更加有效地提高老年群体对康养园区的使用率，设计康养园的目标使用人群在实际中的应用，可以使用并延伸应用于其他城市绿地以及养老机构的园林环境建设，特色的园林环境可以为我国老龄化现状下的适老化设计提供新的设计思路。

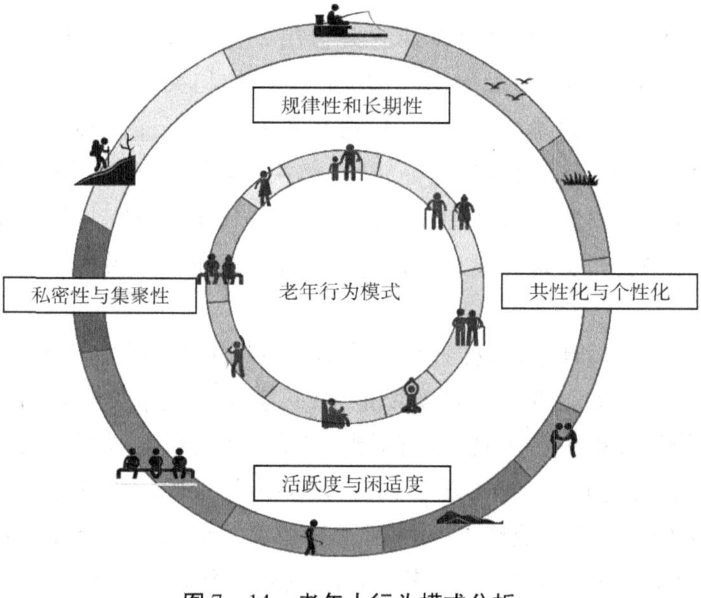

图7－14　老年人行为模式分析

7.1.3.2　层次空间设计策略

本设计将场地空间分为三种层次，每个层次空间着重于不同功能（图7－15）。

在场地的设计中，对第一层次空间中的植物进行充分利用，提高空间中的负离子浓度并尽量减少含菌量，同时通过配置植物以低介入手段达到修复环境的目的。

对第二层次空间的设计重点则是在林窗空间的充分利用上。林窗空间是在森林或植物群落中由于自然因素或人为因素而产生的空地空间。这种空间的存在面积大小不一，存在的位置通常也并不显眼，相较于其他人为营造的复愈空间来说，林窗空间具有天然的隐私性，设计加以充分利用之后，会形成非常优质且不易被外来因素打扰的康养休闲空间。首先对合适的林窗空间进行重新布局优化，在现有的场地基础上增强五感方面的干预内容后，能够形成可以满足不同功能的林窗空间，用于冥想、社交、锻炼、进食等。

在第三层次空间中，设计想要达到人群与自然环境直接有效互动的愿景，所用到的手段即在空间中设置"共享农田"，比如一部分可以进行园艺操作的公共空间引导场地中游览的人群进行浇水、修剪、除草、播种、收获蔬果等行为。同时在场地中河流条件适宜的空间中设置垂钓平台，通过钓鱼、亲水等行为提高环境对人群的复愈性效果。

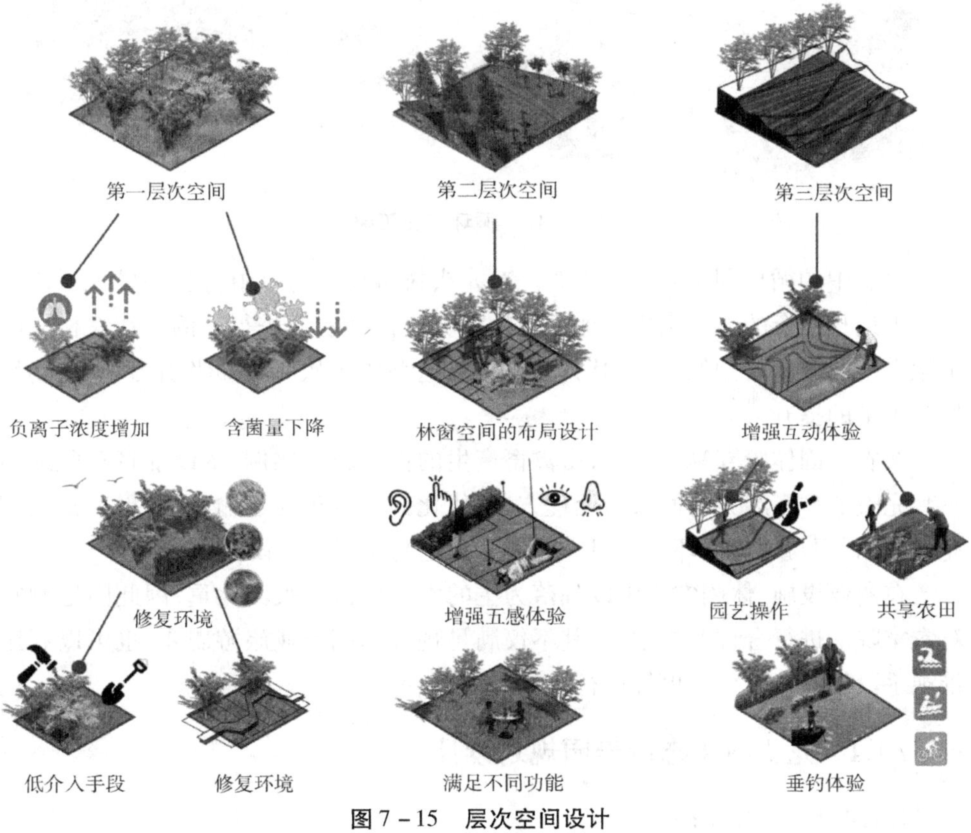

图7－15　层次空间设计

7.1.3.3　场地循环发展策略

对龙头村再设计的内容是利用景观手段与科学理论相结合的方式来推动循

环农业进行。

场地设置了蔬菜和其他植物的蔬菜棚架，在棚架下方创造大量的荫蔽环境和适宜微气候。垂直的种植方式还可改善作物之间的风速，尽量减少病虫害侵袭和作物因受到强烈阳光而灼伤的可能性，提高果实品质。同时棚架的设置与基础设施相结合，既美化了空间环境，也起到防风的作用，形成结合禽畜空间、种植区空间以及田间种植空间之间的循环农业策略。（图 7 – 16）。

图 7 – 16　循环农业策略

民居中的循环利用也至关重要。对龙头村再设计内容中将利用景观手段与科学理论相结合的方式来更好地推动垃圾分类循环农业进行。例如在农村庭院中架设不同类型的棚架，并使其具有一定的造型作用从而增加吸引力，推动场地景观水平的提升。

在农村固体废弃物总量中，由禽畜产生的占有较大比例，本设计将对此提出一套完整的禽畜废弃物回收与处理方法，优化排放过程与运输流线，提升畜牧产业品质，利用与垃圾循环相关研究的科学理论与实际景观设计相结合。

在商业设施、休闲农业中以院落为主的农家乐占有很大比重，因此因地制宜对农家院落进行合理的规划，使其不仅满足现代休闲农业旅游需要，也可以利用景观手段促进垃圾分类更好进行。

7.1.4　龙头村生态康养园规划设计

7.1.4.1　设计理念

龙头村兼具“山”元素与“水”元素，所处环境静谧且清幽。在设计时，将整个场地以接连不断的空间来进行规划。龙头村生态康养园的设计考虑到路线、产业发展以及龙头村周边生态环境情况,作为龙头村新标杆新形象的打造手段之一。在龙头村不仅可以发展康养园,还可以打造综合的生态园区。龙头村中所保留下来的具有特色的民居非常珍贵,因为这不仅增加了场地本身的文化底蕴与气质的丰富性,更增加了来此地康养的游客对场地的归属感。所以在龙头村中打造生态康养园不仅符合现代老年人对于康养的需求，同时也促进了龙头村自身的发展。

从用地类型上来看,龙头村目前主要的用地有林地、农业用地、梯田茶园、桂花用地、场地高速公路及周边用地(图 7 - 17)。在地势平坦的场地中间分布着一条水系贯穿整个龙头村,水系边分布有村民住宅。结合龙头村优质的康养资源,以及国家对于健康产业的支持,因此设计选址于龙头村进行康养园的设计规划。

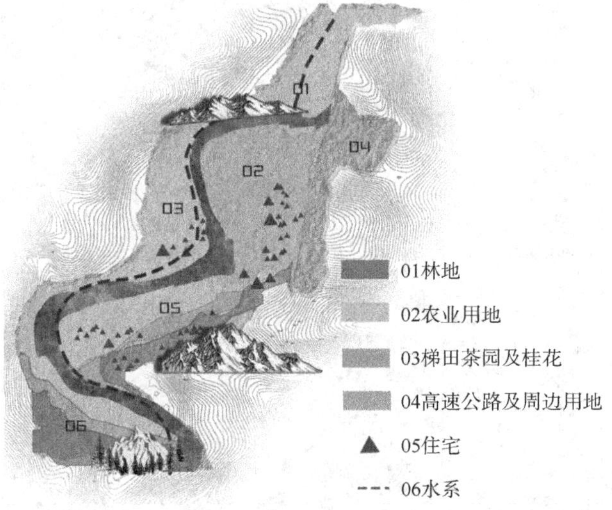

图 7 - 17　用地分析

7.1.4.2　设计总平面图

基于场地的设计策略,本方案包括 13 个景观节点(图 7 - 18),根据不同侧重功能设置了 5 条游览路线(图 7 - 19),分别为冥想静心路线、农业观光路线、休闲垂钓路线、特色民居路线以及滨水呼吸路线,还划分了 7 个功能空间(图 7 - 20),分别是冥想空间、休闲栈道、认知空间、互动空间、社交交流、亲子空间以及休闲空间。

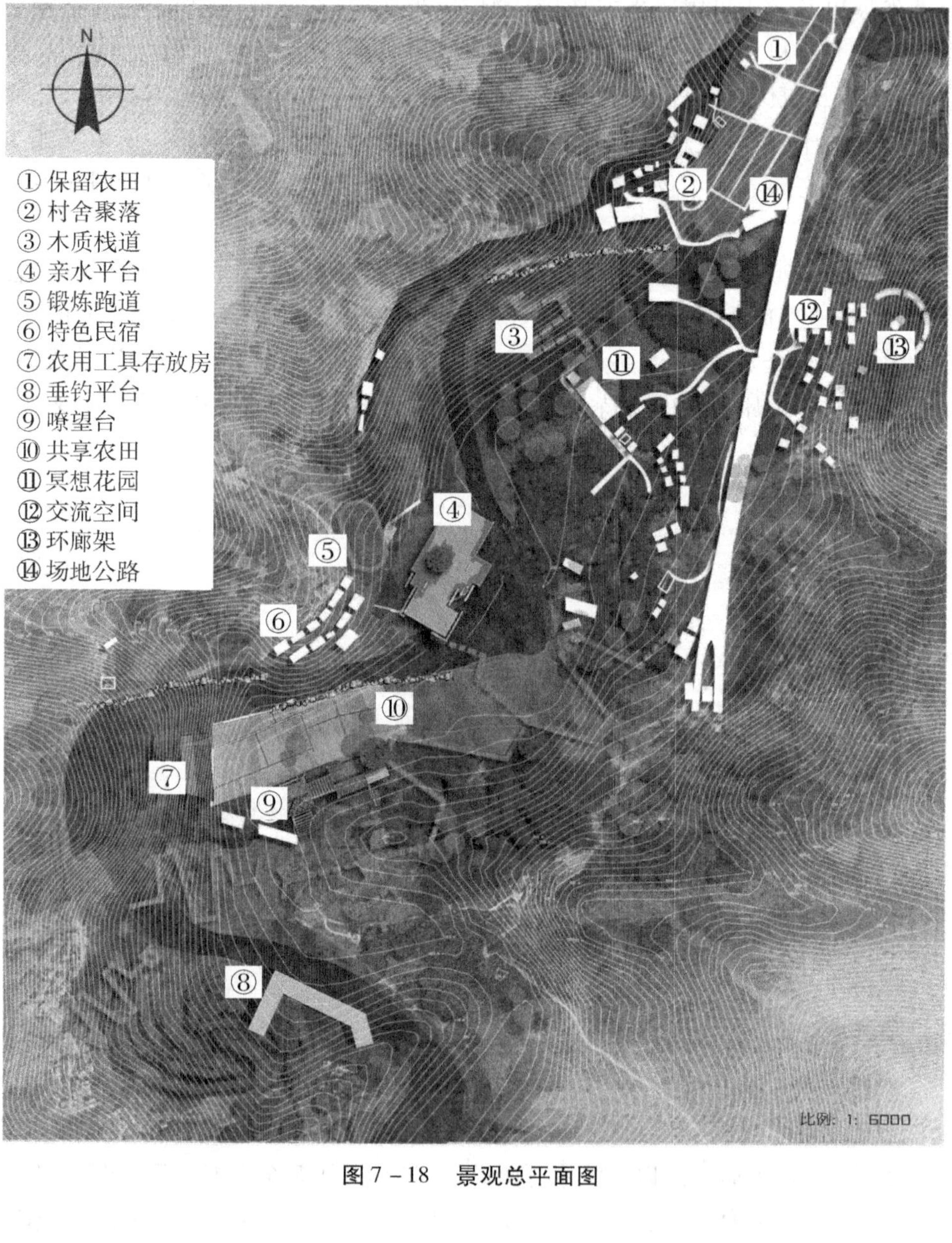
N
① 保留农田
② 村舍聚落
③ 木质栈道
④ 亲水平台
⑤ 锻炼跑道
⑥ 特色民宿
⑦ 农用工具存放房
⑧ 垂钓平台
⑨ 嘹望台
⑩ 共享农田
⑪ 冥想花园
⑫ 交流空间
⑬ 环廊架
⑭ 场地公路
①
②
③
④
⑤
⑥
⑦
⑧
⑨
⑩
⑪
⑫
⑬
⑭
比例：1：6000

图 7－18　景观总平面图

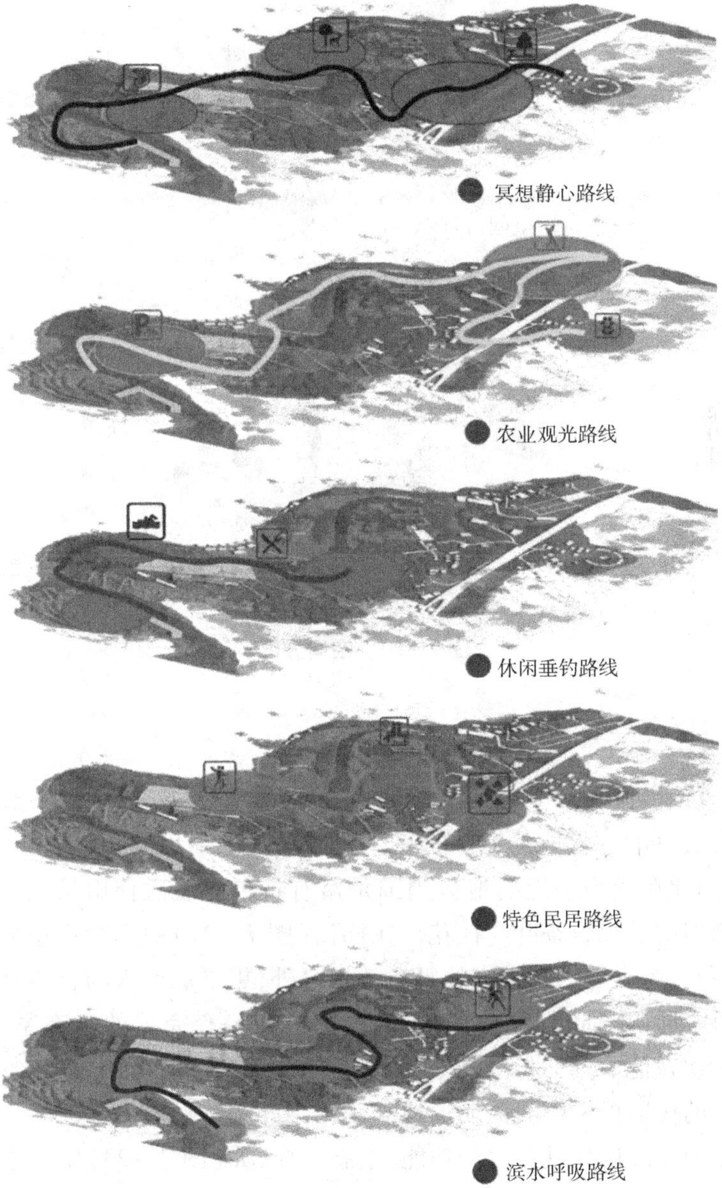

图 7－19　游览路线分析

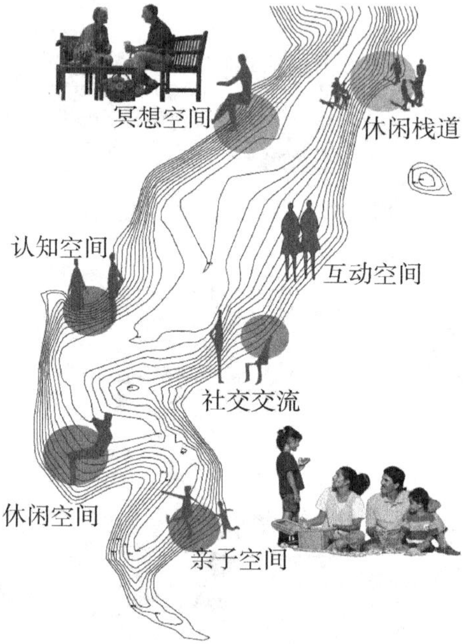

图 7－20 空间分区

7.1.5 康养空间设计

7.1.5.1 梯田康养空间

陕西省安康市平利县龙头村的整体地势呈现出平坦的条带状分布，周边有山丘散布，因此在较为平坦的地势周围是富有特色的层次梯田景观。目前在龙头村中的梯田中种植着茶叶与桂花。在梯田（图 7－21）中进行生态体验型康养活动，除康养行为本身给人带来的复愈效果之外，更增加了人与自然互动的趣味性。龙头村中梯田空间、场地河流和鸟类形成了一套完善的生态系统（图 7－22），经过初次过滤、生态过滤、沉积物清理、水体重生，最终形成生态健康循环，且为梯田中的栈道提供康养活动场地。

茶叶作为经济作物具有生产功能、生态功能，如（图 7－23）中生态茶园的建设可形成兼具生态与经济功能的循环运营系统，茶园与梯田结合形成高低错落的视觉享受，形成新的旅游功能；茶园环境静谧、气味清香扑鼻利于游人身心放松，兼具康复、生产、旅游、生态等功能（图 7－24）。基于以上条件，本项目充分利用龙头村场地中的茶园与桂花基础自然条件，在场地中设计冥想茶园（图 7－25）。冥想茶园的位置位于场地的东侧，与住宅区域的距离适中。当使用人群在花园中进行冥想，场地植株的遮蔽性保证了使用者的私密性，使其在心理上具备安全感。同时在使用者目光所及之处，是龙头村在梯田上种植的茶园，保证了视野的丰富度，在传统的冥想花园的基础上增加了茶园的清香，借此增加复愈性功效。

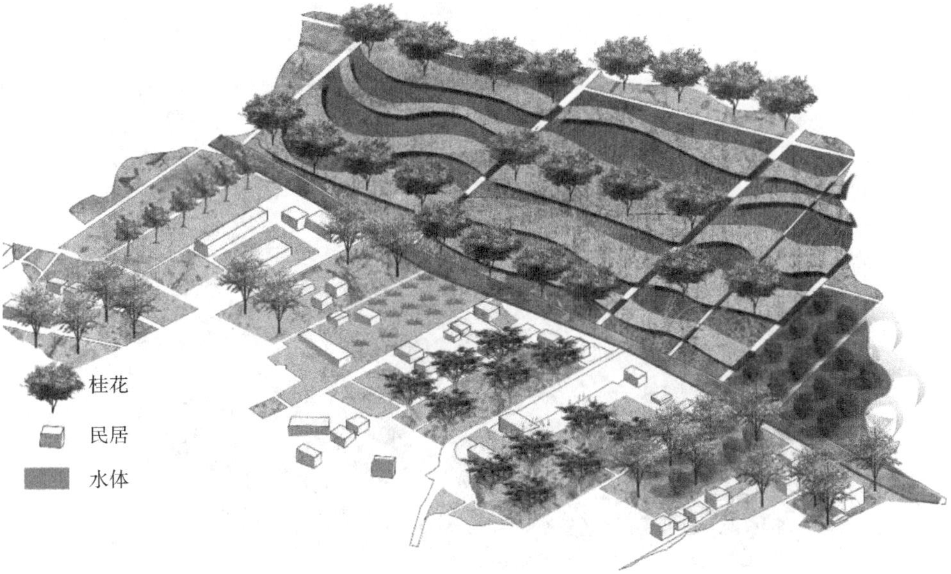

图 7－21　梯田效果图

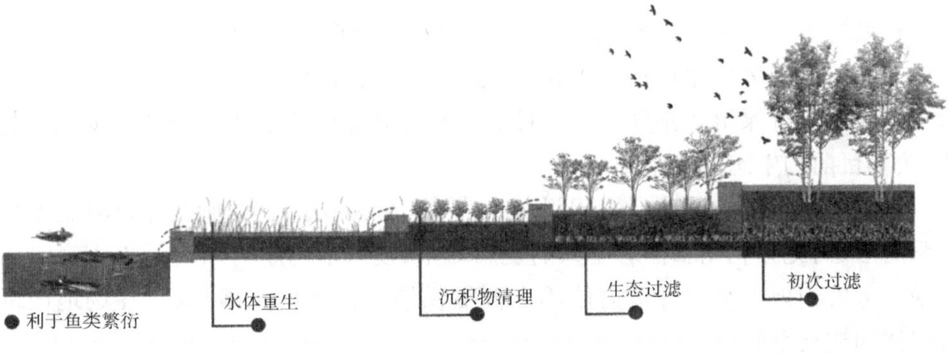

图 7－22　生态梯田系统

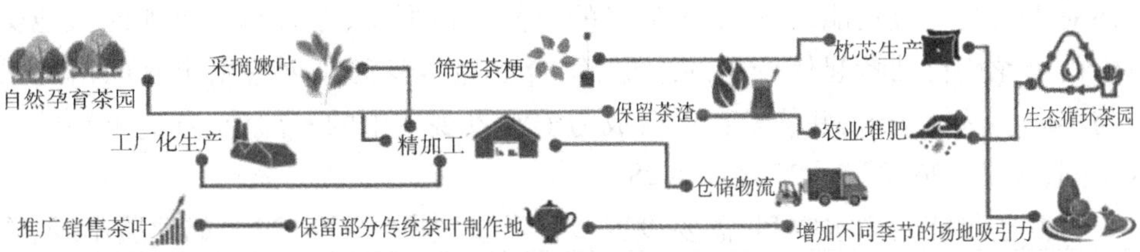

图 7－23　生态茶园运营图

图 7 - 24　茶园功能分析

图 7 - 25　冥想茶园节点图

7.1.5.2　滨水康养空间

在场地中心分布着河流，水资源充足且稳定，河流贯穿整个场地，在场地北部由于季节的水量变化形成了湿地景观。在场地的设计中，将会对龙头村天然形成的水系进行保留并充分利用。对于水系所创造出的湿地景观进一步完善打造，改善目前的生态湿地系统。

在龙头村河流的设计上采用设置生态驳岸的手法，保留龙头村旁河流原始水系的形态，充分利用水体对于人的复愈效果，使人群与水可以进行深入交流与互动。考虑到现有水体可以为使用人群提供锻炼活动的场地，选择在场地内部搭建休闲栈道空间。

根据龙头村中水系的季节变化，充分利用龙头村旁河流原始水系的形态及水体对于人的复愈功能，塑造清澈流畅的自然水体形态，令人与水更加深入地交流。由于龙头村独特起伏变化的地形，结合场地本身河流创造出丰富的沿河景观与不同的垂钓场地，并使垂钓平台成为滨水景观带中的一部分，营造足够的亲水空间（图 7 - 26、图 7 - 27、图 7 - 28）。

为营造足够的亲水空间，需要设置多种类型驳岸（图 7 - 29），如硬质岸线、阶梯岸线、生态岸线来丰富滨水空间，具体措施如图 7 - 30 所示，在现有的水体中增加铺设岩石，有利于河流中鱼类产卵，维护水生生态平衡，促进垂钓空间可持续发展；在原本硬质的河流旁增加适宜于康养的软质岸线，吸引游客视线从而进行引导，增加水体的复愈效果；森林步道是进行康养活动的有效方式之一，结合龙头村良好的水资源条件丰富景观的复愈性，同时森林也会起到净化水体的作用；龙头村本身资源丰富，鸟类资源是康养活动中非常重要的生态资源，通过在水中设立木质长棍，增加鸟类栖息地，可以吸引鸟类的到来。

图 7－26　垂钓平台节点图

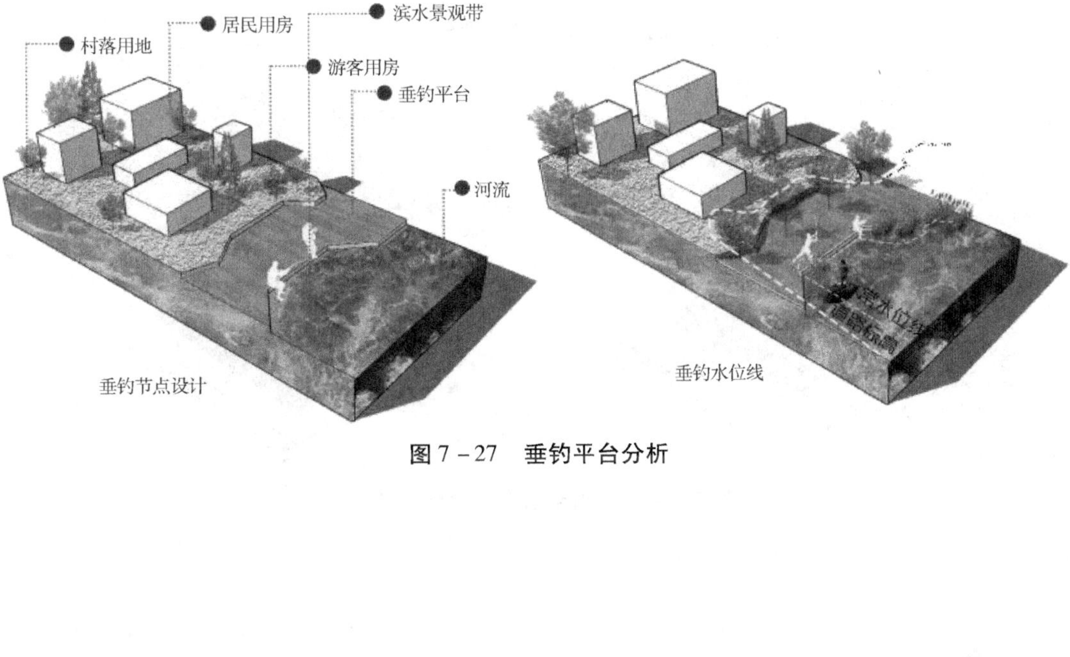

图 7－27　垂钓平台分析

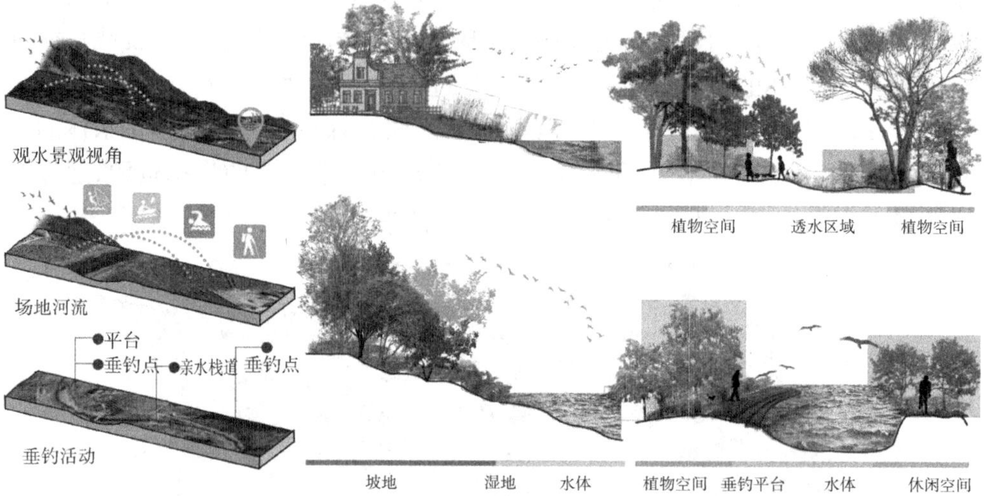

图 7－28　垂钓平台设计

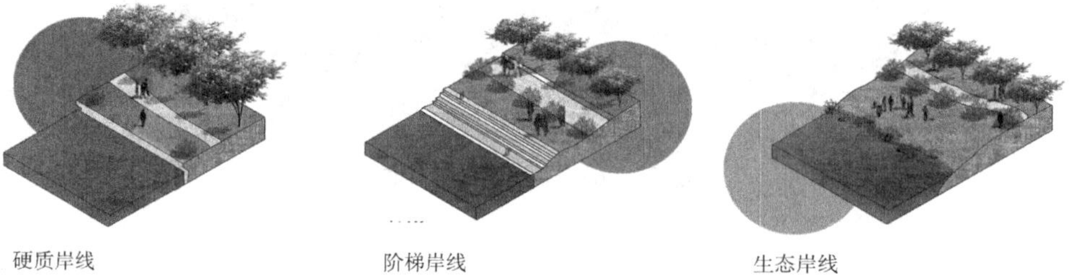

图 7－29　驳岸类型分析

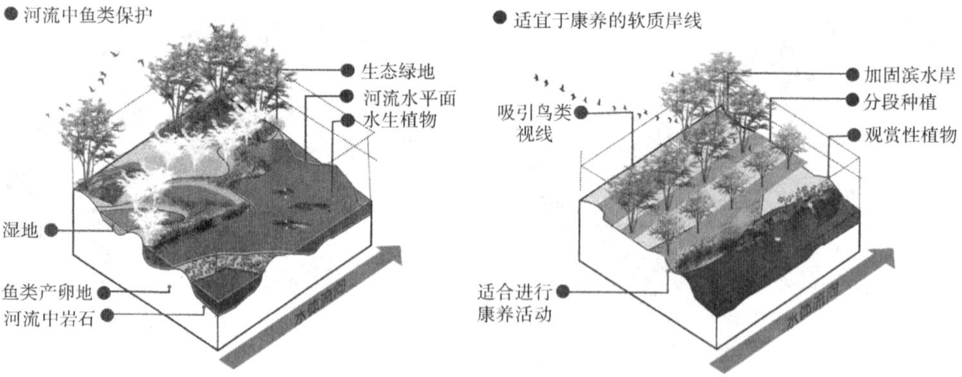

图 7－30　丰富亲水景观的具体措施

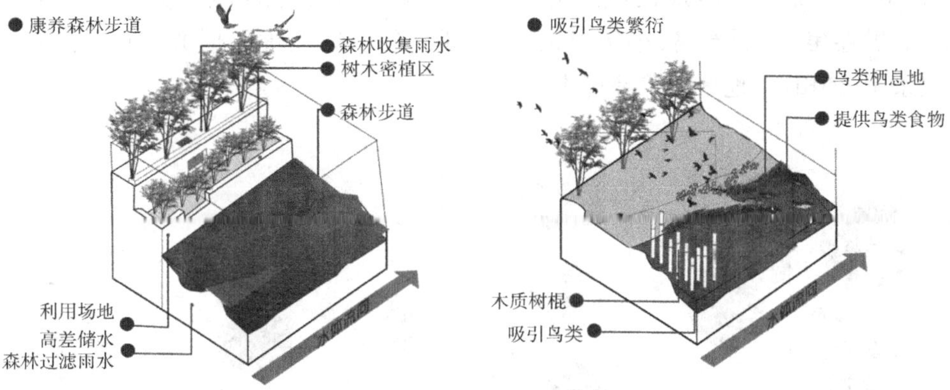

图 7－30　丰富亲水景观的具体措施

7.1.5.3　鸟类植物康养空间

森林生态环境资源在康养活动中是至关重要的，森林可以为人类创造出复愈性的环境。在龙头村村落周围的山地存在着优质的森林康养资源。当地的森林资源不仅为场地提供了优美的景观环境，更提供了丰富负氧离子与净化空气功能，能够调节场地的气候并使其更为宜居。利用好龙头村的森林资源，使老年人群可以更加深入地体验森林的复愈功效。在场地中，梯田景观外围分布着森林，因此栈道从场地平坦的中心起始，经过梯田茶园最终到达森林。栈道的路线中分布有瞭望塔，使人群可以在栈道上行走的过程中登上瞭望塔远眺景色，放松身心。

谭益民等（2017）的研究结果表明，森林康养基地需要合理安排种植结构，清除场地中的有毒、有害植物，保持 0.7～0.8 的森林郁闭度。如果森林中的植物过于密集会使人的心理产生不适感受，同时影响森林中空气的流通，也没有足够的光线，并不适宜进行康养活动。龙头村现有植物资源丰富（图 7－31），乔灌草种类多样，有银杏、广玉兰、紫薇、茶树、合欢、牡丹、荷花等代表植物。所以在进行龙头村生态康养园设计时，要考虑到植物的种植密度。在设计时使用低介入手段，尽量保存场地中现有植物，在植物不足的位置进行康养型植物的补栽调整。在树种的选择上，考虑到老年群体的需求与喜好，种植可以遮阴与观赏的植物。同时，龙头村内目前的绞股蓝种植也占有一定的比例，利用场地内的绞股蓝资源与其他植物相搭配，可创造更加适宜进行康养活动的环境条件。

在康养园中配置植物不仅可以帮助场地恢复自然生态环境，也可以促进鸟类整体栖息环境质量的提高。鸟类在康养园中也是非常重要的，它们可以为康养园带来生机，鸟鸣声也是复愈性景观中非常珍贵的资源之一。安康市目前存有的鸟类资源较多（图 7－32），共有鸟类 405 种，占陕西省鸟类总数近九成。龙头村植物环境的恢复可以创造出不同类型的景观用地，能够吸引灰头绿啄木鸟、松鸦、黑卷尾、发冠卷尾、小灰山椒鸟、寿带、黑枕黄鹂、虎纹伯劳等鸟类到达森林、茶园、梯田、湿地等康养环境中。

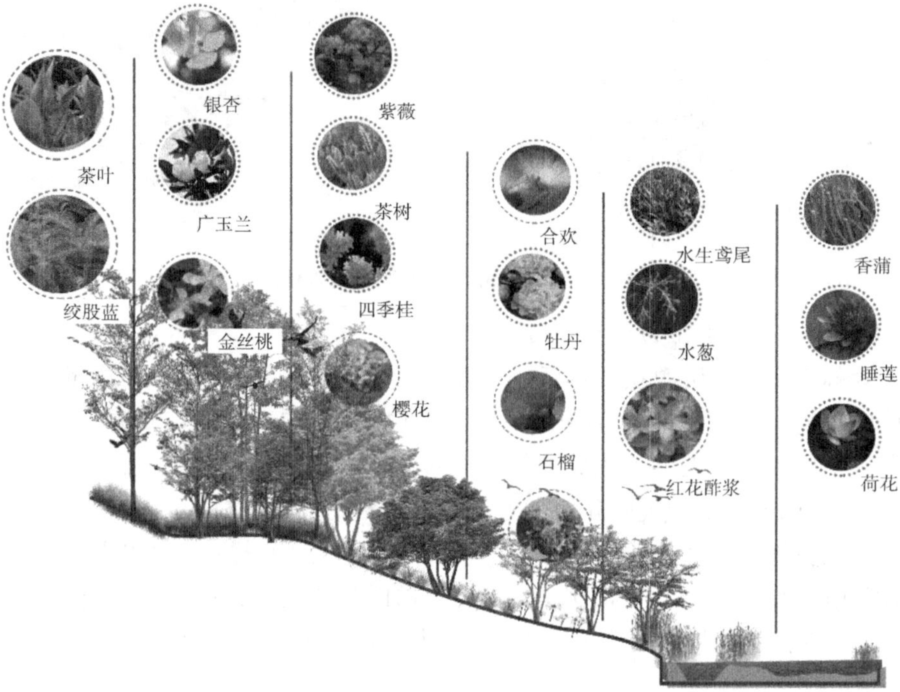

图 7-31　龙头村植物资源

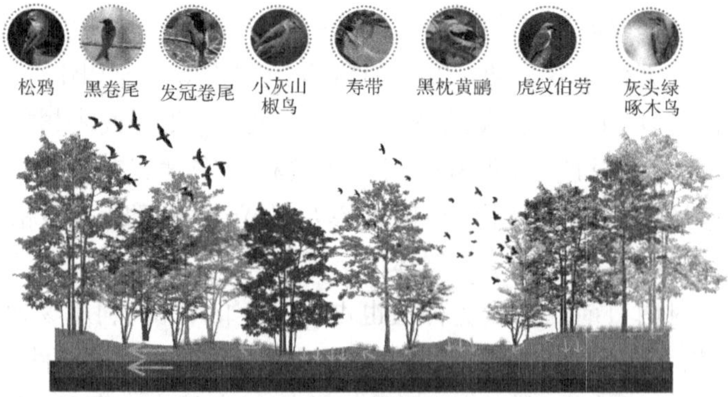

图 7-32　安康市鸟类资源

7.1.5.4　农业康养空间

在场地地势较为平坦的部分主要分布着农田、原始村民的建筑用地以及一些旅游景观。场地中心大多由农田构成，结合场地本身优越的自然条件，配合油菜花田资源，这样的场景为打造优秀休闲观光农业提供了基础。

共享农田（图7－33）的设计可以使参与人群融入自然环境之中，人们在进行园艺操作的同时，可以增强复愈性效果，将锻炼功能与休闲功能充分融合，形成种植－采摘－食用一系列的农业康养活动，更加凸显龙头村特色（图7－34）。同时，共享农田的发展也成功融入了当地循环农业生态链，成为其中的一个环节。共享农田不仅是对场地内的农田进行保留，农田中所生产的农副产品也可以帮助龙头村发展经济。共享农田在生活方式、农业生产、休闲活动中产生相关链接，有机地将3个产业连接在一起，形成一条完备的循环生态链（图7－35）。

图7－33　共享农田节点图

7.1.5.5　商业民居康养空间

从景观价值角度入手分析，龙头村现有的部分居住性建筑外形较为整齐统一，观感整洁清爽，因此，本设计规划中将会对部分现有的居住性建筑保留其原有风貌，同时进一步更新。现存的商业性建筑风格虽然基本统一，但并未有效体现场地特有的文化与特色，与场地整体风格也有所出入，因此本设计对此还需要进行相应改造（图7－36）。

从文化价值角度分析，龙头村可用于体现当地文化特色的建筑较少。因此，应将商业空间充分利用起来，为康疗养生提供一定的场所和载体，同时也向外来游客进行充分展示。

从经济价值角度分析，龙头村中现有民宿、农家乐等，拥有一定的游客接待能力，为进一步拉近民宿与康养的关系，设计多功能的民宿空间（图7－37）与商业街融合衔接，商业空间将对室内外的康养资源进行补充，提高龙头村的场地接待能力，为龙头村创造更高经济效益。

图 7－34　农业康养活动

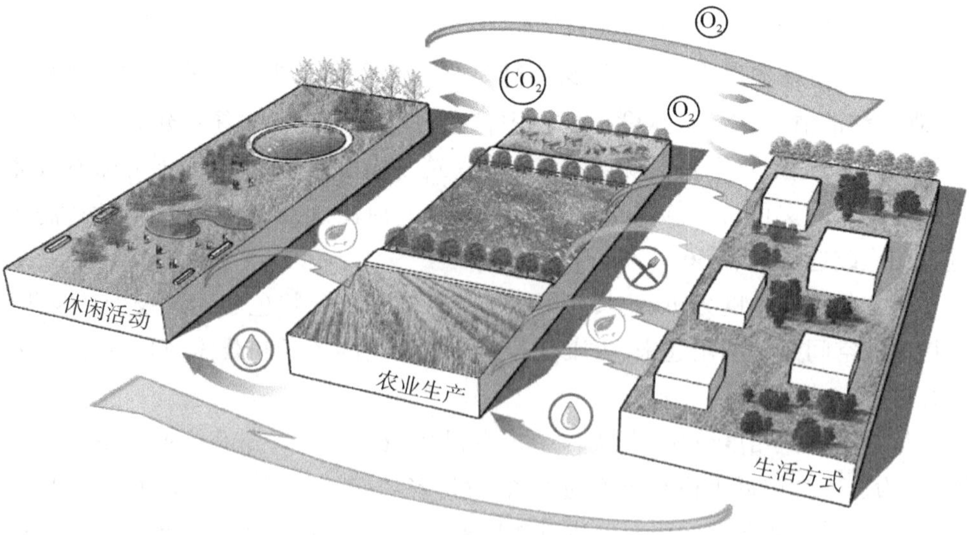

图 7－35　共享农田循环链

图 7 - 36　商业街设计效果图

图 7 - 37　民宿设计效果图

7.1.6　基础设施设计

舒平等(2016)通过对我国现有养老空间的研究可以得知,有一些因素被认为是非常重要的,例如路面铺装中路面防滑处理、步道的角度是否缓和、坡道是否设置扶手、台阶踏步是否适宜等。康养园的设计应从易于维护的形式出发,在完成了前期的建设之后,后续的园林维护也相当重要。基础设施在后期的维护过程中,养护不好会造成场地吸引力差、从而降低场地的基础设施,例如座椅等物品的使用率。后期的维护保养不当会使人群的心理产生不适感,以及对老年人的安全存在隐患。

在步道的设置上，采用了三种不同宽度的步道形式（图 7－38），可分为一级步道、二级步道以及三级步道。相比于其他步道设计，康养园的步道要考虑老年人的轮椅是否可以顺利通过。三级步道宽度 1 m，可以容纳单辆轮椅通过；二级步道宽度 1.5 m，此宽度可以容纳单辆轮椅和一名行人通过；一级步道宽度为 1.8 m，相较于平常的公园步道宽度更宽，可以容纳两辆轮椅同时通行。

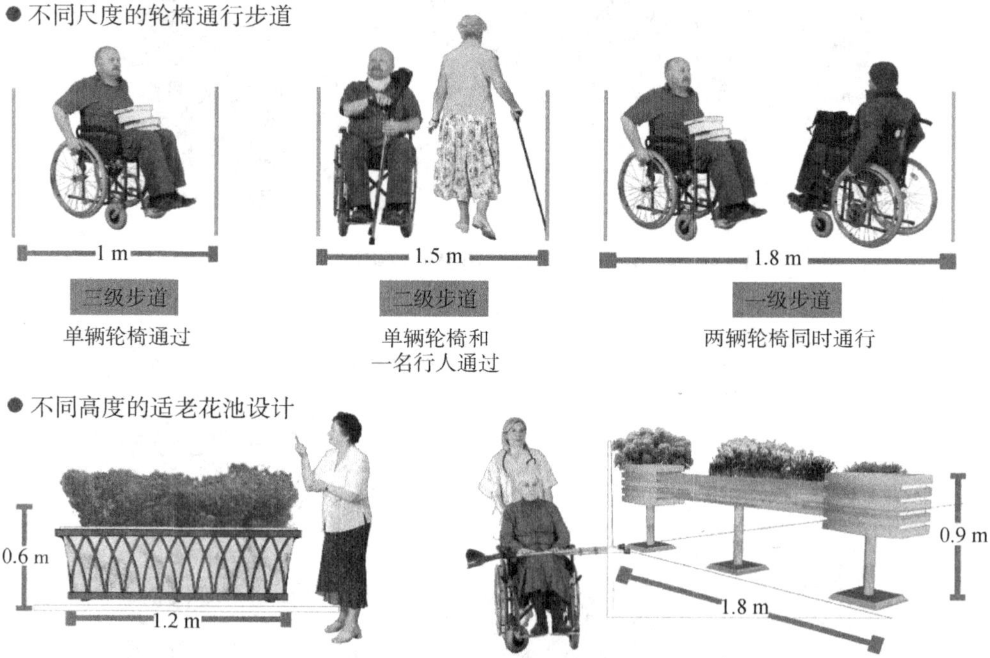

图 7－38 基础设施设计

7.1.7 结语

在当今时代，提升人类的健康早已成为了环境设计专业的实现价值之一，复愈性景观的康养园设计也愈加受到学界重视。通过对人群脑电波的研究以及总结其他研究结果的结论可以发现，在城市或乡村的公园、街角花园、道路两侧绿化等生态绿地开放空间建造设计中，不同的出发点可能会对当地居民生理、心理健康产生直接影响。在城市与村落不同空间、不同类型的康养环境中，会对老年人群不适的身体状况、不佳的情绪起到一定缓冲作用，这对促进我国居民健康状况、缓解当前社会中紧张的医疗压力有着重要意义。

平利县龙头村生态康养园设计基于我国老年人康养活动现状，在康养园的规划设计中，采用循证性的设计手法，针对当前社会上我国老年人口的现实需求，以使用人群的实际需求为根本出发点，将休闲农业与复愈康养相结合，为我国其他乡村生态康养园规划设计提供了相关经验。

同时循证设计的发展以及循证性设计与景观设计的结合将会在未来创造出更加适宜人类使用与居住的人居环境，循证性设计的重要性在于让未来的景观设计师摒弃单纯使用感性设计的习惯。在中国的老年人口的复愈性景观设计可以采纳循证性的设计方法，将设计方法建立在真实的实验研究结果之上，设计出更加适宜老年人群活动与居住的人居环境，有助于提升老年人群晚年生活幸福感。

7.2　面向儿童的安康市桂花村休闲康养农业

随着儿童与自然的日渐疏离，受“自然缺失症”影响的儿童越来越多。基于这种社会现象，自然教育应运而生。2017 年中央一号文件提倡要将乡村建设为田园综合体，自此以后田园综合体得到了迅猛发展。

本专题首先分析总结国内外对田园综合体和自然教育的相关研究现状，以及对儿童行为心理相关理论进行解读，其次深入分析自然教育与田园综合体的多层次关系，为自然教育模式在田园综合体中的植入创造基础。

在前期理论分析的基础上，以陕西省安康市南宫山镇桂花村的袈裟梯田为实践方向，提出将自然教育融入田园综合体的设计理念。希望能够依托当地独特的田园景观资源打造一个融合农业观光、农事体验、亲子教育、地域文化、科普教育等多种体验活动的项目综合体，使田园综合体成为儿童自然教育的第二课堂。

本专题研究旨在探索自然教育模式在田园综合中植入运用的可能性。在此过程中希望能够让田园综合体成为儿童开展自然教育的优良载体。

7.2.1　研究背景

7.2.1.1　儿童自然教育缺失问题日益突出

在人类不断进化和变革的长河中，人与自然的关系也经历着一次又一次的变革。在最早的进程中，人并没有将自身与自然划分为主体与客体的关系，而是依赖与敬畏自然。但是随着生产力的发展和城市化进程的不断推进，人类与自然一体的关系从敬畏逐渐走向无限索取（杨文静等，2020）。伴随着这种关系断层与裂隙的不断扩张，一代又一代的人便更难以接触自然。随着社会的发展，从 21 世纪 50 年代至今，儿童的室外娱乐活动在逐渐减少，一些自然接触被使用电子产品所取代(图 7－39)。“自然缺失症”就在这样的过程中变得越来越多。

国外的自然教育理论起源较早,17 世纪,夸美纽斯(1650 年)在其著作《大教学论》中认为,应该对儿童的教育环境进行变革,对教育环境的场所进行变更,不应仅仅限制在室内、公园等场地,应该让孩子们在可以充分享受自然的场所。他的这一思想可以说是自然教育的雏形。到了 18 世纪,法国启蒙思想家卢梭(1712 年)提出了更为明确的理念,并在著作《爱弥儿:论教育》中提出儿童应仅按照年龄分段进行教育。之后的众多学者在此基础上深化了自然教育理念,在这些深化中,人们对于自然教育的认识从单一的在自然中感知到重视实物与感官教学。并且意识到在对自然知识的科普中要重视儿童思想的形成过程,该阶段对自然教育理念的研究开始由理论转向实践。

1906 年,英国作家拉特在《儿童的园艺学校》中提出让儿童在花园开展户外活动,主张通过各种互动活动来建立儿童与自然的关系,从这一过程中可以帮助儿童获取自然知识。此后,自然教育的研究逐步进入了实践探索阶段。

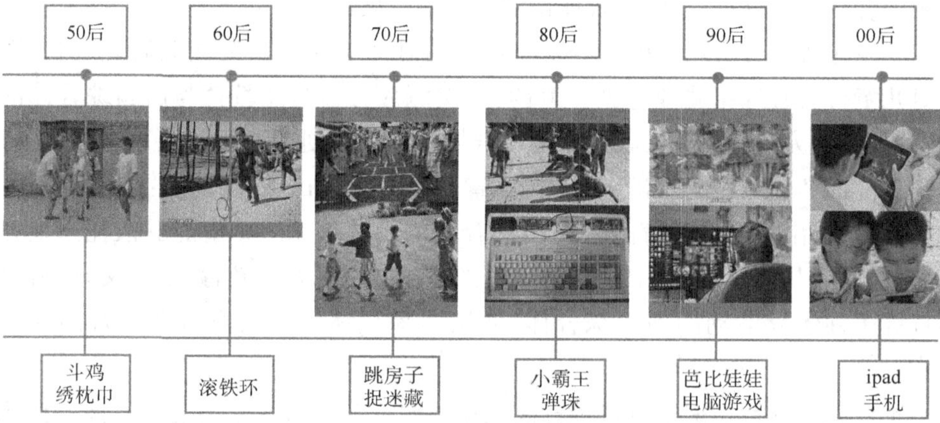

图 7－39　儿童活动发展进程分析

对于经历过人与自然变革的那代人来说,他们与自然之间的关系还是有一定联系的。但是对于没有经历过这种环境的城市儿童来说,“自然缺失症”的出现就显得尤为凸显。但是在社会整体教育背景下,这些城市儿童不断地被灌输尊重自然、保护自然的理念,其实对于他们来说“自然”这个词已经变得太过于陌生了,那些教育理念就只能停留于书本,很难唤醒他们真正的心理认同。正如教育家大卫·索贝尔所说“在让儿童拯救自然之前,最重要的是让他们有机会与自然建立联系,并且学会热爱自然(理查德·洛夫,2014)。”只有当他们真正和自然产生了愉快的交互行为,且有着大量的生活体验时他们才能真正地理解到什么是热爱自然,才能做到如何尊重自然、保护自然。

在 MCF 的《城市中的孩子与自然亲密度的调研报告》中统计有以下几组数据(图 7 -40),分别是关于收集样本年龄分布、户外活动时间、自然缺失症关联值和儿童通常如何接触大自然以及接触怎样的特定场所的数据,这些数据通过调查问卷获得,采用线上网络调查和线下发放问卷相结合的方式,共收回问卷 10 511份,其中大部分问卷来自线下的上海、深圳、长沙。在调查数据中显示,每天户外活动时间小于 3 h 的儿童占 48.5%,大于 10 h 的占 4.8%。大部分孩子活动时间都低于 3 h。在对自然缺失症的五点量分法分析中发现,6.33% 的孩子得分超过 3 分,开始具有自然缺失症的某些倾向,得分超过 4 分的孩子为 0.17%,具有较为典型的症状。

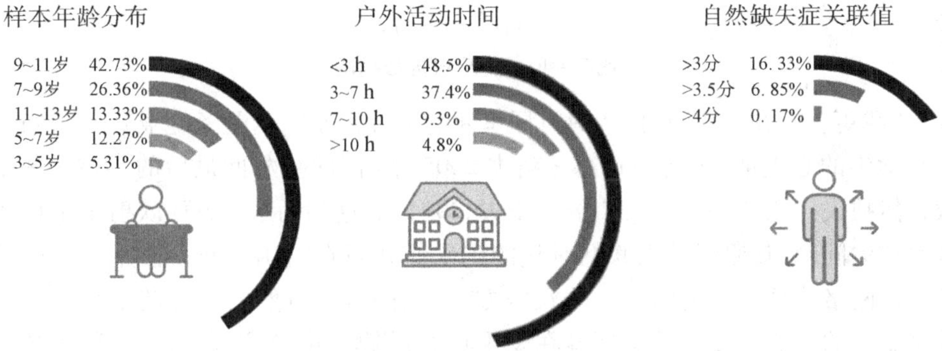

(a) 基础信息

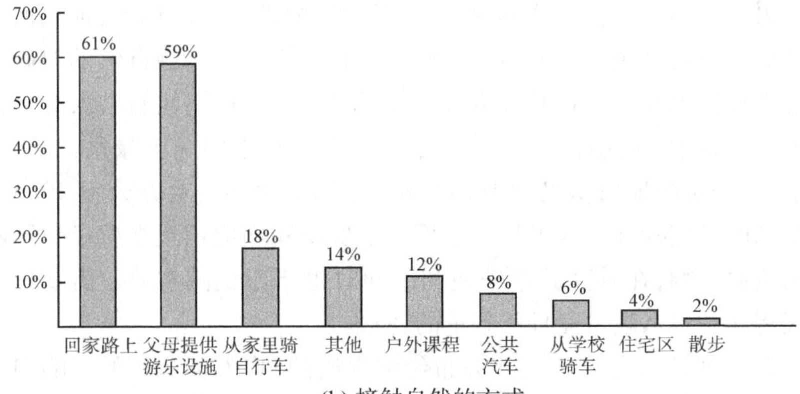

(b) 接触自然的方式

图 7 -40　调研报告数据图

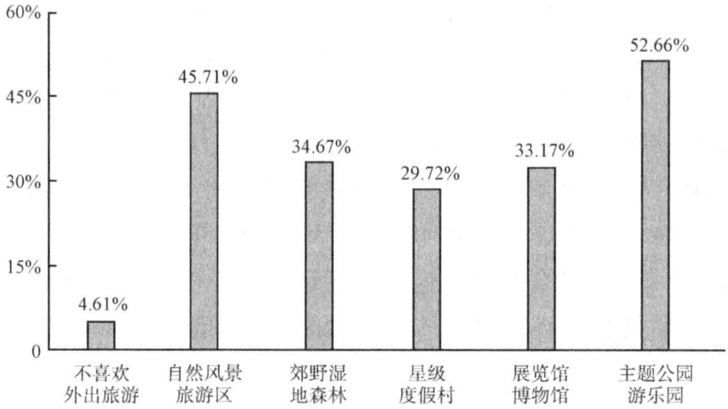

(c) 休闲娱乐方式

图 7－40　调研报告数据图

"我更喜欢在屋里玩,因为只有屋里才有电源插座",这是圣地亚哥一名四年级小学生的心里话,出自理查德·洛夫 2005 年所著的《林间最后的小孩——拯救自然缺失症儿童》一书(理查德·洛夫,2014)。这句话从一方面映射出了自然教育缺失问题,其原因是互联网时代的到来使儿童在空闲时间中使用电子产品和媒体网络几乎成了他们唯一的娱乐方式,他们对于自然的理解甚至是隔着屏幕来获得的。他们知道社会环境在发生什么样的变化,知道自然是一种怎样的存在,但这些仅仅只存在于屏幕中,通过靠手指的点击来获得,而不是真真切切的触摸。另一方面是教育环境的变革,在新时代的教育大环境中,他们面对着更优质更便捷但也更沉重的教育环境,这挤压了他们所能接触自然的时间。同时城市化进程加快也在不断地挤压儿童接触自然的空间,使他们进入有关自然场地的距离越来越远,可达性越来越低。根据《2019 年中国国土绿化状况公报》显示,中国人均公园绿地面积仅为 14.11 m^2(全国绿化委员会办公室 2019),这远低于联合国的最佳标准。这也从一定程度上反映我们应该正视城市化不断推进所带来的负面影响,在看到其带来便利的同时也要看到其劣势。需要采取综合措施来缓解儿童自然缺失症日益严重的现状。

生态系统理论是尤里·布朗芬布伦纳提出的,将人类成长的影响因子分成相互影响的几大系统——微系统、中系统、外系统、宏系统(图 7－41)。对于儿童而言,微系统是直接接触的系统;中系统是微系统各个影响因子之间相互作用和关系;外系统是围绕儿童身边的大环境,例如当地文化、社区环境等;宏系统则是更大层面的社会和文化因素(吕蒙,2016)。在当今大多数儿童场地设计中以微系统设计为主,忽略了中系统、外系统乃至宏系统对儿童身心发展可能产生的影响。所以基于儿童行为心理的景观设计在后续更应该从多个系统中多层次地考虑问题。充分认识到各个系统对于儿童成长的重要影响。

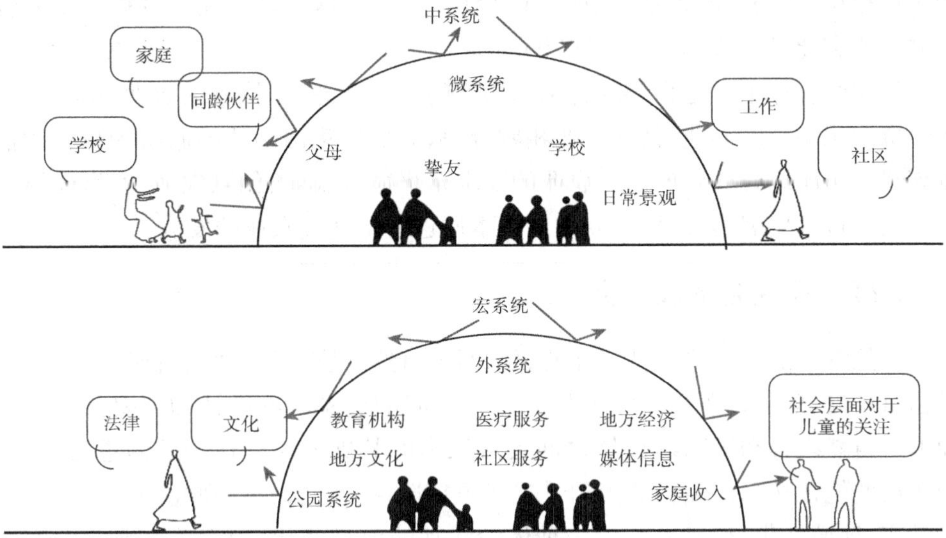

图 7－41　根据生态系统理论绘制的儿童成长影响因子

7.2.1.2　田园综合体是自然教育的优良载体

在城市化快速发展过程中，对城市绿地空间面积产生了不断挤压，导致城市用地面积紧张，绿地面积匮乏。所以当今儿童对于大自然的接触变得没有那么便捷。而田园综合体拥有优质的自然环境、独特的田园风光、特色的乡土文化，这些对于儿童自然教育来说都是天然的教科书，都可以为儿童自然教育提供良好的物质基础。儿童可以在这样的环境中去体验、释放天性，摆脱往日在课本和电子产品中的束缚。因此田园综合体可以作为儿童进行自然教育的一种方式，同时自然教育理念的融入也可以为田园综合体的建设扩宽思路，结合其他领域进行探索，赋予它新的活力。

7.2.1.3　亲子休闲农业的兴起

随着休闲农业的发展，传统市场模式已经渐渐不能满足当下人们的需要。逐渐涌现出许多新模式和业态。“亲子＋旅游”就是顺应时代发展的新模式。它和田园综合体一样都是以农业、乡村资源作为产业发展载体。基于体验性的亲子农业模式既满足了农业转型升级，又满足了亲子互动和凝聚家庭亲和力需求（王恒，2017）。亲子休闲农业的兴起也因此成了自然教育模式植入田园综合体中的重要契机。

7.2.1.4　田园综合体对农业发展改革的积极影响

“十三五”规划以来，乡村振兴成为统筹城乡发展的重要战略目标。2017 年中央一号文件指出田园综合体开始成为乡村振兴的重要举措。这种模式包含农业生产板块、休闲旅游板块、田园社区板块，是一种具有创新性的乡村旅游复合发展模式和建设模式（林麒琦，2020）。

田园综合体主要是指要综合利用场地的特色资源，将特有的农业资源优势、景色资源优势与旅游业、其他产业相融合，从而形成集田园休闲旅游为特色的休闲模式。田园综合体发展中对农业的要求是集循环农业、创意农业、农事体验为一体的可持续发展模式，所以其发展的本质也就是现代农业的发展。

7.2.2 研究目的和意义

自然教育的主要目的就是让儿童重回大自然环境。“重回大自然环境”也就是指重新处理人、资源以及场所媒介三者之间的关系。本设计的主要目的是在前期对自然教育和田园综合体之间关系探索的基础上对当地的资源进行整合，希望借此能依托当地独特的田园景观资源打造一个融合农业观光、农事体验、亲子教育、地域文化、科普教育等多种体验活动的项目，同时为当地农业旅游的发展提供新的思考方式，激发出新的活力，设计愿景见图 7－42，研究框架见图 7－43。

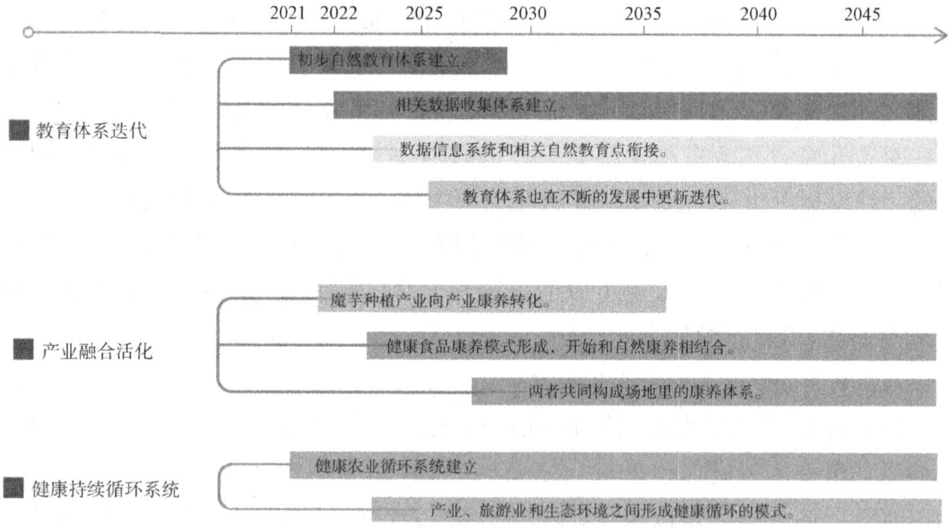

图 7－42　设计愿景

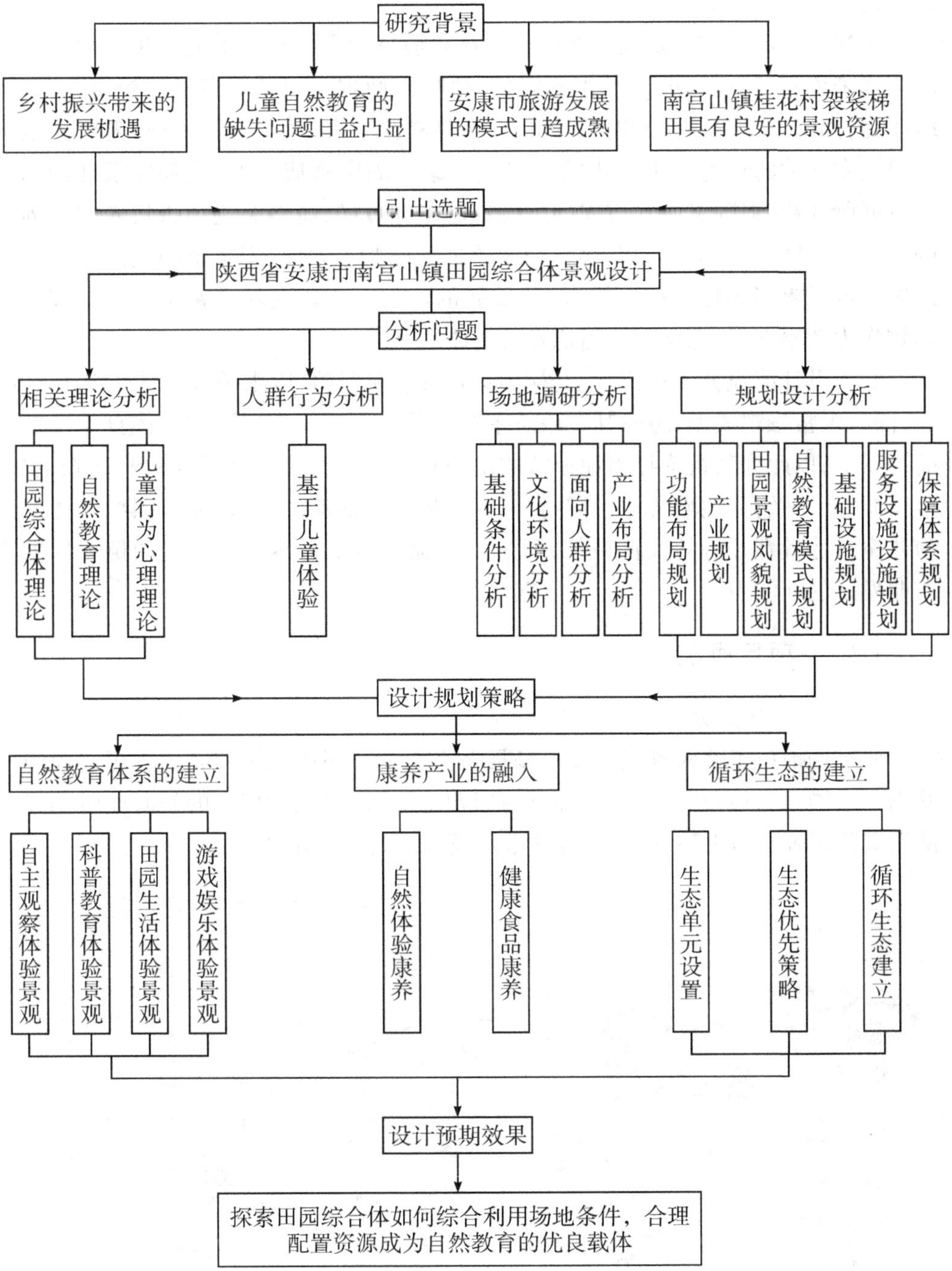

图 7－43　研究框架

因此，在南宫山地区进行面向儿童自然教育的休闲康养农业规划，主要有两方面优势：

①激发安康市旅游发展的新模式。在环境理念不断更新的时代里。对于旅游模式来说有了更新、更人性化的定位，呼吁人们重新回到大自然放松身心，舒缓压力，回归生命本质。同时安康市的旅游资源丰富，人文氛围浓郁，需要去紧跟时代发展的脚步得到进一步的发展。安康市周围被成熟的、互补性很强的知名景区所环绕，但随着西安市周围三线景区走向成熟，游客会逐渐将目光放到周围的三线景区，希望能到此获得不一样的感官体验。因此，安康市的旅游发展模式更应该寻求多元化，以此来激发其发展的活力。本研究就是希望以自然教育模式作为新出发点，探索更适当地发展的旅游新模式。

②本设计能充分依托当地自然田园生态景观资源，以水稻梯田作为主导产业，同时丰富景观类型，缓解其在旅游季节上的局限性。在田园综合体日益发展的背景下，以此为契机依托当地独特的田园景观资源打造一个融合农业观光、农事体验、亲子教育、地域文化、科普教育等多种体验活动的项目，使田园综合体成为儿童自然教育开展的优良载体，通过田园综合体中自然教育模式的植入挖掘农业发展的新活力。

7.2.3 项目概况

7.2.3.1 区位分析

研究场地位于陕西省安康市岚皋县南宫山镇北部桂花村袈裟古梯田。周边的南宫山国家森林公园为4A级景区，所以以南宫山景区为核心的旅游业带动经济发展作用强大（图7－44），同时这里是我国最北的稻作区。

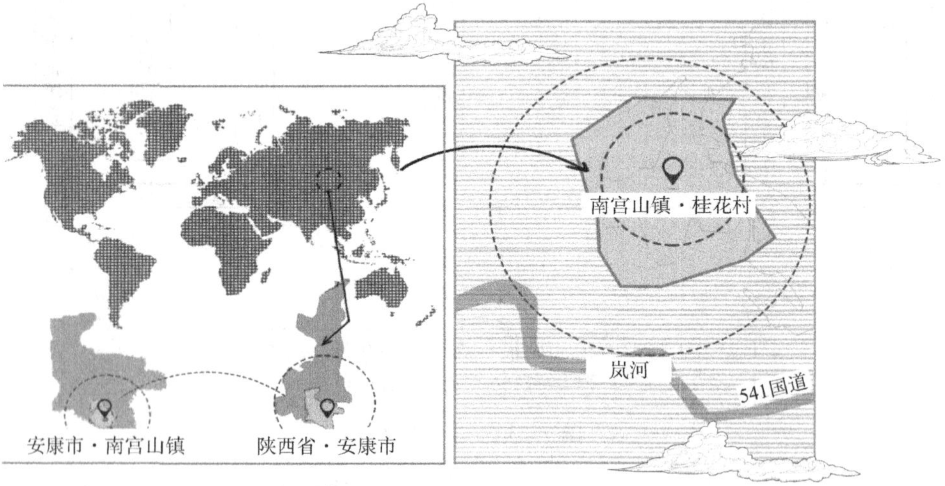

图7－44 场地区位图

场地距离岚皋县城3.2 km，设计总规划面积为16 hm^2，重点设计面积为4 hm^2。

7.2.3.2　气候分析

安康市独特的地理位置为其营造了独特的气候环境，不同于西北地区的气候环境，安康市有着南方气候的温润。当地四季分明，属温带大陆性季风气候，年平均气温在15 ~17 ℃，年平均降水量为1 050 mm。

7.2.3.3　场地SWOT分析

(1)优势

场地坐拥38 536.3 m^2林地资源和96 523.7 m^2梯田资源，拥有美丽的古梯田和安康市独特的山清水秀，自然资源价值高且类型多，都是开展自然教育的优良条件。场地不同于南宫山陡峭的地形环境，地形缓和，适宜老人、儿童游览观赏。场地也是我国最北的稻作区，具有独特的文化意义，且还具有特色的田园景观文化、梯田文化、稻作文化、茶文化。就产业方面来说，山下稻田林果园、山腰茶叶葛根园、山上养殖魔芋园的产业布统已经形成。游客构成包含大量家庭式游客，以儿童老人为主，商务游其次，游客对场地有着生理、心理、社交、知识、自我实现体验需求等(图7－45)。

图7－45　游客类型与需求分析

(2)劣势

场地交通通达度较差，古梯田资源位于场地中央，周围场地资源衔接难度较大。游客人群受季节影响大，场地淡旺季区分明显。

(3)威胁

乡村环境资源较为散乱，整合难度比较大，整合时还需要注意村落密集区人口压力和环境优化之间的矛盾。当地旅游模式单一,需要激发旅游发展的新模式以及处理好古梯田资源价值开发和场地保护之间的合理关系。

(4)机遇

从国家政策层面来看,2017 年在中央一号文件中第一次指出"田园综合体",这个概念逐渐成为乡村振兴与平衡城乡间关系的关键。说明当地可以利用田园综合体的发展模式来推动多方面产业发展,还可以充分利用南宫山国家森林公园作为 4A 级景区的核心带动作用。

7.2.4 项目现状分析

7.2.4.1 交通流线分析

场地紧挨 G514 国道,便于游客到达,但场地内部的交通流线组织形式主要以满足当地居民生活和居住为主(图 7 - 46)。道路的组织跟景点之间的衔接关系不强,主次道路区分也不太明显,这样会阻碍场地内游览体系的建设,导致各个景点资源散落没有组织形式,资源也得不到充分利用。

7.2.4.2 自然条件分析

场地地理位置优越,位于我国西北地区唯一的亚热带区。安康市处于秦岭南坡,一山之隔,把北方的雾霾和干旱的气流阻挡在外,形成了温润的南方气候特征,所以拥有独特的自然环境。2018 年央视《新闻联播》播出了岚皋县农民庆祝丰收节的新闻,使当地古梯田变得远近闻名。之后《人民日报》和新华社也相继发布了对于当地古梯田优美景色的报道。所以当地的自然环境具备开展自然教育的优良条件,并且只有人们参与到劳动中,才能身体力行地体悟到农耕文化的精髓,带来更好的自然教育。

7.2.4.3 产业布局分析

场地在最初除了水田并没有形成其他主导产业。2018 年后引入了多种产业模式,形成了当地山下稻田林果园、山腰茶叶葛根园、山上养殖魔芋园产业布局。且在规划中并没有大拆大建,采用因势利导、就地取材来进行建设。未来的桂花村是集稻田、茶山、葛园为一体的农开发综合体。"岚皋魔芋"已获得国家地理标志保护产品,中国魔芋协会还向全国魔芋产区推广了安康魔芋健身高产栽培和林下高效种植技术,安康市以魔芋即食食品加工为主的魔芋加工业已成为全国魔芋行业的龙头,目前已经占到全国市场的三分之一。

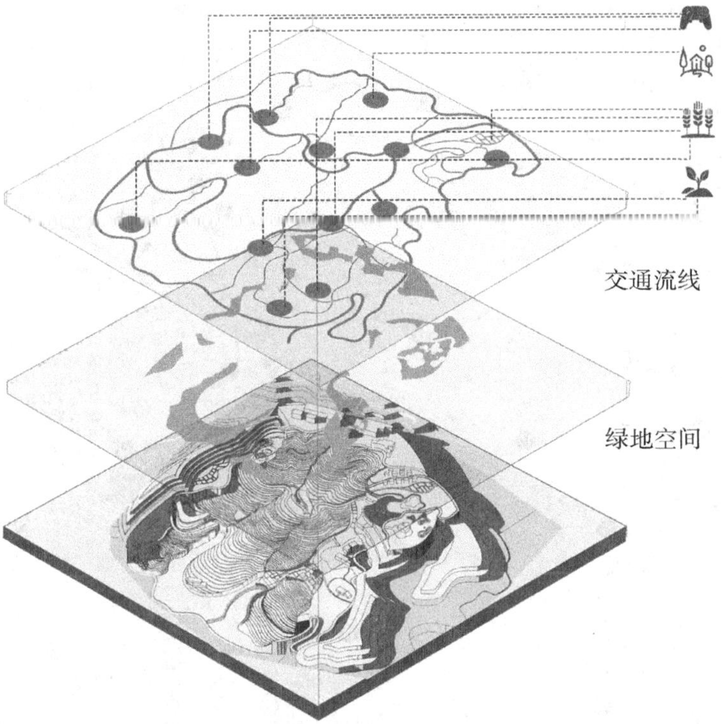

图 7－46　场地现状分析

7.2.4.4　人文环境分析

当地保留着浓郁的秦巴文化，包括具有特色的田园景观文化、梯田文化、稻作文化、茶文化，这里每年都会依托这些特色文化举办相应的节日活动，例如插秧节、打谷节、挖藕比赛等节庆活动。近些年来场地举办的“南宫稻作文化节”也受到了社会广泛关注。

7.2.5　休闲康养园设计思路

7.2.5.1　设计定位

本设计依托当地独特的古梯田景观资源，使传统的田园生活、农业生产与现代生活相对接。融合农业观光、农事体验、地域文化、科普教育、亲子教育等多种体验活动，满足都市儿童重归田园、与自然融为一体的愿望。

7.2.5.2　总体布局规划

场地总共设置了 25 个节点（图 7－47），分为 11 个区，包含游乐体系、科教体系、康养体系三条路线，设计框架见图 7－48。希望能够综合利用当地的场地资源将其打造为儿童自然教育的第二课堂。

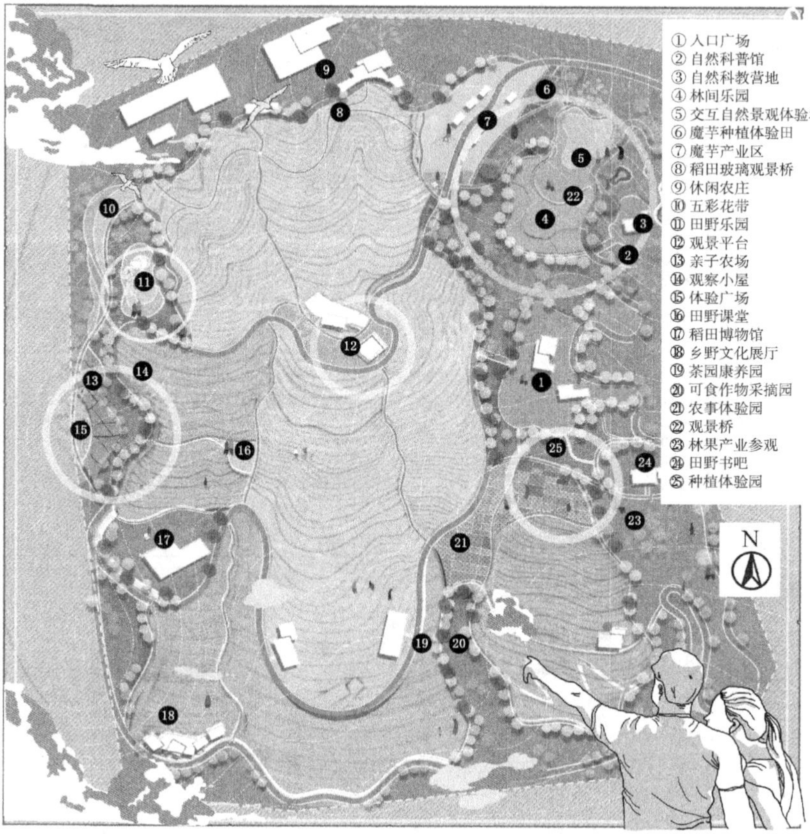

图 7－47　总平面图

7.2.5.3　功能分区分析

场地分为 11 个区(图 7－49),分别为休闲农庄区、康养产业区、自然科普区、田野乐园区、核心保护区、入口区、种植园区、户外稻作博览区、产业观光体验区、户外稻作参观区和林果园区。核心保护区主要是对重点的古稻田风景尽量做最少限度的干预,保留其完整的风景线,设置与之相结合的游览景观步道或者架空桥,再配加相关环境解说系统给游客带来生态解说体验。户外稻作博览区主要是将核心区以外的农田重新划分变成一个户外的稻田博览区,可以观看到一年两季、多品种的水稻在这里轮作同时部分农田可以作为认领空间,让人有对农业生产、生活和田园环境的感知与体验。自然科普区是依托后方的森林资源建立儿童自然教育营地。休闲农庄区是为了融合山体和田园风光景色营造惬意的居住环境。

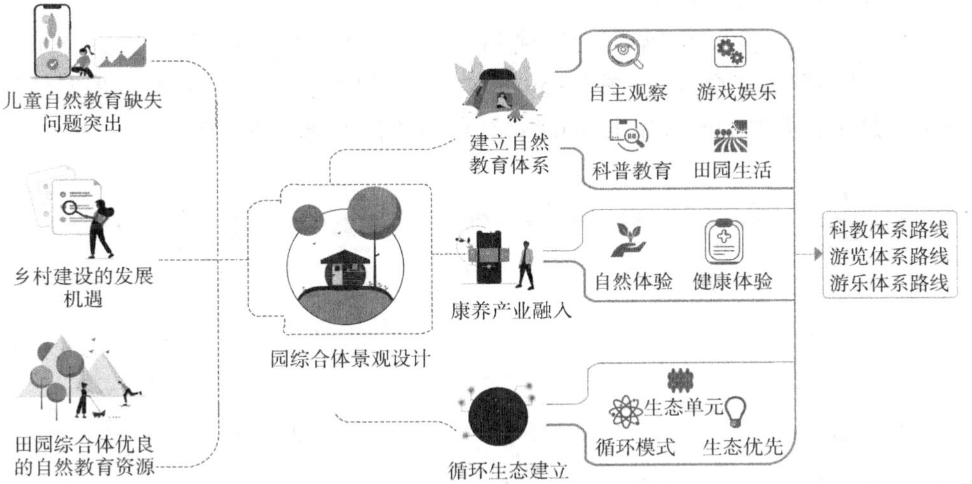

图 7－48　设计框架

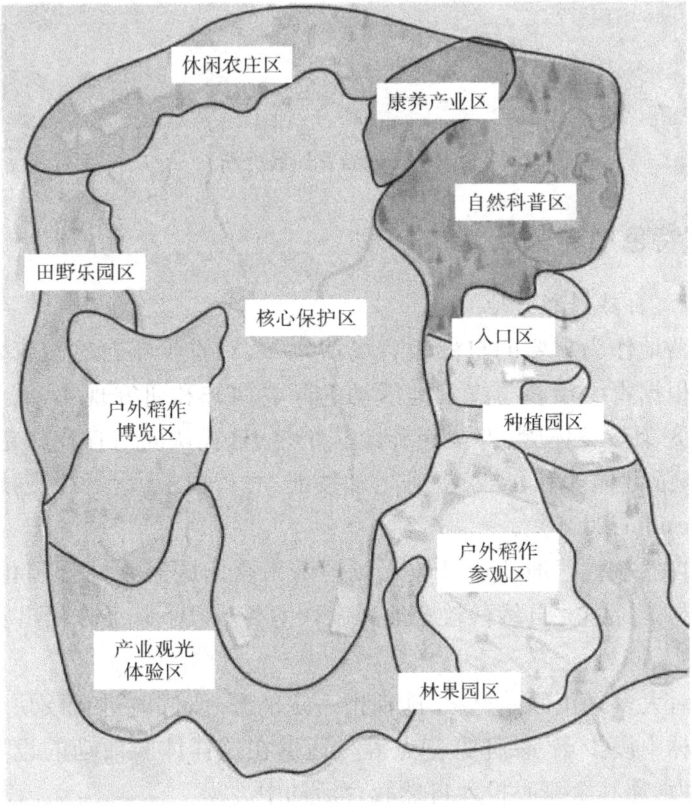

图 7－49　功能分区图

7.2.5.4 游览路线分析

场地的游览路线根据景点的用途和特性设置了科教体系路线、康养体系路线、游乐体系路线三个方向(图7-50)。本设计希望能在三个路线相互串联的基础上满足多种人群的游览需求,同时将乡村中的各个资源进行整合。

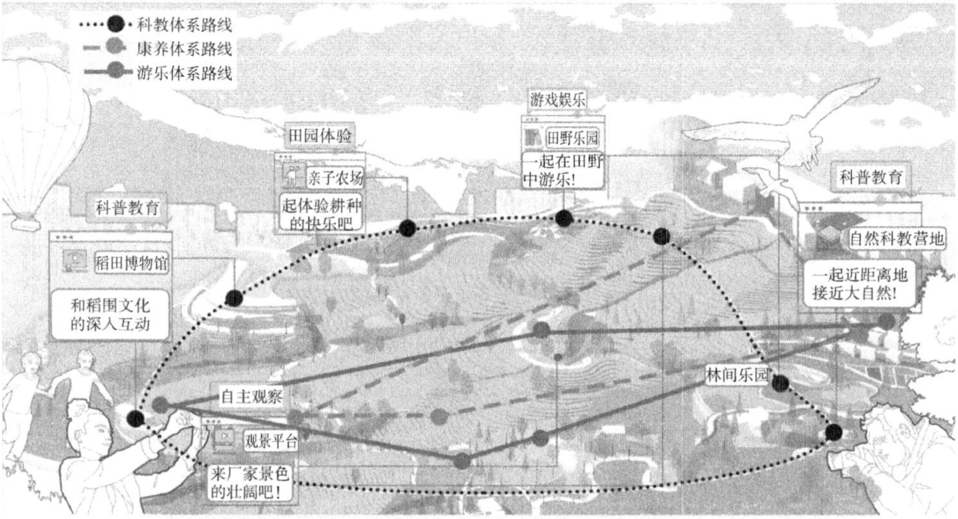

图7-50 游览路线分析

7.2.6 特色康养景点

7.2.6.1 自然科教营地

森林露营地作为重要的自然教育场所之一,对青少年自然教育具有巨大的推动作用。根据青少年参与露营地活动的问卷调查和研究现实,露营地的教育功能涵盖了8项教育体验,即社交和团队精神、自我认同与自我肯定、挑战自身体力与能力、强健体魄和心智、提升运动技能、心智成长、学习社交技能、学会乐于助人等(Scanlin,2001)。

本项目自然科教营地的选址位于场地与南宫山国家森林公园相接处,依托场地中的森林资源建立自然科教营地。设计主要从以下几个方面出发。

(1)强调趣味性

在设计时大多采用原始材料,能保留一定的野趣,同时进行模块化的体验点设置,例如:林中漫步点、森林野营点等。通过在这样体验活动的设置充分调动儿童的注意力,让其全身心投入自然教育活动中。

在场地原有单一植物的基础上增加了植物种类,在林下漫步探索的区域增加了气味性植物,例如能让人提神醒脑的香樟等,在花镜区域则配置香花植物栀子等。在活动中能丰富儿童的感官体验。

(2)强调自然性

儿童对户外空间具有较强的功能性需求,但在现在的儿童景观设计中往往将游乐设施的摆放理解为功能性需求。这种盲目重复的摆放模式并不能真正满足儿童的需求,他们需要的是能以自己的观察方式领悟周围环境,所以本设计在保证安全的情况下采取了更加开放的布局,尽量采用模糊的交通组织。这样能保留更加真实的自然气息和野趣,从而让儿童能真切感受到大自然,同时也能和周围林间乐园、交互自然景观体验场相互衔接。

(3)强调安全性

场地的安全隐患主要来自两个方面,一是场地的边界性,儿童容易在游戏中误出边界;另一个就是场地高度的落差所带来的安全隐患,因此场地在边界设置竹子和木栅栏进行防护,只留与周围道路衔接的出口。

(4)强调科普引导性

场地以自然科普为主要目的,但在设计中不希望过多干预儿童的思考,所以科普的形式大多采取指示挂牌的问答和引导。同时在交互自然景观体验场所中设置了一些交互景观,可以通过触摸、踩踏等来获取相关信息,让儿童拥有自主思考的能力。

7.2.6.2　交互自然景观体验场

在交互自然景观体验场中主要是强调引入情感和体验过程,让儿童与户外空间互动。在这种情况下儿童能和空间环境产生更多的互动行为,再结合其他感官体验设施,使儿童全方位感受大自然,同时促进感官能力的发育。

7.2.6.3　魔芋产业园区

中国健康食品产业联盟正在推动国民营养计划响应健康中国行动。李星林(2020)依托当地蓬勃发展的魔芋产业为基础,将健康、康养融入其中,通过发展健康食品产业来为当地魔芋种植注入新的活力。魔芋产业园区主要是在当地种植环境基础上配置相应的参观点,并划出一部分田地用来做魔芋种植产业的体验田,能够让人们感受到健康食品的生产过程,这个生产过程也能放松参与者的精神情绪。

7.2.6.4　农事体验园

本设计将核心区以外的农田重新划分出一部分农田,作为认领空间,最大化让游客认识农业生产的全过程,获得对农业生产、生活和田园环境的感知与体验,使人们能够在参与农事的过程中充分体验农业生产的乐趣。

7.2.7 儿童自然教育康养科教体系构成

7.2.7.1 自主观察体验景观

在设计上我们希望保留古梯田的完整性与真实性，在不过度干涉场地的基础上充分展示农耕文化资源。本项目将场地内的梯田资源进行划分，将完整且具有观赏价值的区域进行保留，在区域设计中只做与环境相符合的观赏区域和解说路线，希望能将独特的场地、农田耕作技术、乡土文化等这些天然教科书用寓教于乐的方式传递给儿童。

在自主观察体验景观的设置中我们主要采取沉浸式景观的设置（图7－51），观察小屋（图7－52）和观景台的选点都是距离道路和动态活动场地相距较远的田园场地，可以使儿童在视觉、听觉方面达到一种沉浸式的体验。

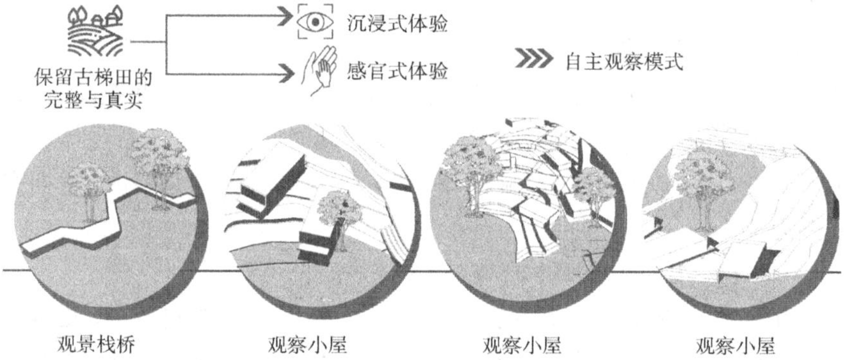

图7－51 自主观察体验景观分析图

图7－52 观察小屋效果图

7.2.7.2 科普教育体验景观

休闲农业中的科普教育不能只停留于干瘪的文字展示、单纯的物件摆放、单一的体能锻炼路线，应该根据场地的特征性质对应设计（图 7－53、图 7－54）。此项目在科普教育流线设计中，依托场地特性做到真正联通儿童和场地之间的关系，将场地中独有的自然和农业资源与户外教育相衔接，形成一套可迭代、可更新的体系课程，从而形成一套长期服务体系。

7.2.7.3　田园生活体验景观

田园生活体验景观的出发点就是使人对农业生产生活和田园环境有所感知与体验（图 7－55）。所以对核心区以外的农田进行了重新划分，一部分农田就可以作为认领空间让人们进行农事体验，提供儿童进行农事操作、培育植物成长、学习农耕文化的教学基地（图 7－56），使其在参与农事操作、植物种植等自然体验教育过程中，加深对自然和生命的认识。

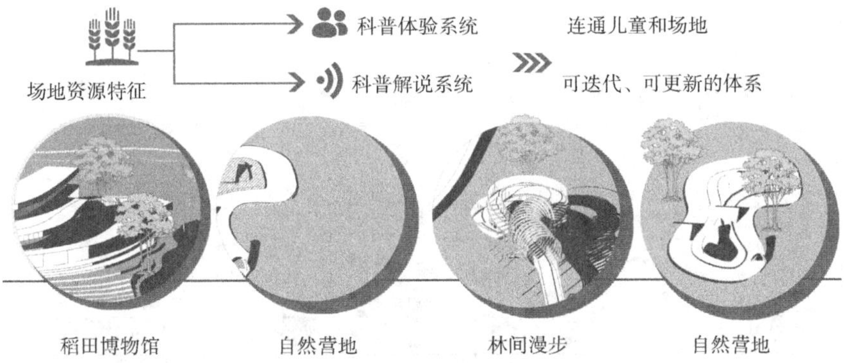

图 7－53　科普教育景观分析图

图 7－54　自然科教营地效果图

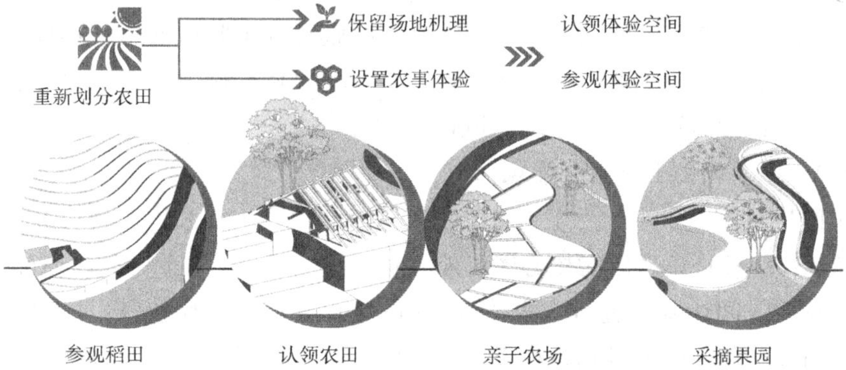

图 7－55　田园生活分析图

图 7－56　亲子农场效果图

7.2.7.4　游戏娱乐体验景观

游戏娱乐类主要承担儿童户外游戏活动(图 7－57),包括主题性游乐园、户外拓展训练、亲子游戏等。通过这些活动释放儿童身体潜能,使儿童健康快乐地成长。场地中主要选取具有田园特色的场地建设田野乐园(图 7－58),同时配备相应的静态休憩区作为陪同家长的等待区。休憩环境的设置,在植物搭配上考虑视线的通达性,从而方便家长看护儿童。

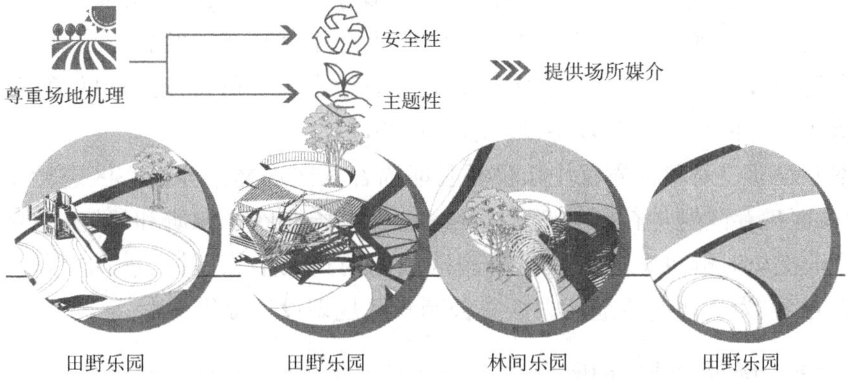

图 7－57　游戏娱乐体验景观分析图

图 7－58　自然乐园效果图

7.3　面向儿童的陕西省佛坪熊猫谷康养景观

森林康养是推动全龄人口健康、解决人口老化问题的一种有效方式。因此，本专题的设计理念是将森林康养业与“生物多样性保护”“健康中国”“乡村振兴”有机结合，为西部类似熊猫谷景区的发展提供技术依据，并在一定程度上满足政府的要求。

森林康养产业是一种资源导向型产业，在开发的资源中主要是森林中植物资源的种类、其他自然资源的丰富程度以及景观评价。同时，森林康养产业也是一项以维持和恢复游客健康状态为目的的景观经济手段。当前社会发展过程中人们面对不同心理、生理、社会关系等问题，康养产业为人们的健康提供了一些改善方式，同时，森林康养产业也能直接带动资源地的经济发展，在我国森林资源丰富的地段，许多乡县地区正需要如此一条适合当地可持续发展的道路，为进一步落实乡村振兴提供有效手段（安童童，2017）。

本专题通过对陕西省汉中市佛坪县熊猫谷景区森林康养核心区进行景观设计，对景区现存问题进行了梳理和归纳，通过对场地展开调研和研究，结合森林康养产业提出对解决秦岭大熊猫公园区域内的景区生态保护、景观规划等问题的合理方案，为其他秦岭地区大熊猫公园景区规划设计提供参考。

7.3.1 场地现状分析

7.3.1.1 场地区位

佛坪县，地处中国自然地理之南北分界线的秦岭南麓，位于陕西省汉中市东北部，北临西安市周至县和宝鸡市太白县，西南连洋县，距离汉中市 150 km、西安市 200 km。

佛坪熊猫谷景区位于陕西佛坪县城以北 20 km，地处秦岭大熊猫走廊带和观音山自然保护区境内（图 7－59）。该地区的地形走势主要呈现中间低四周高的趋势，海拔区间 1 300 ~ 1 800 m。场地降水量较少，因此山体的阳坡面植物长势较差，而阳坡面植物生长茂密植被覆盖率高，土地含水量随着蒸发量以及溪流流经面积有所变化，海拔 1 300 ~ 1 400 m 的区域土壤含水量较高，海拔超过1 500 m 处的土壤含水量逐渐减少。

7.3.1.2 场地资源现状

佛坪熊猫谷景区自然资源丰富，森林覆盖率高达 95.43%，是以山岳、峡谷、泉溪、云海、森林、奇石等自然景观和珍稀野生动植物为特色的生态旅游景区，游览价值极高，已成为西北地区独具魅力的旅游胜地。

7.3.1.3 场地气候条件

佛坪县属暖温带气候，有显著的山地森林小区气候特征，成为特殊的亚热带北缘山地暖温带湿润季风气候。属于北亚热带季风性气候，具有良好的水热条件，年均日照时数大于 1 724 h，年平均气温 13 ℃，7 月份平均气温 27 ℃，1 月份平均气温 －2 ℃，年降雨量 1 000 ~ 2 000 mm，雨季主要集中在 7—9 月。由于东西向秦岭主脊的屏障作用，使县境气候明显区别于秦岭北坡，为中国南北气候分界线地带。气候温和，夏无酷暑，冬无严寒，春季冷暖反复交替，气温回升缓慢，雨少偏旱；夏季多洪，秋季多淋；冬季雪雨稀少，较干燥。

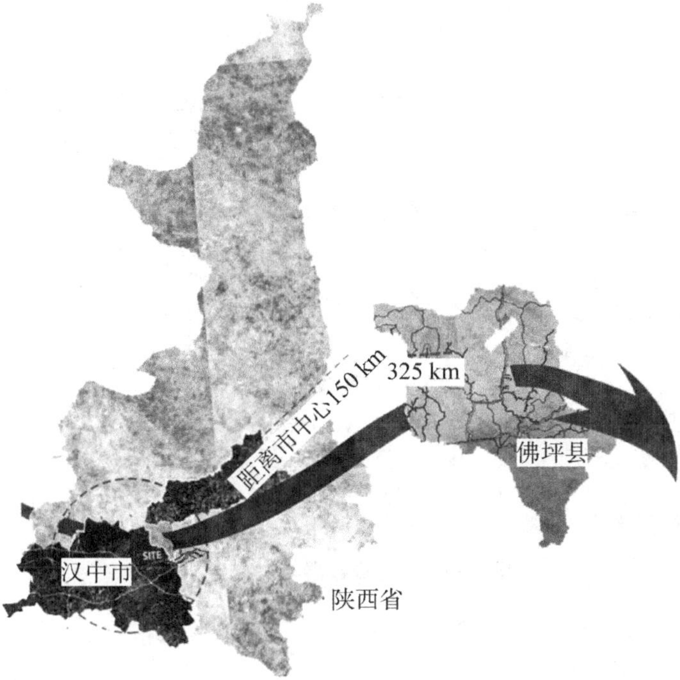

图 7－59　场地位置

7.3.1.4　场地客群分析

(1)来访形式及人群类型

依照到当地的走访调查,了解到目前熊猫谷景区的来访者大多来自西安市或汉中市等周边经济发展较稳定的城市,而他们来访的出游交通形式一般选择自驾或高铁(图 7－60)。来访者中 80% 是家庭式的亲子出游,其中儿童年龄为 6～12 岁较多,父母以 30～45 岁青中年为主要的陪护人。也有部分 3 人及以上老年人群前来游玩。通过对设计场地的初步设计思考,为后期吸引潜在游览客户进行分析,目前到达场地的青年人数较少,为满足此类游客的游玩需求,本专题也为之设计了许多适合青年人游玩的项目。

(2)人群偏好分析

针对不同客群对景区的偏好,各游客活动的兴趣点依照不同时段的不同现状信息(包括自然资源利用情况、动物活动时段、观赏植物和疗养植物的长势情况)进行拼合利用, 以满足各年龄段人群对不同场景、不同环境需求、不同社会的需求(图 7－60)。

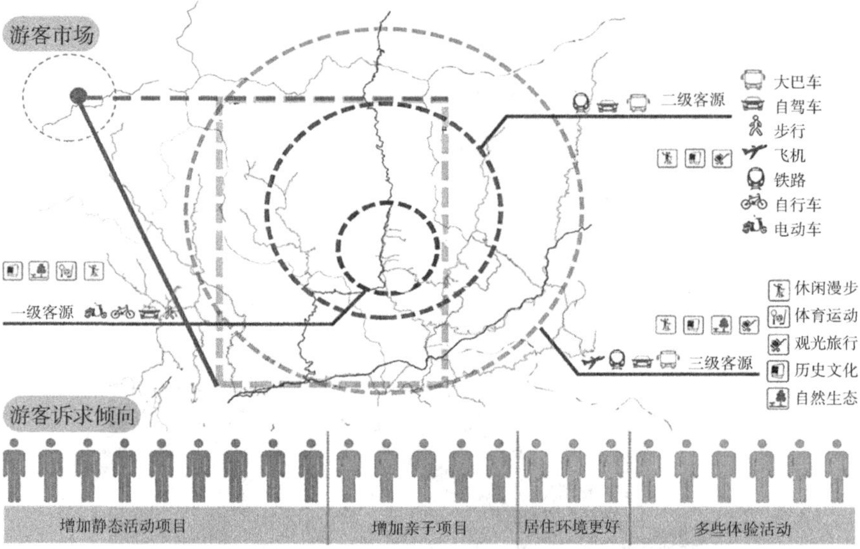

图 7－60　消费客群与需求分析

7.3.1.5　场地产业文脉分析

(1)产业分析

景区山清水秀、环境优美、森林覆盖率高达 91.19%，为佛坪县旅游开发、生态种养殖提供了得天独厚的地理条件。佛坪县坚守“两山”理念，实施“生态立县、林药兴县、旅游强县”发展战略，加快构建“一旅二养三药”绿色生态产业体系，依托自然资源和地理优势，以中药材、食用菌、中蜂、土鸡、生猪、魔芋、猕猴桃、休闲农业等为主的特色农业产业持续稳定发展，“佛坪山茱萸”“佛坪土蜂蜜”获得国家地理标志认证，山茱萸列入国家食药同源类物资管理试点(图 7－61)。

(2)文脉分析

佛坪县共普查非物质文化遗产项目线索 46 条，公布非遗名录项目 10 项，项目类别主要为传统技艺、民俗和传统美术，其中传统技艺用当地采摘的人参果、粮食作物玉米、红薯通过当地人特有的制作工艺制作出的佛坪神仙豆腐、佛坪杂拌糖(图 7－62)。通过对佛坪地区的文脉挖掘结合规划设计将这些当地特色产品及工艺利用设计语言的转化使其成为设计的主要创新点，在打响景区差异化品牌的同时也带动了佛坪当地经济发展，佛坪县从 2010 年到 2021 年，随着时间的推移，人均 GDP 呈现逐年增长趋势。

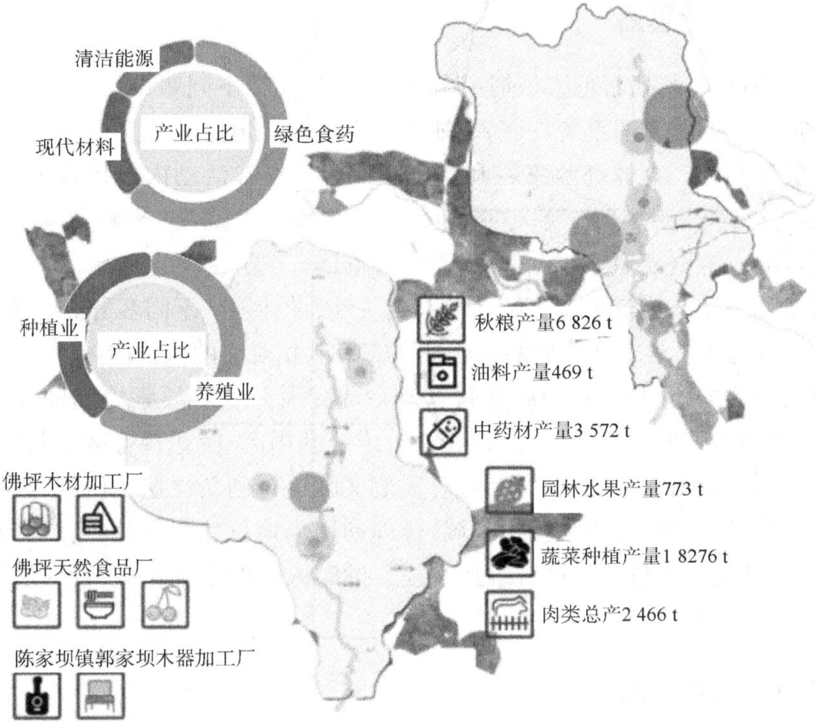

图7－61　产业分析

(a) 神仙豆腐

(b) 杂拌糖

图7－62　神仙豆腐和杂拌糖制作流程

7.3.2 设计思路

首先通过对景区及周边的前期调研和分析提出以下问题：

①道路。道路交通系统待完善，缺少丰富的游憩道路。

②资源利用。森林资源康养利用率不高，熊猫谷活动内容形式单一，缺乏创新。

③客群。游览规划路线无秩序，无针对群体。

④建筑小品。建筑小品等设计缺乏统一性，设计须从不同客群的心理下手。

⑤林区海拔。对于高海拔的核心林区需采取相对应的保护措施。

根据以上场地问题，利用游憩科普理论先对其进行各要素之间的评估及联系，划分出场地需要修复的生态问题区域、传统利用区、游憩科普区。其次，对于场地生态问题提出解决方案。最后，对场地文脉进行创新性挖掘研究，利用创新成果在适合发展传统文化活动的区域，合理利用场地自然资源，恢复游客身心健康，在适宜开展游憩科普的区域维持和提升健康人群的幸福指数，设计满足不同人群偏好的活动。

7.3.3 设计策略

7.3.3.1 消费者年龄段导向策略

依照来访游客人群不同的心理特点对景区的不同路线进行规划，分别为亲子休憩研学路线、青年舒缓活力路线、中年体验休闲路线和老年康体修养路线（图7－63）。

①对于青年人来说，青年人思维活跃，热情奔放，富于幻想，容易接受新事物，喜欢猎奇，反映在消费心理和消费行为方面，表现为追求新颖与时尚，追求美的享受，喜欢代表潮流和富于时代精神的产品。

②中年人相比青年人游览景区的目的主要在于能够释放日常生活压力的同时又能够有某些实质性的生活物品或是生活技巧，能带离景区方便日后生活，因此他们具有较强的消费能力和消费欲望。

③老年人在环境景观中的偏好表现在景观对人的健康有正向影响，这与其中年人消费的相同之处在于这两种年龄阶段都希望通过某些不同的手段解决当前实质性问题。

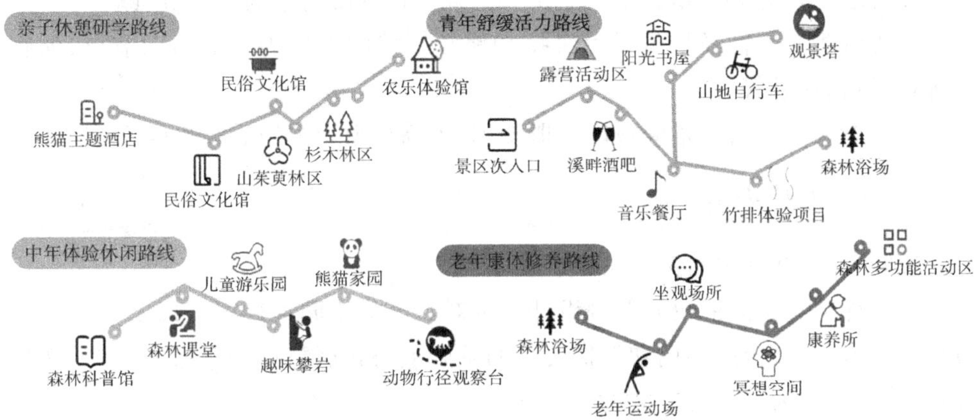

图 7－63　消费者年龄导向策略

7.3.3.2　消费者需求导向策略

经过对场地现状总结发现其生物资源丰富、景区功能缺失、浏览路线和游客结构单一、资源利用不佳以及实体经济发展缓慢等问题，并基于 ROS 理论生成相关策略，按年龄阶段划分路线规划，按人群需求划分节点设计。在不同地区的森林康养产业的发展过程中消费者对于产业的需求也不同，对于各游园路线的节点通过对消费者需求的不同大致分为：养心类、养性类、养体类、养智类四个方面（图 7－64）。

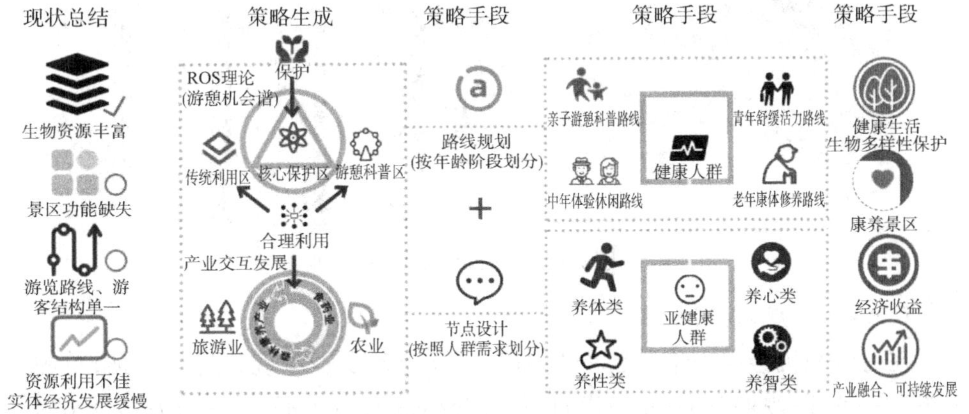

图 7－64　消费者需求策略

①养体类。养体类指偏重以维持和修复游客身体健康为主的活动节点，这类节点的运动类型有适合年纪较长、体弱、亚健康等人群的轻式运动，如：瑜伽、体操、太极拳等。也有适合年轻人和精力充沛人群的重力运动和有氧运动，如：山地自行车、丛林探险、趣味攀岩等。

②养心类。养心类指偏重以维持和修复心理健康为主的活动节点。

③养性类。养性类指偏重以维持和修复良好的性情为主的活动节点，如森林体验、露营活动等。

④养智类。养智类指偏重以获取知识、提高智力为主的活动节点。

7.3.4 设计内容

7.3.4.1 总体规划平面图

佛坪熊猫谷景区的康养景观设计通过对景区的不同地理要素以及资源环境分析和整合，旨在合理利用和保护资源的基础上将景区打造为集康养产业、文化教育、旅游观光为一体的景区（图 7－65）。

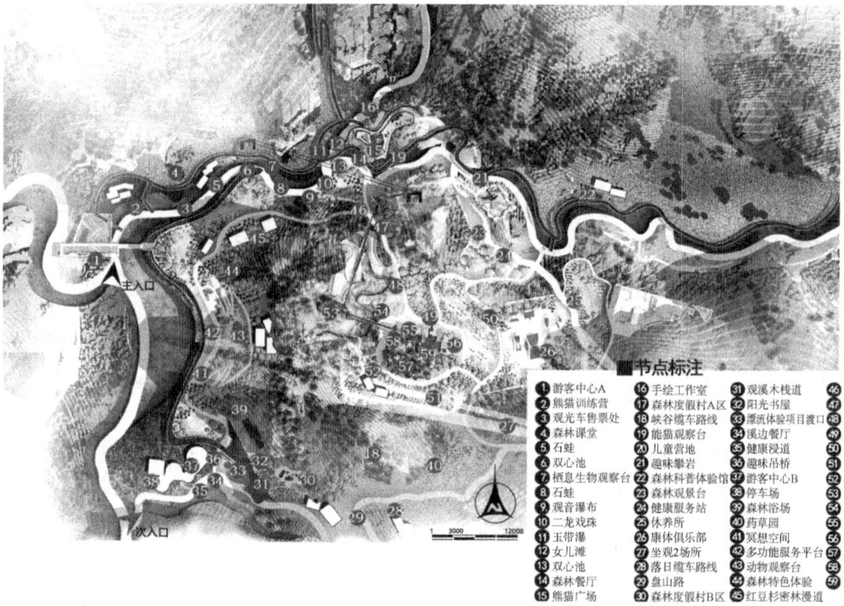

图 7－65 设计总平面图

7.3.4.2 规划设计

在对游憩机会谱理论了解的基础上对场地各项资源现状进行评估，首先将海拔这一要素按照场地可用设计面积大小以及资源情况分为海拔 1 600 ~ 1 800 m 、海拔 1 400 ~ 1 600 m、海拔 1 300 ~ 1 400 m 的地形地势类别；依照各点与水源的远近关系将其分为邻近水源、远离水源两大类；分别以动物和植物划分其旗舰物种，设计场地内的植物旗舰科类主要有松科、桦木科、木兰科、毛茛科、壳斗科；动物旗舰种类以“秦岭四宝”中的大熊猫、金丝猴为主。园区各类动物都依赖植物而栖息，如大熊猫喜欢趴在树上睡觉，金丝猴在枝杈间攀爬嬉戏，朱鹮等喜欢在树枝上停留、过夜。通过将这些条件重新组合对设计场地对应节点活动内容进行划分(赵卫平,2022)。

7.3.4.3　路线设计

游览路线主要将原有消费者类型以及设计改造后未来潜在消费者的年龄阶段作为设计路线的划分依据,主要划分为以下四条游览路线:亲子休憩研学路线、青年舒缓活力路线、中年体验休闲路线、老年康体修养路线(图 7－66)。

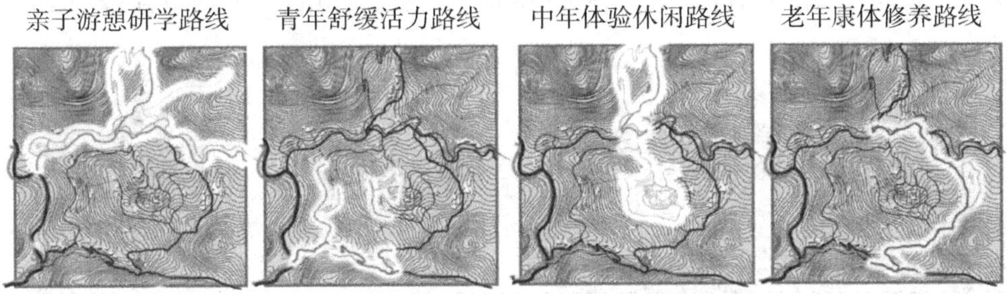

图 7－66　路线设计

①亲子休憩研学路线。亲子休憩研学路线的人群主要是亲子人群,根据亲子人群的消费需求,其节点类型主要有科普教育、动物行径观察、儿童乐园。

②青年舒缓活力路线。青年舒缓活力路线的主要人群是年龄 18～30 岁的青年人群,活动项目类型有露营活动区、森林书屋、山地自行车等。

③中年体验休闲路线。依照家庭式亲子乐园的模式,中年人群来访的年龄阶段大致为 35～55 岁,中年人群希望在景区中能获得一些实际性的生活技能或压力疏导,该路线中活动节点体验类型较多,如:农乐体验区、冥想空间、度假疗养区。

④老年康体修养路线。老年人群由于人群的特殊性,大部分该年龄阶段的人都有部分心理或身体上的问题或疾病,因此该路线设计了疗养空间或疗养所、坐观场所等。

7.3.4.4　阳坡植物种植场地区位及面积设计

设计场地位于秦岭南麓,该地区全年降水少,较干旱。对于较干旱地区而言,该地区阳坡长期受太阳照射,蒸发量大,因此植被稀少,而阴坡由于长期不受阳光照射蒸发量小,森林覆盖率较高。设计场地中位于西北的山脉南面属于阳坡,且阳坡面积较大,因此需要对阳坡进行治理。首先,选择抗干旱、抗贫瘠的树种,进行温室育种,如装籽的山杏容器苗、油松容器苗,这两个树种能很好地适应阳坡薄土层的立地条件,而且装籽的山杏容器苗,根部在容器中发育很好,对环境的适应能力强。由于是在阳坡进行造林,所以要选择小苗上山造林,山杏容器苗为 1 年生苗，在容器中培养 1 年；油松容器苗为 2 年生苗，在容器中培养 2 年。这样的苗木栽植省工省力，也比较容易成活。

整地与栽植：在阳坡造林，株行距为 2 m×2 m，也就是每亩地 167 株，按照"品"字形排列，整地规格为 50 cm×40 cm×30 cm，也就是穴面长 50 cm、宽 40 cm，埴土深 30 cm，如果埴土不够，可以进行换土作业，只将栽植点进行小规模换土，在完成整地以后，马上进行栽植，栽植时要去掉苗木外部的容器，极个别的碎石穴面也可以留着容器，但要去掉底部与盘根，栽植后马上进行浮踩（图 7－67）。

图 7－67　阳坡面植物种植手段

7.3.4.5　景观视线设计

设计地块大致分为三个山顶，地势呈四周高中间低的特点，中间部分山顶呈环状，包裹着一块类似盆地的山区，同时这也是景区主要景观轴线的射点园区内的景观轴线，因此大致呈放射状分布。

主要轴线其一为从中间山顶向东北处的山脉远眺，在空气湿度较大的早晨可以看见东南处烟雾缭绕的远山、山脚下的山茱萸园和山对面的阳光、泉溪等珍稀自然景观。其二则是从景区东北处山脉的山腰眺望溪流、景区南面的连绵山脉和山下的人群活动，百鸟齐鸣，氤氲如画（图 7－68）。

图 7－68　线设计

7.3.4.6　森林植物资源利用设计

设计场地海拔区间 1 000～1 800 m，海拔高差较大，植物资源种类繁多，根据不同海拔不同树种在不同时段释放的负离子含量高低，利用森林资源对节点活动进行规划。如在 7:00—8:00，海拔 1 000～1 300 m，邻近水源的山段中柳杉林所释放植物萜烯类物质质量分数高达 72.72%，而此时环境释放的负离子含量也为一天中最高，故适宜在此处设计森林漫步空间以使资源最大限度地被利用。

7.3.4.7　建筑小品设计

建筑小品依照陕西汉中当地民居特色和场地地势走向在部分节点处设立了酒店、度假村、修养所等建筑。依照大熊猫、金丝猴、当地非遗手工编织篮筐等秦岭特色野生动物和当地的特色元素对场地的标识系统、小品设施等进行了提升设计（图 7－69）。

7.3.4.8　空间节点设计

依照游客对森林康养设计景区的不同消费需求，已经将各年龄阶段游览路线中的节点分为了养心、养性、养智、养体四种主题，每种主题的空间类型还可分为游憩、漫步、静坐、动作四种类型（图 7－70）。

（1）养心——森林漫步区

森林漫步区设置在海拔 1 500～1 600 m，邻近水源，景观条件优异的密林区。是以观景和接受森林疗养为主的活动区，漫步空间内森林资源的树种有冷杉林、柳杉林两大类。这两类树种林所释放的负离子能对镇定人们的睡眠、缓解精神障碍等（图 7－71、图 7－72）。

图 7－69　熊猫家园效果图

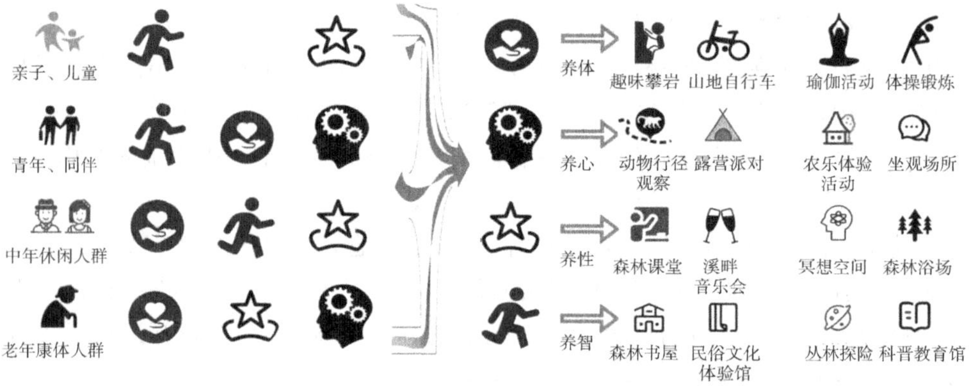

图 7－70　空间节点设计

图 7－71　森林漫步区效果图

图 7－72　森林漫步剖面图

（2）养心——居住空间

居住空间设置在海拔 1 000～1 300 m，景观良好的疏林区。景区内设有林中民宿，有服务于目的为周末放松缓解压力的酒店和适合常住修养恢复的民宿及度假村，居住空间因山势而建，风景优美，环境宜人（图 7－73、图 7－74）。

图 7－73　熊猫酒店效果图

图 7－74　熊猫酒店剖面图

（3）养心——沉浸空间

沉浸空间设置在海拔 1 300 m，杉木密林区，通过对密林区树种的负离子含量进行监测，分时段和区域不定期设置最适宜沉浸修养的空间，有着维持和恢复健康状态和心理健康保健的作用（图 7－75）。

图 7－75　沉浸空间效果图

（4）养性——露营空间

森林露营是许多青年出行者近年来流行和喜爱的解压方式，约上三五好友周末感受大自然，是培养好性情丰富生活经历不错的选择。森林露营按照不同来访者对露营环境的不同需求设有森林露营区和溪畔露营区，森林露营区设置在海拔 1 800 m 处山顶的相对平坦的地形区，山顶处景观视野开阔。溪畔峡谷露营区设置在海拔 1 200 m 处溪河流经地区，奇石、峡谷、瀑布等自然景观资源丰富（图 7－76、图 7－77）。

图 7－76　露营空间效果图

图 7－77　露营空间剖面图

(5)养性——农乐体验区、民俗文化馆

通过对佛坪当地非物质文化遗产进行挖掘，了解到《佛坪神仙豆腐制作技艺》、《佛坪杂拌糖制作技艺》、《佛坪情歌》等农乐项目(图 7－78)，场地除了通过对技艺制作成的食品进行售卖以外，现场还有非遗传承者现场制作和教学。

图 7－78　农事体验中心

(6)养体——冥想空间

冥想空间设置在海拔 1 600 m 处的密林区，密林区内设有瑜伽、太极等轻运动的活动场地活动人群为有轻运动需求的健康人群以及需要轻运动进行身体调节和恢复的亚健康人群，能在一定程度上维持游客生理健康(图 7－79)。

图7－79　森林浴场效果图

(7)养体——趣味攀岩

趣味攀岩(图7－80)设置在坡度较陡且人群活动交少的阳坡面,有设置可供儿童、青中年两种不同人群攀岩的路线,在保证游人安全的基础上丰富了景区内容。

图7－80　趣味攀岩效果图

(8)养体——山地自行车

山地自行车项目利用山坡的不同斜率、山坡两旁的植物景观种类以及不同时间段植物的负离子含量设计了三条不同的骑行道路,有舒适赏景骑行路线、进阶障碍骑行路线、负离子拉练骑行路线。目的是针对不同养体需求的人群帮助其维持身体健康(图7－81)。

图 7－81　山地自行车效果图

(9)养智——森林科普课堂

森林科普教育课堂是以儿童森林科普活动为主的室外森林课堂(图 7－82)，科普内容从森林资源种类到对森林资源保护意识的培养,“课堂”中会设置各种亲子游戏,在培养孩子优秀的素质和人格的同时也能够增进亲子之间的情感。

图 7－82　动物行径观察效果图

7.3.5　结语

结合我国国民亚健康状况及老龄化程度,在健康中国战略的支持下,探索农业＋康养的休闲农业发展模式,有助于在新常态下优化乡村旅游产业路径。休闲康养农业范式如果进行合理利用与规划,可以利用自然环境的健康效益,促进农业生产、旅游业、健康保健的融合,是休闲农业助力公共健康的新契机。

虽然当前休闲康养农业理论研究和设计实践处于起步阶段,缺乏科学性和专业性，但是随着人们健康观念的升温和对休闲农业在康养方面要求的逐渐提高，休闲康养农业的发展将不断趋于合理化，其内容与形式也将趋于丰富多样。

展望未来，我国休闲农业的发展前景广阔，如何合理利用复愈性环境理论指导休闲农业规划设计使农园具备健康效益，应当成为研究者钻研和实践的方向，愿本书可以为相关研究提供一定理念支持。

参考文献

[1] 崔瑞芳. 基于园艺疗法的休闲农业园调查及设计研究——以浙江省休闲农业园为例[D]. 杭州:浙江农林大学,2012.

[2] 叶柳红, 张帆, 吴建平. 复愈性环境量表的编制[J]. 中国健康心理学杂志, 2010(12):4.

[3] 马惠娣. 休闲——文化哲学层面的透视[J]. 自然辩证法研究, 2000(1):59-64.

[4] 刘畅, 李树华. 多学科视角下的恢复性自然环境研究综述[J]. 中国园林,2020, 36(1):55-59.

[5] 李树华, 姚亚男, 刘畅,等. 绿地之于人体健康的功效与机理——绿色医学的提案[J]. 中国园林, 2019,35(6):5-11.

[6] 陈芳, 冯革群. 德国市民农园的历史发展及现代启示[J]. 国际城市规划, 2008(2):78-82.

[7] 季羿宇, 肖萌. 基于城乡融合发展的乡村振兴策略研究——以东京市郊为例[J]. 小城镇建设, 2019, 37(9):7.

[8] 李昌平. 建设"养老村"或可低成本解决中国养老难题[J]. 文史博览(理论),2013(8):1.

[9] 刘春云. 基于园艺疗法的养老社区景观设计研究[D]. 徐州:中国矿业大学,2016.

[10] 林冬青, 金荷仙. 园艺疗法研究现状及展望[J]. 中国农学通报, 2009,25(21):220-225.

[11] 罗凯. 农业劳动观及其指导下的农业劳动[M]. 北京:经济科学出版社,2012.

[12] 孙珊, 周晓娟, 苏志远. 上海市村庄规划实践——以奉贤区四团镇拾村村为例[J]. 上海城市规划,2014(3):61-68.

[13] 王晓博, 李金凤. 康复性景观及其相关概念辨析[J]. 北京农学院学报,2012.

[14] 郑风天. 提倡"下乡养老",养老产业希望在农村[J]. 人民论坛, 2014(36):33-34.

[15] 楽農園. 活動助成市民農園による障害者、高齢者、定年退職者などの居場所作り、環境保全や地域活動の活性化[J]. 地域問題研究,2008.

[16] 蒋宇. 中国城市化进程中城市景观美学问题研究[D]. 重庆:西南大学, 2012.

[17] 王梓懿. 基于城市居民复愈需求的哈尔滨住区康复景观设计研究[D]. 哈尔滨:哈尔滨工业大学,2018.

[18] 明圆圆. 基于历史文脉的城市文化公园规划设计研究——以北京黑庄户御金鱼文化公园为例[D]. 北京:北京林业大学,2020.

[19] 车文瑞. 试论园林设计对园林工程造价的有效控制[J]. 建筑技术开发, 2017, 44(1):

114 – 115.
[20] 李凯悦. 西北农林科技大学康养景观设计研究[D]. 杨凌:西北农林科技大学, 2019.
[21] 吴良镛. 文化遗产保护与文化环境创造——为2007年6月9日全国文化遗产日写[J]. 城市文化国际研讨会暨第二届城市规划国际论坛,2007:247 – 250.
[22] 马成良, 关慧良. 城市品牌形象与视觉符号设计的关系及其应用表现研究[J]. 设计, 2021,34(7): 116 – 118.
[23] 戴中伟. 云浮市县级城市公园建设现状及发展策略研究[D]. 广州:华南农业大学,2016.
[24] 王星星, 钟瑶, 张媛. 自我损耗对攻击行为的影响:复愈性环境的作用[J]. 心理与行为研究, 2021, 19(1): 137 – 144.
[25] 赵晓龙, 王敏聪, 赵巍,等. 公共健康和福祉视角下英国城市公园发展研究[J]. 国际城市规划, 2021,36(1):47 – 57.
[26] 赵飞羽, 范斌, 方曦来, 等. 地脉,文脉及旅游开发主题[J]. 云南师范大学学报:哲学社会科学版, 2002, 34(6):83 – 87.
[27] 李金路, 王磐岩. 关于《园林基本术语标准》的探讨[J]. 中国园林,2004(1):70 – 72.
[28] 李雪丹. 城市公共空间中导视系统的通用性研究——以济南芙蓉街为例探讨[D]. 济南:齐鲁工业大学,2019.
[29] 吴燕妮. 江南地区地域性景观设计研究[D]. 上海:上海交通大学,2011.
[30] 和茜. 基于文脉的中小城市公园设计方法研究——以商洛莲湖公园为例[D]. 西安:西安交通大学,2012.
[31] 李东霖. 基于场所精神的历史文化主题公园规划设计研究——以满城陵山汉墓文化公园规划设计为例[D]. 保定:河北农业大学,2020.
[32] 陈怡东, 季翔. 有机更新理论下老旧小区的改造策略[J]. 菏泽学院学报,2021, 43(2): 73 – 77.
[33] 刘思敏. 基于城市意象理论的皖中历史街区风貌特征研究[D]. 合肥:合肥工业大学,2016.
[34] 刘青芫. 基于渔文化的江苏长荡湖湿地公园文化体验区规划设计[D]. 福州:福建农林大学,2019.
[35] 侯新冬. 主题公园与历史文化名城互动发展研究[D]. 上海:华东师范大学,2006.
[36] 冯维波 .关于主题公园规划设计的策略思考[J]. 中国园林,2000(3):21 – 23.
[37] 赵航. 水旱码头龙驹寨[J]. 科学大观园,2008,(4):9 – 10.
[38] 徐丽. 中国人亚健康量表的统计建模研究[D]. 西安:第四军医大学,2008.
[39] 林本荣. 军人亚健康分型、诊断与干预研究[D]. 广州: 南方医科大学,2008.
[40] 翁晓峰. 促进乡村特色产业发展的制度设计[J]. 农场经济管理, 2019(6):30 – 32.
[41] 郭燕枝, 郭静利, 王秀东. 试比较我国粮食自给率和谷物自给率[J]. 农业经济, 2008(1):22 – 24.

[42] 陈芳，冯革群．德国市民农园的历史发展及现代启示[J]．国际城市规划，2008(2)：78－82.
[43] 崔瑞芳．基于园艺疗法的休闲农业园调查及设计研究[D]．杭州：浙江农林大学，2012.
[44] 叶柳红，张帆，吴建平．复愈性环境量表的编制[J]．中国健康心理学杂志，2010，18(12)：1515－1518.
[45] 刘畅，李树华．多学科视角下的恢复性自然环境研究综述[J]．中国园林，2020，36(1)：55－59.
[46] 李树华，姚亚男，刘畅，等．绿地之于人体健康的功效与机理——绿色医学的提案[J]．中国园林，2019．35(6)：5－11.
[47] 王小娇．恢复性环境的恢复性效果及机制研究[D]．西安：陕西师范大学，2015.
[48] 张露丹．复愈性环境理论在居住区景观设计中的应用研究[D]．西安：西安建筑科技大学，2017.
[49] 宋瑞，牛青翠，朱玲，等．基于绿地8类感知属性法的复愈性环境构建研究——以宝鸡市人民公园为例[J]．中国园林，2018(A1)：110－114.
[50] 岳健．构建农业劳动者现代化素质的教育培训机制探讨[J]．农业经济，2012(3)：3.
[51] 李金路．新时代背景下“公园城市”探讨[J]．中国园林，2018，34(10)：26－29.
[52] 刘淇．温泉疗养场所景观规划设计研究[D]．西安：西安建筑科技大学，2013.
[53] 殷利华．温矿泉疗养院园林绿地景观研究——以湖南灰汤温矿泉疗养院为例[D]．长沙：中南林业科技大学，2005.
[54] 杜黎宏，曾宪川．三师与三农的不解之缘[J]．中国勘察设计，2018(11)：40－41.
[55] 李昌响．中医古籍翻译中不可译现象及补偿策略探讨[D]．上海：上海中医药大学，2014.
[56] 陈筝，赵双睿．提升心理健康的城市绿色开放空间规划设计[J]．城市建筑，2018(24)：51－56.
[57] 陈纯．国内外康养旅游研究综述[J]．攀枝花学院学报，2019，36(4)：43－47.
[58] 范榕．老年人健康景观系统构建[J]．南京林业大学学报(人文社会科学版)，2012，12(2)：66－69.
[59] 韩周林，江南，龙艳萍．乡村田园康养综合体规划设计研究[J]．山西建筑，2018，44(20)：3－4.
[60] 黄琴诗，朱喜钢，曹钟茗，等．国外康养旅游研究的转型与趋势——基于英文文献的计量分析[J]．林业经济，2020，42(2)：48－58.
[61] 李卿．森林浴の効果[J]．日本抗加龄医学会杂志，2009，5(3)：50－55.
[62] 李成，祁哲玮，闫雨，等．乡村康养景观规划设计——以泰安市北石槽村为例[J]．山东建筑大学学报，2020，35(4)：86－93.
[63] 刘博新．面向中国老年人的康复景观循证设计研究[D]．北京：清华大学，2015.
[64] 李虹．康养旅游研究述评与展望[J]．商业经济，2019(4)：50－52.
[65] 雷晓康，汪静．乡村振兴背景下农村贫困地区韧性治理的实现路径与推进策略[J]．济

南大学学报:社会科学版, 2020, 30(1):9.
[66] 舒平, 田甜. 循证设计方法下的养老院无障碍设施的适老性调查与思考——以天津市养老院为例[J]. 现代园艺,2016(24):130 - 131.
[67] 谭益民, 张志强. 森林康养基地规划设计研究[J]. 湖南工业大学学报,2017,31(1):1 - 9.
[68] 吴章文. 森林旅游资源特征和分类[J]. 中南林学院学报,2003,23(2):39 - 42. WU
[69] 吴欣. 西北地区东部县城公益性公共设施适宜性规划指标体系研究[D]. 西安:西安建筑科技大学,2013.
[70] 杨菲, 闫晓云. "康养 + "模式下的医疗景观设计研究[J]. 现代园艺,2019,42(17):127 - 128.
[71] 杨菲. "康养 + "模式下的健康产业园景观规划设计研究[D]. 呼和浩特:内蒙古农业大学,2019.
[72] 朱勇. 智能养老[M]. 北京:社会科学文献出版社,2014.
[73] 全国绿化委员会办公室. 2019 年中国国土绿化状况公报(摘要)[N]. 人民日报,2020 - 3 - 20.
[74] 郭焕, 吕明伟. 我国休闲农业展现状与对策[J]. 经济地理, 2008(5):640 - 645.
[75] 林麒琦. 浙西山区田园综合体景观营建途径研究—以杭州清凉峰镇为例[D]. 杭州:浙江农林大学,2020.
[76] 廖嘉展. 从桃米青蛙村到埔里蝴蝶镇的社群经济营造[J]. 小城镇建设,2015(11):27 - 29.
[77] 刘滨谊, 陈威. 关于中国目前乡村景观规划与建设的思考[J]. 小城镇建设,2005(2):45 - 47.
[78] 刘建芳, 王伟新, 肖建中, 等. 田园综合体商业模式创新的国际经验及启示[J]. 世界农业,2018(9):34 - 38.
[79] 李星林. 2020 年食品安全与康养产业发展[J]. 食品安全导刊,2020(17):8 - 9.
[80] 吕蒙. 社会工作介入社区居家养老社会支持体系研究——以 L 社区为例[D]. 兰州:兰州大学,2016.
[81] 王恒. 基于供给侧改革的我国亲子农业创新发展研究[J]. 石家庄学院学报,2017, 19(5):6.
[82] 王云才, 刘滨谊. 论中国乡村景观及乡村景观规划[J]. 中国园林,2003(8):56 - 59.
[83] 王祉蕴, 于欣波. 国内外田园综合体项目的研究[J]. 建材与装饰,2018(15):114 - 115.
[84] 杨文静, 石玲. 儿童感知视角下的自然教育体验[J]. 中国城市林业, 2020(7):36 - 42
[85] 杨存栋, 孙艺惠, 陈田, 等. 新农村建设视角下的我国观光农业发展策略研究[J]. 未来与发展,2007(7):18 - 22.
[86] 周武忠. 新乡村主义论[J]. 世界农业,2014(3):190 - 194.
[87] 夸美纽斯. 大教学论教学法解析[M]. 北京:人民教育出版社, 2006.
[88] 理查德 · 洛夫. 林间最后的小孩:拯救自然缺失症儿童[M]. 北京:中国发展出版社, 2014.
[89] 卢梭, 李平沤. 卢梭全集,爱弥儿 · 论教育[M]. 北京:商务印书馆, 2012.

[90] REIEHEL A, LOWENGART O, MAILMAN A. Rural Tourism in Israel: Service Quality and Orientation[J]. Tourism management, 2000, 21(5):103 – 115

[91] LECK C, UPTON D, EVANS N. Growing well – beings: The positive experience of care farms [J]. British journal of health psychology, 2015,20(4):745 – 762.

[92] PEDERSEN I, PATIL G, BERGET B, et al. Mental health rehabilitation in a care farm context: A descriptive review of Norwegian intervention studies [J]. Work (Reading, Mass.), 2015,53(1):31 – 43.

[93] ENRIQUE B, LUISA A, JUERGEN G. The theme park experience: An analysis of pleasure, arousal and satisfaction[J]. Tourism Management. 2005, 26(6).

[94] LEE J. Theme Parks as Flagship Attractions in Peripheral Areas[J]. Annals of Tourism Research. 2000, 27(1).

[95] LI Q. The Effect of Forest Bath[J]. Japanese Journal ofAnti Aging Medicine,2009,5(3): 50 – 55.

[96] MAAS J, VERHEIJ R A, GROENEWEGEN P P, et al. Green space, urbanity, and health: how strong is the relation? [J]. Journal of Epidemiology and Community Health, 2006, 60 (7): 587 – 592.

[97] MAAS J, VERHEIJ R A, DE VRIES S, et al. Morbidity is related to a green living environment [J]. Journal of Epidemiology and Community Health, 2009, 63(12): 967 – 973.

[98] STICHL J F, HAMILTON D K. Evidence – based Design: What is It? [J]. Health environments Research and Design, 2008, 1(2):3 – 4.

[99] BÖCHER M. Regional 2008 governance and rural development in Germany: the implementation of LEADER[J]. Sociologia Ruralis,2008(4): 372 – 388.

[100] BRENDAN. Owards an agroecology of knowledges: Recognition, cognitive justice and farmers' autonomy in France[J]. Journal of Rural Studies,2016(7): 165 – 171.

[101] JI H D, SHU B S, HAI B Y. Leisure Agriculture in China[J]. Indian Journal of Public Health Research & Development,2016(1):55 – 56.

[102] LOWE, PHILIP, WARD. 2007 Sustainable rural economies: some lessons from the English experience[J]. Sustainable Development,2007(15):307 – 317.

附　录

附录1:休闲农业建设情况调查问卷

1. 您的性别

□男　□女

2. 您的年龄

□10～25

□25～45

□45 以上

3. 您对休闲农业的了解

□很了解

□听说过,但不了解

□没听说过

4. 您参与农村或农业观光的频率

□经常去

□偶尔去

□没去过

5. 您觉得以下哪个是农业景观最吸引您的因素

□领略特色农村农业风貌　　□与在城市中不同的开阔视线

□有趣的农家风俗　　□与外界联系少

□距离近,交通便利

6. 您知道那些休闲农业旅游形式

□采摘园　□农事体验　□农家乐　□度假村

□民俗文化体验　□观光农业

7. 您认为休闲农业应该给人以怎样的感受

□健康的　□生态的　□悠闲的　□放松的　□淳朴的

□田园的

8. 您觉得休闲农业在发展过程中应该更注重哪些方面

□便利的交通　　□美丽的乡村环境　　□增加休闲娱乐配套公共设施

□加大宣传力度　　□其他

9. 您认为休闲农业目前存在的不足之处

□内容单调,缺乏特色

□基础设施不完善,交通不便

□资源不丰富,风景不优美

□发展理念落后,管理不科学

□其他

10. 您对您身边的休闲农业是否满意

□满意

□一般

□不满意

□身边没有休闲农业

11. 您是否支持休闲农业的发展

□支持

□不支持

12. 你对复愈性的了解程度

□很了解

□听说过,不是很了解

□不了解

13. 您认为休闲农业能否为您带来复愈性感受

□能

□不能

14. 您知否喜欢具有复愈性功能的休闲农业景观

□喜欢

□不喜欢

□一般

附录 2：关于农业景观构成的审美偏好 PEI（照片访谈）调查

您好，首先非常感谢您参与本问卷的填写，这是一个与农业景观构成偏好的研究，请您欣赏以下照片，并依据自我感受进行填写。您所表达的信息仅供学术研究使用，绝不对外公开，请您放心作答，再次感谢您的参与。

第一部分：受访者基本情况调查：

1. 您的性别

□男　□女

2. 您的年龄段

□18 岁以下　□18 ~ 25　□26 ~ 44　□45 ~ 64　□65 以上

3. 您的学历

□初中及以下　□高中\中专　□大学本科\大专　□硕士及以上

4. 您的职业是：

□学生　□公司职员　□政府机关/企事业单位员工

□自由职业者　□退休　○其他：____________

第二部分：本部分旨在了解受访者对农业景观类型、道路、水体、山体等在不同尺度、距离等的偏好情况。以下题目至少选一项，最多选两项。

1. 以下图片中，您认为哪张图片更符合您喜爱的农田类型（　　）

A

B

C

D

E

F

2. 以下图片展示了不同类型的梯田景观，您认为哪张图片更符合您喜爱的

梯田类型(　　)

A

B

C

D

3. 以下照片展示了田野中不同颜色的树林，在休闲农业景观中，您更希望欣赏到哪种颜色的树林(　　)

A

B

C

D

4. 以下照片展示了田野景观中不同视距的树林，休闲农业景观中，您更希望在以下哪种视线范围内欣赏树林景观(　　)

A

B

C

5. 以下照片展示了田野景观中不同视距的山脉，在休闲农业景观中，您更希望在以下哪种视线范围内观看山脉(　　)

A

B

C

6. 以下图片呈现了不同农田景观中的水景，您认为以下哪种水景更令您感到放松(　　)

A

B

C

A. 平静的水面　　B. 平静的小　　C. 湍急的小

7. 以下照片展示了田野景观中不同尺度的水体，您认为以下哪种尺度的水体，带给您的审美效果最好(　　)

A

B

C

8. 以下照片展示了田野景观中不同数量的民居,您认为以下哪种数量的民居,带给您的审美效果最好(　　)

A 一个

B 几个

C 多个

9. 以下照片展示了田野景观中不同类型的道路,您认为以下哪种类型的道路带给您的审美效果最好(　　)

A 柏油公路

B 田野小路

10. 您认为,农园景观中出现动物元素,是否有助于农园景观性的提升(　　)

A 有动物

B 没动物

第三部分:本部分旨在了解受访者对下梁镇农业景观的偏好情况,请您欣赏以下实景照片,依据您真实的感受填写问卷。

(A1)

11. 假设您正处于这张照片(A1)的环境中,请勾选您对于下列各项问题的感受程度。

1 = 完全不同意;2 = 不同意;3 = 无意见;4 = 同意;5 = 完全同意。

1	2	3	4	5	
○	○	○	○	○	1 我很喜欢这个环境。
○	○	○	○	○	2 这个环境的组成很有秩序。
○	○	○	○	○	3 这个环境的组成和结构很容易了解。
○	○	○	○	○	4 这个环境中包含有很多事物。
○	○	○	○	○	5 这个环境可以观赏到很多不同的元素。
○	○	○	○	○	6 这个环境中有很多事物可以进一步探索。
○	○	○	○	○	7 这个环境吸引我走进其中并获取更多讯息。
○	○	○	○	○	8 在这个环境中,很容易辨认方向。
○	○	○	○	○	9 无论何时何地,我都能够知道自己的位置,并到达任何指定的地点。

12. 假设您正处于这张照片(A1)的环境中,请勾选您对于下列各项问题的感受程度。

1 = 完全不同意;2 = 不同意;3 = 无意见;4 = 同意;5 = 完全同意。

1	2	3	4	5	
○	○	○	○	○	1 这个环境让我感到远离自己的日常生活。
○	○	○	○	○	2 这个环境让我感到像另一个世界。
○	○	○	○	○	3 这个环境能够轻易引起我的兴趣。
○	○	○	○	○	4 这个环境让我可以从事自己喜欢的活动。

(A2)

13. 假设您正处于这张照片(A2)的环境中,请勾选您对于下列各项问题的感受程度。

1 = 完全不同意;2 = 不同意;3 = 无意见;4 = 同意;5 = 完全同意。

1	2	3	4	5	
○	○	○	○	○	1 我很喜欢这个环境。
○	○	○	○	○	2 这个环境的组成很有秩序。
○	○	○	○	○	3 这个环境的组成和结构很容易了解。
○	○	○	○	○	4 这个环境中包含有很多事物。
○	○	○	○	○	5 这个环境可以观赏到很多不同的元素。
○	○	○	○	○	6 这个环境中有很多事物可以进一步探索。
○	○	○	○	○	7 这个环境吸引我走进其中并获取更多讯息。
○	○	○	○	○	8 在这个环境中,很容易辨认方向。
○	○	○	○	○	9 无论何时何地,我都能够知道自己的位置,并到达任何指定的地点。

14. 假设您正处于这张照片(A2)的环境中,请勾选您对于下列各项问题的感受程度。

1 = 完全不同意;2 = 不同意;3 = 无意见;4 = 同意;5 = 完全同意。

1	2	3	4	5	
○	○	○	○	○	1 这个环境让我感到远离自己的日常生活。
○	○	○	○	○	2 这个环境让我感到像另一个世界。
○	○	○	○	○	3 这个环境能够轻易引起我的兴趣。
○	○	○	○	○	4 这个环境让我可以从事自己喜欢的活动。

（A3）

15. 假设您正处于这张照片（A3）的环境中，请勾选您对于下列各项问题的感受程度。

1 = 完全不同意；2 = 不同意；3 = 无意见；4 = 同意；5 = 完全同意。

1	2	3	4	5	
○	○	○	○	○	1 我很喜欢这个环境。
○	○	○	○	○	2 这个环境的组成很有秩序。
○	○	○	○	○	3 这个环境的组成和结构很容易了解。
○	○	○	○	○	4 这个环境中包含有很多事物。
○	○	○	○	○	5 这个环境可以观赏到很多不同的元素。
○	○	○	○	○	6 这个环境中有很多事物可以进一步探索。
○	○	○	○	○	7 这个环境吸引我走进其中并获取更多讯息。
○	○	○	○	○	8 在这个环境中，很容易辨认方向。
○	○	○	○	○	9 无论何时何地，我都能够知道自己的位置，并到达任何指定的地点。

16. 假设您正处于这张照片（A3）的环境中，请勾选您对于下列各项问题的感受程度。

1 = 完全不同意；2 = 不同意；3 = 无意见；4 = 同意；5 = 完全同意。

1	2	3	4	5	
○	○	○	○	○	1 这个环境让我感到远离自己的日常生活。
○	○	○	○	○	2 这个环境让我感到像另一个世界。
○	○	○	○	○	3 这个环境能够轻易引起我的兴趣。
○	○	○	○	○	4 这个环境让我可以从事自己喜欢的活动。

（A4）

17. 假设您正处于这张照片（A4）的环境中，请勾选您对于下列各项问题的感受程度。

1 = 完全不同意；2 = 不同意；3 = 无意见；4 = 同意；5 = 完全同意。

1	2	3	4	5	
○	○	○	○	○	1 我很喜欢这个环境。
○	○	○	○	○	2 这个环境的组成很有秩序。
○	○	○	○	○	3 这个环境的组成和结构很容易了解。
○	○	○	○	○	4 这个环境中包含有很多事物。
○	○	○	○	○	5 这个环境可以观赏到很多不同的元素。
○	○	○	○	○	6 这个环境中有很多事物可以进一步探索。
○	○	○	○	○	7 这个环境吸引我走进其中并获取更多讯息。
○	○	○	○	○	8 在这个环境中，很容易辨认方向。
○	○	○	○	○	9 无论何时何地，我都能够知道自己的位置，并到达任何指定的地点。

18. 假设您正处于这张照片（A4）的环境中，请勾选您对于下列各项问题的感受程度。

1 = 完全不同意；2 = 不同意；3 = 无意见；4 = 同意；5 = 完全同意。

1	2	3	4	5	
○	○	○	○	○	1 这个环境让我感到远离自己的日常生活。
○	○	○	○	○	2 这个环境让我感到像另一个世界。
○	○	○	○	○	3 这个环境能够轻易引起我的兴趣。
○	○	○	○	○	4 这个环境让我可以从事自己喜欢的活动。

附录3:知觉压力量表(PSS)

您好,这些量表中的问题是在测量你在过去一个月中的感觉和想法。在每个条目中,你会被问到出现这样感觉和想法的频率。尽管这些题目中有一些看上去很相似,但是它们还是有一些不同的,您需要把它们当作单独的问题来回答。回答每个问题不需要刻意去数发生特定感受或者想法的次数,但是要反映出一个合理的估计值。

基本信息:

1. 您的性别:[单选题] □

○男　○女

2. 您的年龄:[填空题] □

____

3. 您的学历:[单选题] *

○小学及以下　○初中　○高中(含中专、技校、职高)

○大专(含自考、成教)　○本科　○研究生(含硕士、博士)

量表内容:

4. 由于一些无法预料的事情发生,所以常感到心烦意乱。[单选题] *

○从不　○几乎不　○有时　○经常　○总是

5. 感觉无法控制自己生活中的重要事情。[单选题] *

○从不　○几乎不　○有时　○经常　○总是

6. 感觉到紧张和有压力。[单选题] *

○从不　○几乎不　○有时　○经常　○总是

7. 成功地处理恼人的生活麻烦。[单选题] *

○从不　○几乎不　○有时　○经常　○总是

8. 感到自己有效地处理了生活中发生的重要改变。[单选题] *

○从不　○几乎不　○有时　○经常　○总是

9. 对于有能力处理自己的私人问题很有信心。[单选题] *

○从不　○几乎不　○有时　○经常　○总是

10. 感到事情都顺心如意。[单选题] *

○从不　○几乎不　○有时　○经常　○总是

11. 感到自己无法处理自己必须做的事。[单选题] *

○从不 ○几乎不 ○有时 ○经常 ○总是

12. 能够去控制生活中恼人的事情。[单选题] *

○从不 ○几乎不 ○有时 ○经常 ○总是

13. 感觉自己完全能够驾驭事物。[单选题] *

○从不 ○几乎不 ○有时 ○经常 ○总是

14. 由于事情超出自己所能控制的范围所以常常生气。[单选题] *

○从不 ○几乎不 ○有时 ○经常 ○总是

15. 常常想到有些事情自己必须完成。[单选题] *

○从不 ○几乎不 ○有时 ○经常 ○总是

16. 能够掌控自己的时间安排方式。[单选题] *

○从不 ○几乎不 ○有时 ○经常 ○总是

17. 感到困难的事情堆积如山,自己无法克服。[单选题] *

○从不 ○几乎不 ○有时 ○经常 ○总是

附录4:复愈性环境评价量表

您好,我们正在进行一项关于复愈性休闲农业景观评价研究,现特请您帮忙填写此份问卷。强根据幻灯片\视频带给您的感受如实填写,本问卷不记名,不泄露任何个人信息,数据仅作研究分析,请根据您的实际情况填写相应情况,感谢您的支持!

特 质	描 述	打 分
远离性	在这个地方,我可以感受到与日常生活环境的不同	
	在这个地方,我可以从工作和例行公事中获得解脱	
	在这个地方,我可以忘却所有的责任	
	在这个地方,我可以不用去想我应尽的义务	
	这个地方环境元素,可以构成一个更特别的空间	
延展性	即使是一个很小的空间,我也能融入其中,不会感受到拘束	
	这个地方可以激发我去做不一样的事情	
	这是一个非常大的地方,不会限制我的行动	
	在这个地方,我可以延伸出许多美好的联想	
魅力性	在这个地方,我会主动想要去探索与发掘	
	在这个地方,我想要花更多时间仔细浏览	
	在这个地方有很多东西让我探索和发现	
	在这个地方,有很多东西可以吸引我的注意力	
	这个地方唤起我的好奇心	
相容性	这个地方符合我的个性	
	在这个地方,我会有自得其乐的感受	
	我感受自己和这个地方融为一体	
	爱这个地方,我可以做我喜欢的活动	
	在这个地方,我可以轻易做我想做的事	
复愈效益	这个地方,让我感到无忧无虑的	
	这个地方,让我感受到好友的亲切	
	这个地方,我愿意与人互动交换意见	
	这个地方,让我感受到非常舒适	
	遇到困难处境,到这个地方可以让我心情舒缓	

注: 五点等级尺度量表,1 = 非常不同意,5 = 非常同意。